기후변화와 신사회계약

기후변화와 신사회계약

지속가능한 발전을 향하여

● 김옥현 지음

Climate Change New Social Contract

산지니

차례

도표 차례

◆
서문

　요즈음은 기후변화가 피부에 와 닿는다. 여름엔 너무 덥고, 겨울엔 너무 춥다. 이전의 기상이변이 이제는 기후변화와 융합되어서 더 심하게 닥쳐온다. 생태계의 순환체계에서도 붕괴의 조짐이 곳곳에서 나타난다. 태풍과 홍수는 대형재난으로 닥쳐와 수백만의 이재민을 만들어내는 경우가 다반사다. 하지만 아직도 많은 시민들이 아직도 이 '불편한 진실'을 무심하게 보고 있는 듯하다. 전 지구적 시민에게 이 엄정한 사실을 전하고, 기후변화가 몰고 오는 이변에 대한 두려움과 걱정을 줄이고 싶었다. 모두 함께 기후변화 대응에 동참하기를 바라면서 이 교양서를 집필하게 되었다.

　필자 역시 기후변화 문제에 대해서 큰 관심은 가지지 못했었다. 그러다 2008년도 한 대학생 국제환경 NGO의 '국제 대학생 환경실천 선언대회'에 참석하여 환경위기에 대해 짧은 「대자연 리포트」를 보게 된 것이 계기가 되었다. 대학에서 가르치는 사람으로서 부끄러움을 느꼈다. 그리고 기후변화라는 새로운 차원의 위험에 눈을 뜨게 되었다. 그 이후 필자 스스로 궁금한 점에 대해 하나씩 답을 구하기 시작했다. 필자를 초대해준 대학생들에게 보답하는 마음에서였다. 환경 관련 서적, 세미나, 포럼, 학회, TV, 인터넷, 강의 등을 통해서 점차 인식의 지평선을 넓혀갔다. '경기도그린캠퍼스협의회', 가칭

'생물다양성한국협의회' 등의 자문위원으로 한 활동이 소중한 경험이 되었다. 전 세계 대학생 활동가들과의 교류도 필자를 꾸준히 연구 및 실천하게끔 하였다.

환경과 기후변화에 대해 연구하면서, 중·고등·대학교, 시민단체, 환경단체 등에서 토론자로서 때론 강연자로서 기후변화와 지속가능한 사회에 대해서 서로 의견을 나누었다. 이를 바탕으로 대학생과 시민을 위한 교양서를 내놓게 되었다. 국제 환경 NGO에서 활동하는 대학생들에 대한 감사를 넘어서서 일반 시민에게 기후변화의 과거, 현재, 미래를 알리고자 한다.

필자는 환경에 관해 새로운 지식이나 이론을 제시할 생각은 없었다. 그럼에도 굳이 이 책을 쓰게 된 동기는 첫째로, 환경문제의 윤곽을 이해하는 데 기존의 알려진 지식들 중에서 최소한도의 필수적인 내용을 정리하여 전하고 싶었기 때문이다. 기존의 서적은 전문서적이 많아서 특정 부분에서는 도움이 되지만, 환경문제를 전반적으로 이해하기에는 어려움이 있었다. '구슬이 서 말이라도 꿰어야 보배'라는 속담처럼 이 어려움을 조금이나마 덜어주고 싶었다.

둘째로, 일반 시민에게 전하고자 하였다. 환경에 대한 기본(필수) 지식 없이는 일반 시민들의 실천이 어렵고, 일반 시민들의 실천 없이 환경문제는 결코 해결될 수가 없기 때문이다. 기후변화는 이미 학문의 영역을 벗어나서 일상이 되었다.

셋째로, 많은 시민에게 알리고자 하였다. 사회구성원 다수의 환경에 대한 인식수준이 그 사회의 모든 영역(정책결정)에 융해되어 그 사회의 환경수준이 결정되기 때문이다.

넷째로, 기후변화에 대해 통합적이고, 다차원적이며 균형 잡힌 관점을 제시하고 싶었다. 자연과학도에게는 인문·사회과학적 지식을, 인문·사회과학도에게는 자연과학적 지식을 전하고자 하였다. 환경 문제와 기후변화는 그 범위가 자연에만 국한되어 있지 않다. 그 연관 범위는 시민사회, 국가와 이 지구 전체가 아닌가? 또한 전 인류에게 해당되는 문제다. 자연, 인간, 사회가 모두 융합되어 복합적이면서 글로벌한 성격을 띠고 있기 때문이다. 이러한 융합적인 관점에서만 기후변화에 적절하게 다가갈 수 있다.

다섯째, 기후변화라는 심대한 문제를 해결하기 위해서는 21세기 판 '지구적 새로운 사회계약'을 필요로 하고 있다는 점을 역설하고자 하였다. 기후변화를 해결할 수 있는 지속가능한 발전은 개별적이고 단순한 차원의 변화들의 총합으로서는 가능하지 않다. 전 지구적 거대한 전환이 이루어질 때—전 지구적 시민이 새로운 발전의 내용과 방식에 동의하고 '신사회계약'을 체결할 때—비로소 가능하다는 점을 강조하고자 하였다.

여섯째, 사회발전론 전공자로서 기존의 사회발전 담론과 지속가능한 발전 개념이 융합되어 새롭게 논의될 때에야 현재의 위험과 위기를 극복할 수 있는 전략이 적실성을 가질 수 있다는 것도 밝히고 싶었다. 즉 기후변화 문제를 개별적으로 병렬하여 기존 갈등에 하나 더 추가된 숙제로 보는 것이 아니라, 서로가 깊숙이 연계된 다차원적 복합방정식을 푸는 것으로 파악하여 서술하고자 하였다.

일곱째, 기후변화 문제를 해결하는 함의와 방식을 단순히 기후변화 대응과 전환으로서만 파악하는 것을 넘어서서 새로운 사회발전의 기회로 포착하고자 하였다. '발전'이란 당대의 위기를 극복하여 새로운 방향을 제시하는 것이라고 정의할 수 있기 때문이다

여덟째, 기후변화에 대한 경각심과 함께, 기후변화 대응을 위한

새로운 전환의 과정이 인류사회가 자연과 인간의 관계, 그리고 인간 간의 관계에서 다시 한 번 절제, 배려, 공존, 조화와 상호인정, 진지한 대화, 협력의 측면을 강화시킬 수 있는 '의도하지 않은 선물'과 희망을 줄 수 있다는 긍정적인 측면도 제시하고자 하였다.[1)]

끝으로 대학생들에게 보답하고, 사명감 또한 전하고 싶었다. 대학 캠퍼스는 모든 이해관계에서 비교적 자유로운 곳이고 새로운 이념이 실험적으로 시행되는 특수한 장소이기 때문이다. 지성과 행동이 활기차게 발현되어 실천의 출발점이 되기에 적합한 장소이기 때문이기도 하다. 젊은 세대와 대학생들이 실천할 때에야 '지속가능한' 발전이 비로소 지속적으로 가능하게 될 것이다. '대자연', '경기도그린캠퍼스대학생협의회', '한국그린캠퍼스협의회' 등의 활동이 대학 곳곳에서 들려오고 있다. 그 활동의 범위가 글로벌 차원으로 확장되고 있다고 전해진다. 반갑고 고무적인 소식이다.

이 글은 1, 2부로 구성되어 있다. 제1부는 기후변화의 원인과 위험에 관한 것이고, 제2부에서는 기후변화의 위험을 줄일 수 있는 새로운 사회계약을 통해 지속가능한 발전을 모색해본다.

제1장 '기후변화, 새로운 차원의 위험'에서는 우리가 현재 일상에서 자주 접하는 기후의 변화와, 기후재앙을 그렸다. 그 영향으로 자연 생태계와 인류사회가 위험에 처하고 있다는 것을 알리고자 했다. 자원고갈과 환경오염으로 집약되는 오래된 환경문제와 새로운 지구온난화 문제는 서로 상이한 측면이 있으나, 또한 공통적으로 연계

---

1) UN Secretary-General, "Synthesis report of the Secretary-General on the post-2015 sustatinable development agenda", 2014, 16항 참조.

되어 있는 것을 밝혀낼 수 있었다. 인간의 무지와 무임승차에 기초한 '질주하는 성장'이라는 동일한 관점에서 파악될 수 있었다. 하지만 기후변화로 촉발된 현재 환경위기의 새로운 차원은 그 범위, 폭, 영향이 복합적이며 증폭되어 전 지구적인 위험으로 나타난다는 점이다.

제2장에서는 '과연 그렇다면 인위적 기후변화의 주된 원인과 결과가 무엇인가?'에 대해 답하고자 하였다. 결론적으로 지구온난화가 원인임을 알 수 있었다. 인간의 과도한 화석에너지 사용으로 이산화탄소(CO_2) 및 온실가스가 대기에 지나치게 방출되어 생태계의 균형이 깨지게 되었다. 이는 다양한 기후변화를 가져오고, 그 결과도 매우 다양하게 나타난다. 그 피해는 단순히 여름의 폭염 정도에서 그치지 않는다. 21세기 끝에는 지구 평균온도가 6.4도까지 상승할 수도 있고, 아마존의 열대우림이 붕괴될 수도 있는 것이다. 우리 미래의 시나리오는 바로 에너지 소비 및 발전 경로에 대한 우리의 선택에 달려 있다.

제3장 '화석에너지 사용과 CO_2 배출'은 화석에너지 소비와 관련된 주제를 다룬다. 지구온난화의 핵심 원인은 바로 화석연료 에너지의 과(남)용으로 인한 온실가스의 대량 방출이기 때문이다. 동물과 다르게 인간은 '더 빨리, 더 많이, 더 편하게' 만들고, 쓰기 위해 에너지를 사용한다. 화석에너지 사용의 급속한 증가와 함께 이산화탄소 농도도 2013년도에는 결국 400ppm을 넘어서서 급증하고 있다. 에너지 소비구조, 에너지 소비 증가 추세를 전 세계적 수준과 국가별로 살펴본다. 이를 기초로 화석에너지 소비 및 온실가스 배출의 감축 방식·영역과 각 국가의 특수성을 도출해본다

제4장 '기후변화와 생태계'에서는 기후변화와 주요 생태계의 상

호작용이 중점적으로 다루어진다. 기후변화가 인간 사회에 필요한 자원과 다양한 혜택을 제공하는 자연 생태계에 미치는 영향과 그 경로를 살펴본다. 기후변화는 직접적으로 인간 사회에 피해를 줄 뿐만 아니라, 자연 생태계의 손상과 변형을 초래하고, 이를 통하여 인간사회에 심대한 영향을 주기 때문이다. 따라서 우리에게 천혜의 다양한 서비스를 제공하는 생태계는 어떤 부문으로 구성되어 있으며, 기능적으로 어떻게 연결되어 있고, 기후변화로 인해 손상된 범위와 정도(생물 다양성의 감소 및 해양의 산성화 등), 그의 복원에 필요한 것은 무엇인지를 논의하였다. 또한 생태계의 훼손은 반작용으로서 기후변화에 어떤 영향을 주는가도 설명하였다.

제5장 '기후변화의 위험 수준'은 '우리는 어떻게 살 것인가?'라는 근본 문제를 제기한다. 생태계 순환체계의 손상이 어떤 수준에 이르렀는지를 분석하고자 하였다. 아울러 생태계의 위험 수준과 장래의 사회·경제적 요인들과의 연관성도 주목하였다. 생태계는 위험한 수준에 직면하고 있고, 당장 대응을 해야 한다는 것이 일반적인 평가다. 다수의 학자들과 정치지도자들은 지구 평균기온 상승 폭을 2도 이내로 제한하는 것을 제안하였고, 이를 위해 구체적인 '계량화된 기준치'와 '인류 행동 규범'도 제시하고 있다. 이러한 과학적 사실들과 동시에 불확실성은 우리에게 근본적 질문을 던지고 있다: 어떻게 살 것인가? 과연 어떤 세계에 살고자 하는가? 이 두 질문은 우리로 하여금 기존의 삶의 양식을 (교육에서부터 정치경제까지) 전환시키는 전 지구적인 새로운 사회계약의 필요성을 더 통찰하게끔 한다. 프랑스의 대사상가인 장 자크 루소의 21세기판 '새로운 사회계약론'이 절실히 필요한 때이다.

제2부에서는 신사회계약을 통하여 기후변화의 위험을 줄이면서

대응할 수 있는, 새롭고 지속가능한 발전양식을 제시하고자 한다.

제2부 시작인 6장 '새로운 사회계약의 내용, 방식, 원칙'에서는 자연과 사회가 위험하게 된 근원을 파악해보고, 새로운 사회계약의 지향점인 친환경적 전환과 지속가능한 발전이 어떤 내용, 방식, 원칙, 규범들로 채워져야 하는 것인가를 탐색해본다.

제7장 '신사회계약의 일상적 실천영역'에서는 앞 장에서 논의된 거시차원에서의 실천방향에 기초하여 일상에서 구체적으로 무엇을, 어디서, 어떻게, 언제 해야 하는가를 주체별, 수준별, 사회제도별로 다각도로 기술해보았다.

제8장 '녹색경제, 경제영역의 신사회계약'은 환경과 경제의 지속가능한 결합방식을 다룬다. 녹색경제의 새로운 내용, 방식과 원칙이 논의된다. 환경오염과 환경오염을 유발하는 무임승차를 줄일 수 있는 경제적 기제들을 다루는 동시에 신성장 동력과 고용창출 기회의 연관 속에서 논의를 전개한다. 생태계 자원의 가치가 기존의 시장 및 경제구조에 연계되고 융합되어 평가되는 새로운 경제체제를 제시한다. 이와 더불어 에너지 효율성과 신재생에너지의 녹색기술을 바탕으로 하여 저탄소 녹색경제의 기본적 작동원리를 밝혀보았다. 녹색기술로의 전환이 기술적으로나, 경제효율성 측면에서 가능한지도 개괄해본다.

제9장 '새로운 사회계약과 정치의 생태적 전환'에서는 최종결정이 내려지는 심급으로서의 정치영역을 중요하게 다룬다. '한 사회의 어떠한 가치(변화)가 어떤 순위로, 얼마만큼 중요하게 평가되느냐'는 최종적으로는 국가의 의사결정에 달린 것이기 때문이다. 새로운 사회계약의 정치적 내용과 방식은 생태계 보전 및 기후변화 완화(mitigation)와 적응(adaptation)정책으로 압축될 수 있다. 이 두 정책

의 범위, 영역, 그리고 정치적 원칙 및 고려사항에 대해 살펴본다. 무엇보다도 기후변화는 모든 분야와 관련이 되기 때문에 전반적 정치과정에서 광범위하게 다루어져야 하는 현 시대의 주요가치라는 점을 강조하였다. 전환하는 녹색 정치과정이 종국적으로 재정 및 지원정책을 포함한 일종의 '기후변화법'으로 명문화될 때 지속가능성과 실효성을 보장할 수 있다는 점도 개별 국가들의 기후변화 및 에너지 정책의 비교를 통해서 확인할 수 있었다.

제10장 '신사회계약의 글로벌 차원'은 새로운 사회계약의 전 지구적 차원의 함의와 방식에 관한 장이다. 기후변화 문제를 다루는 국제협력 수준의 현재와 미래에 대해 지면을 할애하지 않을 수 없었다. 온실기체에 국경이 없듯이, 기후변화는 본질상 전 지구적 차원의 문제이기 때문이다. 따라서 개별 국가 차원에서는 다 해결할 수 없고, 모두 협력하여 전 지구적으로 다루어야 하는 당위성을 역설한다. 여기에 기후협약의 딜레마가 있다. 기후변화는 인류가 최초로 공동의 딜레마로 맞닥뜨리게 된, 복잡하고 어려운, 하지만 풀어야만 하는 과제이다. 특히 선진국과 개발도상국의 갈등과 협력의 내용과 방식을 주요하게 다루어 보았다.

제11장 '달라진 일상, 달라진 세계'는 지구촌 곳곳의 사람들이 다양한 차원의 새로운 사회계약을 맺고 실천하고 있는 생생한 모습을 그리고 있다. 이 같은 실천은 달라진 일상, 달라진 세계를 만들어가고 있다. 즉, 친환경적 전환을 통한 지속가능한 발전을 이루어가고 있다. 우리의 갈 길은 아직도 아득히 멀지만, 우리가 희망을 잃지 않고 나아갈 방향과 모습을 보여주고 있다.

과연 인류사회가 직면하고 있는 전무후무한 위험을 극복하고, 해결할 수 있을까? 그리고 지구적 삶이 전혀 새로운 차원으로 전환될 수 있을까? 이를 통해 지속가능한 발전을 전 지구적 차원에서 구현할 수 있을까? 이 질문에 답하는 데 조금이라도 도움이 되기를 바라는 마음으로 이 글을 바친다.

많은 분들과 활동가들에게 감사를 전하고 싶다. 우선 경기도그린캠퍼스협의회 대학 총장님과 관계자에게 감사를 전하고 싶다. 필자를 자문위원으로 위촉하여 다양한 기회를 주었다. 세계자연보전연맹(IUCN) 본부 관계자와 IUCN 한국위원회에게도 감사를 표하고 싶다. 2012년 IUCN이 개최하는 제주 세계보전총회의 한 세션에서 "그린캠퍼스 구축의 의미와 방식"에 대해 발표할 수 있는 기회를 주었다. '경기녹색환경지원센터'도 다양한 환경포럼을 개최하고 토론의 장을 마련해주었다. 서울시청의 녹색담당부처 관계자에게도, '생물다양성한국협회'에게도 고마움을 전하고 싶다. '한국환경정책·평가연구원', '글로벌녹색성장연구소', '녹색성장위원회', '기후변화행동연구소' 등이 주최한 다양한 세미나는 환경에 대한 테두리를 파악할수 있게 도움을 주었다. 끝으로 '한국그린캠퍼스대학생연합회', '경기도그린캠퍼스대학생협의회' 등 다양한 대학생 환경 NGO와 환경동아리들의 땀방울로 이루어낸 국내, 국제적인 실천에 감사와 큰 박수를 보내고 싶다.

기후변화에 대해 필자의 눈을 뜨게 한 「대자연 리포트」가 대자연의 생명과 글로벌 인류 사회의 깨어 있는 현장보고서로 지속되기를 바라면서 이 글을 맺는다.

책으로 나올 수 있도록 도와준 산지니 출판사 임직원에게 감사를 드리고 싶다. 아내와 딸에게 감사하다는 말을 꼭 전하고 싶다.

제1부

기후변화

1

기후변화와 위험

여름철 날씨는 이전보다 훨씬 더워졌다. 불볕더위의 무더운 날씨는 물론이고 열대야 현상도 자주 발생한다. 유럽의 선진국에서도 폭염으로 인한 노약자들의 사망소식이 간간이 들린다. 2013년 호주에서는 연속되는 폭염으로 산불이 매우 빈번하게 발생하였다. 게릴라성 집중호우는 일상화되었다. 2010년 파키스탄에서 집중폭우로 인한 홍수와 범람의 피해는 가히 놀라울 정도였다. 2011년 미국 미시시피 강의 범람위기로 인해 주민들은 대피하지 않을 수 없었다. 미국과 러시아의 대형 산불피해도 막심하다. 또 사하라 이남 지역은 갈수록 가뭄이 극심해져 물이 부족한 곳이 넓어지고 있다. 땅을 몇십 미터 깊이 파내려가도 지하수를 찾을 수 없다. 허리케인이나 태풍은 위력이 더욱 강해지고, 피해는 가히 천문학적이다. 예상치 못한 폭설로 인해 곳곳의 비닐하우스와 주택이 붕괴되는 모습도 한국에서는 자주 본다. 방글라데시는 해수면 상승으로 연안 대도시가 물에 잠기고 주민들이 대피하는 소동을 자주 겪는다. 태국에서는 2011년 7월 말부터 시작된 홍수 사태로 수도 방콕이 물에 침수되어 적지 않은 인명피해와 경제적 손실을 입었다. 2011, 2012년의 한파는 유럽뿐 아니라 한국에도 60년 만에 가장 매서운 추위를 불러왔다. 2013, 2014년에는 나이아가라 폭포도 결빙시키는 한파가 미국 북동부 및 캐나다를 덮쳤다. 체감온도가 무려 영하 70도에 이르렀다. 지구온난화의 연장선상에서 북반구에서는 오히려 겨울 혹한이 발생되고 있는 것이다. 이 모든 재해와 재앙이 나타나는 양상은 제각기 다르고 모순적으로 비쳐지기도 하지만, 그 원인은 공통적이다. 모두 지구의 온도가 상승해서 일어나는 기후 이상인 것이다.[1] 이것은 예전과 다른 새로운 차원의 환경문제이자 위험이다.

기후 이상으로 생활이 불편해지는 것만이 아니다. 경제적, 사회적 손실과 피해도 갈수록 커진다. 재난은 수많은 인명을 한꺼번에 앗아가는 대형 재앙으로 변화되고 있다. 기후변화는 이처럼 매우 심대한 결과를 초래하고 있다. 그리고 그 영향이 미치지 아니하는 곳이 없다. 아프리카에서 미국까지 어디에나, 어린이에서 노년까지 누구에게나 그 피해가 닥칠 수 있다. 시급히 대응책을 강구해야 할 필요는 태평양에 잠겨가는 작은 섬나라 국가, 투발루에만 해당되는 것이 아니다. 이러한 광경을 바라보고 있노라면 언뜻 이해하기 어려운 모습이 그려진다:

---

1) 미 항공우주국(NASA) 고다드 우주연구소 소장인 제임스 한센 박사는 2003년과 2010년 유럽과 러시아를 강타한 폭염과 2011년 미국 텍사스 · 오클라호마 주의 대규모 가뭄이 모두 기후변화에서 기인한 것이라고 지적했다. 2012년 여름 미국의 폭염 사태도 기후변화 때문으로 밝혀질 것이라고 말했다. 〈뉴욕타임스〉, 2012년 8월 6일 자 참조.

셀 수 없이 많은 자동차들이 동시에 공회전을 하면서 엄청난 굉음과 함께 어마어마한 양의 배기가스와 열기를 내뿜고 있고, 바로 그 뒤에 셀 수 없이 많은 인간이 얼굴을 찌푸리고 땀을 연신 닦으며 매우 지친 모습으로 서 있는 그런 불가사의한 광경이다.

기후변화는 이렇게 기후재앙을 통해 엄청난 피해와 고통을 안겨주는데, 비단 인간에게만 영향을 끼치는 것이 아니다. 기후변화는 모든 생태계에 스트레스를 주고, 생태계의 변형을 강요하고 있다. 지구온난화로 인해 강우량이 집중되어 하천, 삼림, 농촌과 도시에 폭우를 쏟는다. 허리케인은 해양과 대기로부터 따뜻한 열에너지를 더 흡수해 그 세력이 더 커진다. 하천은 범람하고, 토양은 유실되고, 삼림은 훼손되고, 도시는 마비된다. 동·식물들은 기온상승으로 서식처의 환경이 변함에 따라 이동해야 한다. 해양의 수온상승으로 인해 해양식물 역시 멸종되거나 대규모의 이동을 해야만 한다. 많은 생물들이 사라지거나 전 지구적 엑소더스를 겪고 있다. 극지방의 빙하가 급속히 녹아서[2] 해수는 따뜻해지고, 염분도도 낮아지고 있다. 이로 인해 극지방 해수가 심해로 하강하는 속도가 더뎌지면서 해류의 순환도 지장을 받아 해양의 생태계가 교란되는 위험도 다가오고 있다. 산업혁명 이전의 생태계의 비밀스런 균형과 안정이 붕괴되고

---

2) 미 항공우주국의 위성사진 분석에 따르면 '2007년 여름 북극 빙하의 전체 부피는 2003년도보다 50%나 감소했다. 빙하의 녹는 속도가 예상보다 훨씬 빨라 5년 내에 북극 빙하가 다 녹을 수 있다'고까지 비관적인 전망을 했다. 〈경향신문〉 2007년 12월 13일 자 참조. 미 항공우주국은 "남극 서부 아문센해 구역 빙하가 녹는 속도가 예상보다 빨라져 막을 수 없는 수준이 됐다"며 "이 지역의 6대 빙하가 모두 녹으면 지구 해수면이 1.2미터 높아질 것"이라고 경고했다. 〈조선일보〉 2014년 5월 14일 자에서 재인용.

있는 것이다.

이 자연계의 붕괴가 기후변화로 나타나서 우리에게 기후재난과 재앙을 돌려준다. 이 책임은 자연이 아니라, 우리에게 있다. 생태계의 아주 오래된, 안정적이고 균형적인 시스템을 우리 인류가—짧게 말해서, 너무나 과도한 개발을 하고, 너무나 많은 화석에너지를 씀으로써—변형시킨 결과이다. 화석연료를 과다 사용함으로써 대기에 오염물질을 과다 방출하여, 대기권에 일종의 '인위적인 벽'을 인류의 손으로 만든 것이다. 이 오염물질이 지구복사열을 가두어서 지구를 온난하게 만들고 있다. 오염물질로 구성된 이 새로운 인공 장벽으로 말미암아 태양과 지구사이의 에너지 순환의 시스템이 교란되고 변형되었다. 기후변화의 온갖 불행이 여기서 시작된다.

불행은 시급히 끝내야 한다. 기후재난의 피해가 너무 커지기 때문이다. 이 재앙은 분명 인재임에 틀림없다. 그런데 이 인재는 온갖 천재와 겹치는 부분이 상당히 많다. 기존에 '천재'라고 불리던 자연적 재앙들이 이제는 기후변화로 인해 발생하는 인재들과 뒤섞여 증폭되어서 일어난다. 따라서 피해범위도 증폭된다. 태풍은 오래전부터 공포의 천재였으나 그 위력이 지구온난화로 인해 더욱 커져 인류에게 더 심각한 공포가 되었다.

기후변화 대응의 필요성은 기상이변에서만 찾을 수 있는 것이 아니다. 생태계는 우리에게 다양한 자원과 서비스를 대가 없이 베풀었다. 갯벌은 수많은 양식을 우리에게 제공한다. 아름다운 갯벌을 바라보는 기쁨 또한 적지 않다. 다양한 생물 종은 우리에게 의식주의 온갖 재료, 의약품과 휴식처를 제공하였다. 이제 생태계는 균형을 잃어 이 같은 다양한 서비스를 제공하기에는 구조적으로 제약을 받는다. 갯벌은 사라지고 있다. 다양한 생물 종들이 멸종하고, 풍요롭고 아름다운 자연의 보고가 사라지고 있는 것이다. 그렇다. 인류는 당장 기후변화의 피해와 위험을 완화시켜야 하고, 또한 적응해야 하고, 마침내는 손상된 생태계의 균형과 안정을 복원시켜야 한다.

이제 우리는 이 사실을 알게 되었다. 모르고 한 행위의 결과도 이렇게 심각한데, 알고 난 후에도 고치지 않고 계속한 행위의 참담한 결과에 대해 무엇으로 책임을 질 수 있단 말인가? 이제부터의 불행은 기후변화 탓으로만 돌릴 수 없다. 미래는 오히려 인류의 자연과학적, 인문·사회과학적 인식과 능력, 그리고 해결 의지에 달려 있는 것이 아니겠는가? 인류는 우리만의 편익을 위했던 지난 200년간의 개발·기술지상주의의 행태를 반성해야 한다. 그 반성의 토대 위에서 단호한 책임감을 갖고, 성찰하는 태도로 시급히 생태계의 균형과 안정을 복원시켜야 한다. 인류의 지속가능한 사회를 위해서도 말이다.[3]

1. 1. 기후변화, 새로운 차원의 환경문제

'온실가스'는 30년 전만 하더라도 일반인에게는 생소한 명칭이었다. 이 생소한 이름의 기체는 지구온난화를 불러왔으며 현재 인류에게 닥친 최대의 환경문제를 만들어내고 있다. 기후를 변화시키는 것이다. 이렇듯 지구온난화로 인한 기후변화는 최근에 등장한 새로운 환경문제이지만, 자원고갈과 여타의 오염물질에 의한 환경오염은 오래전부터 계속되고 있는 오래된 환경문제들이다. 오래된, 그리고

---

3) Achim Steiner, "Statement by Achim Steiner at the IPCC Working Group II Approval Session", UNEP, 2014.

새로운 환경문제의 공통점과 차이점을 살펴봄으로써 환경문제로서의 기후변화의 새로운 특성과 차원을 잘 이해할 수 있을 것이다. 환경문제라는 연속선상에서, 하지만 새로운 맥락에서 기후변화를 이해할 때 비로소 기후변화의 함의와 대응 방식을 적합하게 파악할 수 있다.

오래된 환경문제의 예로 자원고갈과 오염물질 방출과 폐기를 들 수 있다. 지구온난화 문제가 최대의 환경문제로 새롭게 등장하기 전까지 오래된 환경문제가 지속적으로 나타났다. 예전에도 대기오염 문제는 존재했다. 유독·오염물질의 배출로 인해 호흡기 질환도 증가했고, 대도시의 스모그 현상도 늘 있어왔다. 오·폐수를 무단 투기함으로써 토양과 하천이 오염되어 생물이 죽는 사태도 빈번히 발생하였다. 인간의 욕심에서 비롯한 과도하고 잘못된 개발과 '남획'으로 인해 광물을 비롯한 특정 동·식물자원이 고갈되곤 했다. 이 같은 오래된 환경문제는 오늘날까지도 지속적으로 발생하고 있다.

과잉개발, 남획 등에 의한 자원고갈과 오염물질 무단 방출 등 때문에 발생되었던 기존의 환경문제와 지구온난화에 의해 가속화된 새로운 환경문제에는 그 원인, 연관관계의 경로, 파급과정, 영향의 범위, 해결방식 등에서 분명한 차이가 있다. 하나의 예를 들면, 영국 런던의 스모그는 런던 지역에 국한된 문제지만, 온실가스로 인한 대기오염 문제는 전 지구적 문제이다. 또한 런던의 스모그는 유해성분을 감축하면 해결되지만, 이산화탄소 배출의 감축은 우리의 생산과 소비체계를 전면적으로 변화시킬 때야 비로소 가능한 것이 된다. 좀 단순하게 표현하면, 경로나 영향의 범위 측면에서 볼 때 오래된 환경문제는 부분적이고, 지역적인 성격을 띠는 반면에, 새로운 환경문제는 복합적이고, 전 지구적인 속성을 갖고 있다.

물론 이 둘의 차이점 못지않게 연관관계 및 상호 맥락도 매우 깊다. 비교적 최근에 등장한 지구온난화는 기존의 환경문제로 인해 왜곡된 생태계의 순환체계를 더욱 왜곡시킨다. 오·폐수로 인한 생태계의 자정능력의 감퇴는 지구온난화로 인해 더욱 훼손되어 생물 종의 멸종(자원고갈)이 더욱 가속화되고 있다. 1.5도의 기온상승으로 멸종되는 생물종이 30%까지 증가할 수 있다고 정부간기후변화협의체(Intergovernmental Panel on Climate Change, IPCC)는 경고하고 있다. 봄이 오는 시기도 10년에 2, 3일씩 빨라지고 있다. 기후변화는 종 분포, 개체군 통계, 생물 생활사(生活史)의 변화에 광범위한 영향을 미치고 있다.

이 둘의 공통적인 속성은 더욱 깊다. 인간의 이기적 탐욕이 그것이다. 탐욕은 중요한 것을 보지 못하게(않으려) 한다. 우리는 생태계의 질서를 너무 무시하였다. 그뿐만 아니라 파괴시킨 것이다. 자연을 단순한 정복 및 개발 대상으로 보고 파헤치고, 마음대로 처리했다. 또한 자연을 그 개발의 부산물인 폐기물의 폐기장으로 취급한 것이다(제6장 참조).

개발에 숨어 있는 탐욕의 예를 세 가지만 들어보자:

첫째, 경치가 빼어난 아름다운 해안가에 맹그로브 숲이 무성하게 자라나고 있다. 연안의 토양침식도 막아주고, 범람도 완화시켜준다. 세차게 밀려오는 파도를 누그러트리기도 한다. 조용히 바라보고만 있어도 평안함을 가져다준다. 그런데 숲은 어느 날 양식장으로 변모하였다. 멋진 레스토랑이 그 뒤로 줄줄이 개발되어 들어섰다. 양식된 신선한 해산물을 먹으며 탁 트인 대형 유리창을 통해 조망하는 바다는 더없이 잔잔해 보였다. 어느덧 그곳은 관광명소로 유명해졌다. 많은 사람들이 찾아오고, 길은 넓혀지고, 주위는 다시금 확장되어 각종 시설물이 들어서게 되었다. 멀리 외국에서 비행기를 타고 오기도 한다. 내 소유 땅이 그 개발 지역에 포함되면, 땅 값이 천정부지로 올라서, 어마어마한 횡재인데…. 거의 모두가 개발계획에 찬성할 것이다. 아마도 맹그로브 숲의 추억은 사라질 것이다. 그 레스토랑과 개발지역에서 나온 오·폐수가 어디로 흘러가는지 별 관심도 없을 것이다. 그리고 몇 년 전 들이닥친 쓰나미의 공포의 기억도 잊은 채 멋진 레스토랑에서 가까운 사람들과 웃으며 즐거운 식사를 할지도 모를 일이다.

둘째, 제1, 2, 3의 대규모 제철소가 어느 해안에 건설되어, 값싸고 성능 좋은 자동차가 대량 생산되어 줄서서 기다리는 전 세계의 수요자를 만나게 될 것이다. 제철소의 최고 경영자는 그날을 꿈꾸며 오늘도 시커먼 개발의 연기를 대기로 내뿜고 있다. 그것을 바라다보며 근교 주민들은 일자리를 구할 기대감에 부풀어 있을 것이다. 대규모 공장폐수가 그 해안 근처의 생물들을 사라지게 하는 것을 알지도 못한 채(애써 무시한 채).

셋째, "또 갈 때마다 하천 구간 여기저기서 강바닥을 긁어내는 토목공사가 한창인 것을 본다. 이런 공사를 통해 내린천(川)의 아름다운 돌과 자갈은 주변의 펜션, 모텔, 음식점들의 축대를 쌓고 정원을 꾸미는 재료로, 또 도로를 포장하고 옹벽을 쌓는 콘크리트로 굳혀진다. 공사장에서 나온 진흙이 냇물을 타고 떠다니다가 하류 쪽 돌 위에 누렇게 켜켜이 쌓인다. (…) 하지만 이런 개발은 결국 스스로를 옭아매게 될 것이 뻔하다. 내린천의 매력은 수려한 풍광과 맑은 물과 풍요로운 생태계에 있었다."[4]

---

4) 송명규, 『후투티를 기다리며』, 2010, 따님, 178쪽 이하에서 인용.

이처럼 개발은 각기 나름의 설득력을 갖고 우리에게 가까이 다가온다. 많은 경우 인간의 탐욕과 무지는 스스로를 적나라하게 드러내지는 않는다. 대신 우리의 '공동이익'이라는 이름으로 은밀히 유혹하면서 찾아온다.[5] 그렇다. 이산화탄소가 제법 우아하게 온실가스로 불리는데, 사실 그것은 쓰레기처럼 버려진 하나의 오염물질이다. 우리가 대기라는 폐기장에 버린 것이나 다름없다.

인간은 다른 생물들과 함께 생태계 내의 평형을 유지하면서 공존하여왔다. 그러나 현대 인류 문명은 이러한 생태계의 질서와 혜택을 무시한 채, 탐욕과 무지로 추동된 인간 위주의 개발로 이루어진 셈이 되어버렸다. 생물 종들이 죽어가고 있으며 생태계가 점차 파괴되고 있는 심각한 상황에 직면하고서야 인류는 자연과 생태계의 가치와 혜택, 인간의 세계, 그리고 자연과 인간의 지속가능한 공존에 대해, 즉 새로운 문명에 대해 깊이 성찰하게 되었다.

1962년 레이첼 카슨은 살충제와 농약에 의해 죽어가는 생물을 바라보며 이미 이렇게 경고했다:

자연은 침묵했다. 섬뜩하다. 새들은 어디로 갔는가. 정원의 모이통은 텅 비어 있다. 봄은 왔지만 침묵의 봄이었다. 적으로부터 공격을 받은 것도 아니었다. 모두 인간이 스스로 부른 재앙이었다.[6]

---

5) Wilson, E. O., *The Future of Life*, Knopf, 2003.
6) 레이첼 L. 카슨, 김은령 역, 『침묵의 봄』, 에코리브르, 2011, 서문. 미국의 생물학자 샌드라 스타인그래버는 2012년 저서 『먹고 마시고 숨 쉬는 것들의 반란』에서 돌고래 떼가 강에 유입된 오염 화학물질로 인해 간암에 걸려 사망하는 것을 고발했다. 카슨과 같은 맥락에서 인간이 폐기한 오염물질이 다시금 공기, 물, 흙, 음식에 스며들어 인간과 생물을 죽음으로 몰아가는 '환경의 역습'을 경고한 것이다.

본질적으로 같은 맥락에서 인명과 생물 종들이 기후변화로 인해 멸종되고 있다. 하지만 기후변화가 불러오는 위험과 폐해는 새로운 특성과 차원을 보여주고 있다. 그 위험은 매우 절박한 상태이며, 전 지구적으로 광범위해졌고, 증폭되었고, 더욱 복합적으로 전개되고 있다.

　　매우 절박한 상태는 자명해지고 있다. 지구 평균기온이 3도[7] 상승할 것이라는 예측은 매우 현실적으로 받아들여지고 있으며, 생물 종은 30~40%까지 사라질 수 있다고 한다. 위험은 전 지구적으로 광범위하게 발생될 수 있어서, 그 영향이 미치지 아니하는 곳이 없다. 지구의 평균기온이 올라가고 있다. 그 위험은 토양이나 하천뿐 아니라 대기 등 모든 생태계에 미치고, 아프리카에서 미국까지 어디에서나 발생할 수 있고, 누구에게나 미치고 있다. 그 영향이 증폭되어 대형 기후재앙이 일어나서 그 피해와 고통의 규모가 어마어마하다. 더욱 복합적인 성격을 띠는 점은 기후변화가 모든 생태계에 스트레스를 주며, 변형을 강요한다는 사실이다. 이는 생태계의 속성과 작동원리를 물리적으로나 생·화학적으로 변화시켜 생태계의 오묘한 균형과 안정을 붕괴시킨다. 생태계의 불균형과 붕괴는 복합적인 폐해와 결과를 불러오고, 다시금 피드백으로 기후변화를 더욱 촉진시킨다.

　　환경문제로서 기후변화의 이러한 새로운 차원과 특성은 모든

---

7)　환경운동가인 마크 라이너스는 저서 『6도의 악몽』에서 지구 평균기온이 1도씩 상승할 때마다 그 영향이 증폭되어 나타나는 점을 사실적으로 잘 보여주고 있다. 그는 3도 이상 상승할 경우 열대우림인 아마존이 붕괴되어 사하라 사막처럼 변모될 것이며, 이로 말미암아 돌이킬 수 없이 대멸종의 위기로 진입할 위험이 크다고 경고한다. 마크 라이너스, 이한중 역, 『6도의 악몽』, 세종서적, 2008, 153쪽 이하 참조.

영역에서 전 지구적 글로벌 시민들의 공동 협력과 대응을 요구하고 있고, 이 점 또한 인류가 맞닥뜨린 새로운 과제인 것이다. 글로벌환경변화독일연방과학자문위원회(Wissenschaftliche Beirat der Bundesregierung Globale Umweltveraenderungen, WBGU)는 이런 차원에서 '기후변화'를 환경문제의 중심에 두고 있다:

> 기후보호는 지속가능성의 중심적인 초석이다. 인류가 만든 기후변화는 다른 환경문제들과 매우 밀접하고, 상호 증폭시키면서 연결되어 있다. 기후변화의 영향이 커질수록, 다른 글로벌 환경문제를 더 풀기 어렵게 될 것이다.[8]

다음 장에서는 환경문제의 중심으로 새롭게 대두된 기후변화의 원인, 경로와 결과를 살펴보자.

---

8) WBGU, *Welt im Wandel*, Berlin, 2011, 35쪽에서 인용. 이와 유사한 시각으로 심경욱은 기후변화를 복합적이고 지구적 차원의 다양한 위험을 증폭시키는 '위험증폭자'로서 파악하기도 한다. 심경욱 외, 「국가 안보 차원에서 본 기후변화와 한국의 대응」, 『국방정책전문연구시리즈』, 한국국방연구원, 2012년 참조.

인위적 기후변화의 원인과 결과

기후변화는 기후를 구성하는 대기를 비롯하여 수권, 토양, 그리고 생물권의 총체성이 상호작용을 일으키는 변화로서 기상현상의 장기적 평균상태가 변화하는 것을 의미한다.[1] 다양한 부문의 생태계가 변화하면 그 상호작용이 변하고, 그것이 기후를 변화시키고, 다시금 기후변화는 그 생태계에 변형을 가져오는 것이다. 기후와 생태계는 이렇게 연쇄적인 상호작용을 한다. 기후변화, 우선 그 원인부터 살펴보자.

2. 1. 지구온난화와 온실가스

대기권은 크게 네 층으로 나누어져 있는데, 대류권, 성층권, 중간권, 열권으로 구성되어 있다. 대류권은 지구표면에서 10~15킬로미

---

1) 세계기상청의 기준에 의하면 30년 동안 기상의 종합적인 평균상태로서의 기후를 일컫는다. 예를 들어 '온대성 기후에서 아열대성 기후로 변했다'라 말할 수 있겠다.

터 안의 권역으로 상층부로 갈수록 기온이 하강되며, 15킬로미터 지점의 온도는 약 -56도 정도이다. 대기의 기상현상이 주로 여기서 일어나는데, 불안정한 곳이다. 그 바로 위가 성층권으로 약 50킬로미터 이내의 권역인데, 25킬로미터 지점에 오존층이 집중적으로 형성되어 있고, 자외선을 흡수한다.

인간은 화석연료를 과도하게 사용하며 대기 중에 이산화탄소 및 다양한 온실가스를 대량 방출하였다. 이로써 이산화탄소를 비롯한 온실가스(기체)들의 대기 중의 농도가 짙어지게 되었다. 이것이 지구 복사열을 더 높은 대기권으로 방출시키지 않고, 대기 중에 가두어서 다시 지구로 돌려보내어 지구의 대기를 따뜻하게 하고 있다. 이것을 바로 온실효과, 즉 지구온난화라고 말한다. 문제가 되는 것은 산업혁명(1750년) 이전보다 온실효과가 훨씬 더 커진다는 점이다. 태양복사열은 파장이 짧아(에너지가 강하여) 온실가스를 통과하여 지구표면을 데우고, 그중 일부가 지구복사열로 대기 중으로 방출되는데, 이것은 파장이 길어(에너지가 약하여) 대기 중의 온실기체들에게 흡수된다. 이러한 평형과 균형이 산업혁명 이전에는 유지되었지만, 산업혁명 이후에는 온실기체가 대기 중에 급속히 많이 방출되었다. 대기 중의 이산화탄소 농도는 산업혁명 이전의 280ppm(parts per million)에서 2005년 380ppm, 2013년 399ppm 으로 급증하였다.[2] 그러므로 지구복사열을 더 많이 흡수하게 되어, 지구의 대기는 점점 더 더워

---

2) 대기는 지구표면에서 약 150km 떨어진 곳까지를 말한다. 대략 80km까지는 이산화탄소와 오존을 제외하고 조성의 기체가 일정하게 분포되어 있다. 대기 중의 산소는 약 21%이다. 이산화탄소의 비중은 0.03~0.04% 정도 미량이지만, 그 비중이 아주 조금만 변해도 지구온도의 변화에 매우 큰 영향을 끼친다. 온실가스의 비중을 보면 이산화탄소가 약 50%이고, 메탄가스 19%, 프레온 가스 17%, 육불화황 8%, 오존 6% 정도이다.

지게 되었다. 이것이 바로 지구온난화의 본질이자, 기후변화의 주된 원인이다. 더욱이 지구온난화는 대기 중에 수증기를 더 많이 함유할 수 있게 하고, 수증기는 그만큼 더 많은 열에너지를 품을 수 있어서 대기온도의 상승효과를 높일 수 있는 것이다. (그림 1 참조)

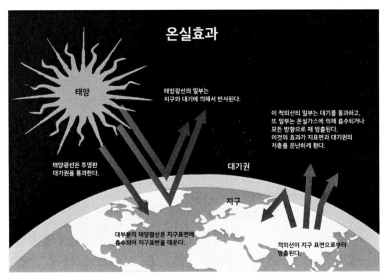

그림 1. 온실 효과

1958년에 찰스 킬링(Keeling) 박사가 마우나 로아 산에 올라가 대기 중의 이산화탄소 농도를 측정한 것을 시작으로 매년 지구 대기의 이산화탄소양을 나타낸 그래프를 킬링 곡선(Keeling Curve)라고 부르는데, 315ppm(1958년)에서 380ppm(2005년), 399ppm(2013년)에 이르며 지속적으로 급속히 증가하는 것을 볼 수 있다. (그림 4 참조)

만약 대기 중의 이산화탄소 농도를 산업혁명 이전의 수치인 280ppm 정도로 유지할 수 있다면 지구온난화 문제는 바로 해결될 수 있지 않을까? 이것은 어려운 일일까? 탄소의 속성과 순환체계를 이해하면, 이 질문에 답하는 데 도움이 될 것이다.

탄소는 대기, 육상, 해양, 생물권의 상호작용에 의해서 순환하고 있으며 항상 균형 상태를 유지하고 있었다. 탄소배출원(emission source)은 탄소를 배출하고 탄소저장고(sink)는 탄소를 흡수, 저장한다. 그런데 산업혁명 이후 해저 및 토양에 저장되어 있던 화석연료(탄소결합체인 석탄, 석유, 천연가스 등)를 끄집어내어 빠른 시간 내에 연료로 사용함으로써 이산화탄소를 대기 중으로 급속히 배출하여 이 균형을 교란하고 있는 것이다.

생태계의 다양한 구성요소가 탄소저장고로서 기능하고 있는데, 해양이 심해저에 37,000Gt,[3] 해수면 표층이 1,000Gt, 육상은(식생, 토양, 유기물 등) 2,850Gt, 그리고 대기가 800~879Gt을 저장하고 있다. 해양에서는 식물성플랑크톤의 광합성작용과 그 후속효과로 인해 탄소를 저장하는데, 이 능력은 해양의 온도, 염도, 생물학적·화학적 활성도와 pH 농도 등의 영향을 받는다. 육상의 저장능력 역시 식생의 광합성과 호흡, 토양 및 유기물 등의 영향을 받는다. 이렇게 대기, 육상, 해양은 서로 상호작용을 통해 탄소의 균형을 유지하는데, 인간의 화석연료 사용의 급증과 토양 이용의 증대로 인해 이 균형이 교란되고 대기 중의 이산화탄소 농도가 급증하고 있는 것이다. 그림 2-1, 2-2에서 알 수 있듯이, 1750년부터 2012년까지 인류는 약 2조 톤에 달하는 이산화탄소를 배출했다. 그중 34%는 석탄, 25%는 석유, 10%는 천연가스, 2%는 시멘트의 이용 과정에서 배출된 것이고, 나머지 29%는 토지 이용(개간 및 벌목 등)에 책임이 있다. 다행히도 이

---

3) 1기가톤은 10억 톤을 말한다.

산화탄소 배출량의 44%만이, 즉 879Gt만이 대기에 잔류하고 있다. 나머지 56%는 이산화탄소 저장고의 역할을 하는 바다가 약 30%, 토양이 26% 흡수한 것이다.[4]

지난 1만 년 동안 지구의 대기 중 이산화탄소 농도는 약 100만분의 280을 유지해왔다. 하지만 이렇게 적은 양으로도 이산화탄소는 기온에 큰 영향력을 행사한다. 이산화탄소라는 오염물질이 비축적성 오염물질이라면, 다시 말해 빨리 사라지거나 흡수된다면 문제가 되지 않을 것이다. 하지만 우리가 만들어낸 이 오염물질은 상당히 오랜 기간—약 100년—동안 대기 중에 머문다. 따라서 이미 많이 축적되었고, 앞으로도 더욱 많이 축적될 것이다. 때문에 지구의 평균기온 상승을 2도 이내로 억제하려면 2050년까지 이산화탄소 배출량을 1990년도 배출량의 80% 정도까지 줄여야 한다.

킬링 곡선은 산업혁명과 이산화탄소 배출의 급증 간에 상관관계가 있음을 말해주었다. 이 둘 간의 인과관계의 여부에 대해서는 후속의 과학적 연구가 설명하고 있다.[5]

---

4) 탄소순환에 대한 새로운 자료를 확인하려면 미국의 NASA 연구소의 CarbonCycle 자료와 www.shrinkthatfootprint.com 참조.

5) 첫째, 남반구에 비해 북반구에서 대기 중의 이산화탄소 농도의 수치가 훨씬 높다. 둘째, 화석연료에는 원소 13C 양이 12C 양보다 적다. 대기 중 13C : 12C의 비율이 계속 감소하고 있는데, 이것은 화석연료의 연소로 인한 것이다. 셋째, 화석연료에는 14C가 없지만, 대기 중에는 존재한다. 그런데 산업혁명이후의 이 원소에 대한 측정수치, 즉 대기 중 14C : 12C의 비율은 꾸준히 감소하고 있다. 이러한 측정결과는 인간의 화석연료 연소로 인한 이산화탄소의 방출과 온실효과의 증가 사이에 인과관계가 있음을 말해준다. 〈포항공대 bric news〉, "글로벌동향브리핑", 2010년 02월 11일 자 참조.

1750년 이래 이산화탄소 배출과 저장

탄소배출원 1750-2012 (단위: 이산화탄소 10억 톤)

탄소저장원 1750-2012 (단위: 이산화탄소 10억 톤)

이산화탄소 배출량과 흡수량은 똑같이 모두 19,970억 톤이다. 육상, 해양, 대기의 저장은 인간행위에 의해 증가된 이산화탄소 흡수를 나타낸다.

* 석탄 사용에 의한 배출은 대개가 석탄에 의한 것이지만 상당량의 바이오매스 사용에 의한 배출도 포함하고 있다. 가스 사용에 의한 배출은 연소되는 가스에 의한 작은 양의 배출도 포함하고 있다. 육상 이용의 변화에 의한 이산화탄소 배출은 순변화량을 말하는데, 이는 인간에 의한 육상 이용, 육상 이용의 변화, 산림활동으로부터 기인한다.
http://shrinkthatfootprint.com/carbon-emissions-and-sinks, 2015년 1월 26일 검색

그림 2-1. 에너지별 탄소배출량과 부문별 탄소저장량, 1750-2012년

이산화탄소 흡수원의 중요성

1750년 이후로 이산화탄소 저장고로서의 육상과 해양의 역할이 커져서 대기 중의 이산화탄소 농도가 심하게 상승하는 것을 방지하고 있다.

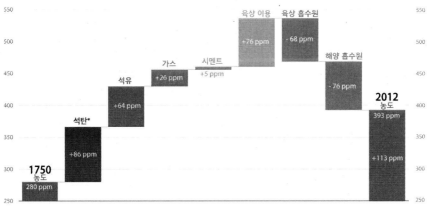

모든 수치는 백만분의 일이다 (ppm)

이산화탄소 배출량과 흡수량은 1750-2012 동안의 량이다. 2012년도의 393ppm 농도는 글루벌 평균농도를 반영하는데 흔히 보도되는 하와이 산 마우나 로아 수치와는 약간 차이가 있다.

* 석탄 사용에 의한 배출은 상당량의 바이오매스 사용에 의한 배출도 포함하고 있다. 육상 이용에 의한 이산화탄소 배출은 변화량을 말하는데, 이는 인간에 의한 육상 이용, 육상 이용의 변화, 산림활동으로부터 기인하며, 산림벌채가 주된 원인이다.
http://shrinkthatfootprint.com/carbon-emissions-and-sinks, 2015년 1월 26일 검색

그림 2-2. 에너지별 탄소배출량과 탄소저장고별 흡수량(ppm)

2. 2. 지구온난화의 또 다른 이유들?

지구온난화의 원인에 대한 학설과 설명도 다양하다. 짧게 요약해보면, 대략 1만 년 전까지는 자연기후의 주기적 변동이 인류의 흥망성쇠를 결정했지만 그 이후부터는 오히려 인간의 행위가 기후변화에 영향을 미치게 되었다. 따라서 이를 인위적 기후변화라고 부른다.

지구온난화의 원인에 대해 자연과학자들의 오래된 질문들에서 시작해보자. 왜 지구는 태양에서 받는 열을 모두 간직하지 않는가? 거꾸로 왜 지구는 받은 열을 모두 우주 공간으로 도로 내보내지 않는가? 그렇게 된다면 지구가 매우 덥거나 차가울 것이다. 이 질문에 답을 찾으려 세르비아의 과학자인 밀루틴 밀란코비치는 일생을 바친다.

그는 빙하시대의 원인에 관하여 연구했는데, 1941년 『기후변동에 관한 천문학 이론과 빙하시대』라는 책에서 기후변동을 이끄는 세 가지 중요한 주기를 밝혀냈다.

첫째는 지구의 공전궤도가 변경되는 주기이다. 태양에 제일 가까워졌다가 멀어지는 것이다. 지구온도에 영향력이 아주 크다. 하지만 지금 현재는 가장 가까운 궤도에 있는 것은 아니다. 두 번째는 지구자전축의 기울기와 관련되는 주기인데, 기울기가 21.8도에서 24.4도까지 약 4만 2,000년마다 변화한다. 지구의 자전축은 현재 중간 정도로 기울어져 있다. 세 번째는 2만 2,000년의 주기로 지구의 자전축이 한 바퀴씩 도는 현상이다. 이 주기에 따라서 태양복사량, 계절·추위의 변동이 생긴다.[6]

---

6) 팀 플래너리, 이충호 역, 『지구온난화 이야기』, 지식의 풍경, 2006, 47쪽 이하.

그렇다면 밀란코비치의 주기 이론은 언제 빙하 시대가 초래된다고 설명하는가? 그 답은 대륙들이 지표면 위에서 떠다닌 방식과 관련이 있다. 극지방 주위에 대륙이 모였을 때, 위의 주기들이 딱 맞아떨어지면, 서늘한 여름과 매서운 겨울이 찾아와 극지방의 육지에 눈이 많이 쌓이게 되어 빙하 시대가 시작되는 것이다. 중요한 것은 그 주기들이 최대한의 효과를 발휘하더라도, 지구에 도달하는 연간 햇빛의 총량에 일으킬 수 있는 변화는 0.1% 미만이라는 것이다. 하지만 이 사소한 차이가 지구의 기온을 약 5도까지나 상승 또는 하강시킬 수 있다. 많은 것이 의문으로 남아 있지만, 지구의 운행주기가 현재의 지구온난화에 영향을 미치고 있지는 않다는 것은 분명해졌다.

또 하나의 요인은 태양 흑점의 영향력이다. 11년이라는 짧은 주기에 따라 흑점이 많아지면 지구가 더워지지만 그 영향력은 극히 미미한 것으로 나타났다.[7]

온실기체 외에도 시간의 관문을 대, 중, 소 단위로 새롭게 구분할 만큼 강한 힘을 발휘하는 변화 요인이 있는데, 대륙 충돌과 우주에서 날아온 유성의 천체충돌을 예로 들 수 있다.

시간의 관문에서 바라보면 180만 년 전에서 8,000년 전까지를 빙하시대라고 하고, 그 후를 긴 여름시대라고 하는데, 180만 년 전에 출현한 호모 에렉투스라는 직립보행을 하는 최초의 조상에서 인류가 진화하여 15만 년 전에 호모 사피엔스가 탄생한다. 그들 중 일부가 현재 인류의 모습으로 변화하였는데, 왜 지난 15만 년의 세월 동안 그들에게는 큰 변화가 없었을까? 지난 1만 년 동안 우리가 변화시킨 것과 비교해보면 아무 변화가 없었던 것이나 다름없다. 혹시

---

7) 앞의 책, 50쪽 이하.

기후와 관련이 있는 것은 아닐까?

마지막 빙하 극대기는 35,000년~20,000년 전에 일어났다. 2만 년 전부터 1만 년 전까지 약 5도 정도 기온이—주기에 따라서—급상승 (급강하)하였다. 해수면도 10~15미터 상승하였다. 멕시코 만류가 적도 부근에서 열에너지를 가지고 북극 쪽으로 가서 냉각되면 아래로 가라앉고, 그러면 따뜻한 물이 다시금 멕시코에서 유입되는데, 만약 북극에서 녹은 빙하가 흘러들어와서 염분이 희석되면 가라앉지 않게 된다. 그렇게 되면 해류가 멈추어 열을 전달하지 않게 되고, 그 결과로 녹던 빙하가 다시금 얼게 된다. 이렇게 추운 시기에는 많은 인구가 사망하고, 인류의 번식이 축소되며, 역으로 따뜻한 시기에는 인류가 늘어난다. 이렇게 인구 수에 대한 주기적 변동이 반복되었을 뿐, 변화는 거의 없었던 것이었다. 즉 1만 년 전까지는 자연적 기후 변화가 인류의 흥망성쇠를 이처럼 결정한 것이었다.

그 이후, 8,000년 전부터는 매우 추운 시기가 도래하지 않았다. 이미 지구상에는 온난화가 찾아온 셈이다. 이것은 어떻게 설명될 수 있을까? 버지니아 대학의 빌 러디먼은 그 원인을 바로 '우리'라고 하였다. 그는 빙하 속의 이산화탄소와 메탄의 농도를 관측하고 이미 8,000년 전부터는 인류가 기후에 영향을 미쳤다는 이론을 발표하였다. 그렇지 않았다면 5,000년 전부터 메탄의 농도가 급격하게 감소 했겠지만 실제로는 꾸준히 상승하기 시작했다. 그 이유는 바로 농업, 특히 동아시아의 벼농사였다. 이런 형태의 농업에서는 메탄이 대량으로 발생할 수 있기 때문이다. 수렵채취인 역시 한 몫을 했다.

8,000년간 축적된 온실가스가 서서히 증가하였고 이것은 1850~1990년 사이에 배출된 탄소보다 두 배나 많은 양을 배출했

다. 하지만 이것은 매우 미묘한(취약한) 균형을 이룰 뿐이었다. 한 예를 들어보면, 태양열의 사소한 변동으로 기원전 4000년 전후에 메소포타미아 지역의 강수량이 25~30% 정도로 증가하기도 하였고, 그러고는 다시 이전 수준으로 회복되었다. 즉 러디먼에 의하면 인류는 '또 다른 빙하 시대가 찾아오는 것을 늦출 정도로 다량의 온실기체를 배출했지만, 지구를 과열시킬 정도의 양을 만들어내지는 않았다'는 것이다.[8]

하지만 산업혁명이 시작된 이래 지구의 평균 기온은 지속적으로 상승하고 있다. 2000년 현재 약 0.74도 상승했다. 주원인은 대기 중의 이산화탄소 농도가 산업혁명 전의 280ppm에서 2005년 380ppm으로 증가한 데 있다. 2013년도 현재 400ppm을 넘어서고 말았다.[9] 현실적인 시나리오에 의하면 2050년도에는 대기 중 이산화탄소농도가 550ppm에 이르고, 기온은 약 3도가 오를 것이라고 한다.[10] 이는 산업혁명 이전에 배출한 이산화탄소량의 거의 두 배에 이른다(그림 4 참조). 노벨화학상 수상자인 파울 크뤼천(Paul Crutzen)은 '인류가 지구기후를 변화시키는 주된 행위자'라고 말하면서 '인류세(人類世, Anthropocene)가 시작됐다'고 매우 적합하게 규정하였다. 그런데 이 새로운 시대는 위험한 방향으로 나아가고 있다. 지구가 과열되고 있

---

8) 앞의 책, 68쪽 이하.

9) 대기 중 이산화탄소 농도를 측정하는 곳은 해발고도가 2000~3000m 이상인 곳이나 오지 또는 해양 한가운데이다. 우리나라는 지역급 관측소에서 측정하는데, 제주 고산리, 충남 안면도, 경북 울릉읍 등에 위치한다(〈한겨레〉, 2011년 12월 27일자). 2013년 5월 1일 자 〈연합뉴스〉는 "한국에서의 평균농도가 400ppm을 넘어섰다"고 보도하였다. 한국에서의 화석연료 소비의 급속한 증가와 중국의 영향이 크다고 전했다.

10) Nicholas Stern, *The Economics of Climate Change: The Stern Review*, Cambridge: Cambridge University Press, 2006.

는 것이다.[11]

2. 3. 지구온난화의 결과들

지구온난화는 매우 다양하고, 복잡한 결과들을 만들어낸다. 지구
온난화의 일차적 결과가 연쇄적인 결과들을 발생시키기도 하고, 서
로의 결과들이 상호작용하여 또 다른 파악하기 어려운 결과들도 만
들어낸다. 결국 기존 생태계의 오래된, 정교한 균형이 변화·붕괴되
어 나타나는 불균형이 기후변화를 초래한다고 요약할 수 있다.

지구온난화의 일차적 결과는 폭염, 폭우, 한파,[12] 폭설, 가뭄, 강한
태풍, 해수면 상승 같은 것이다.[13] 이로 인해 발생하는 연쇄적 결과

---

11) 오존층의 균열에 대한 연구로 노벨화학상을 수상한 파울 크뤼천은 이미 새로운 지
질 시대가 시작되었음을 인식하고, 우리 (인류)종의 이름을 따 그것을 인류세(人類
世)라고 최초로 명명했다. 인류세가 시작된 시점은 산업혁명의 거대한 기계들이 뿜
어낸 이산화탄소와 메탄이 지구 기후에 영향을 미치기 시작한 1800년으로 잡았다.
P. Crutzen, et. al., *The Anthropocene*, 2000 참조.

12) "보통 북극 해빙이 녹으면 한반도에는 겨울에 한파가 몰려오는 경향이 있다. 해빙
구역이 좁아지고 바다 면적이 넓어지면 지구가 흡수하는 햇빛에너지 양이 늘어나
기 때문이다. 북극권은 점점 덜 추워지고 반대로 중·고위도 지역은 겨울철에 더
욱 추워져 한파에 시달린다. 이는 북극권과 중·고위도 사이를 흐르는 제트기류가
약해져 북극권의 찬 공기가 남하하기 때문이다." 이 과학적 예측은 그대로 적중하
여, 2011, 2012년 겨울에 한반도를 비롯한 북반구 지역에 역대 최고치의 한파가 몰
아쳐서 많은 인명피해를 발생시켰다(2011년 8월 22일 자 〈경향신문〉 참조). 2010
년에도 이미 북극진동이 강해지면서 찬 공기를 차단하는 제트기류가 약해지며 북
극지방의 찬 공기가 중위도로 남하하여 북미와 유럽에 한파와 폭설이 나타났으며,
우리나라에도 매서운 추위가 나타났다(SBS, 2010년 12월 24일 참조). 2011, 2012
년의 한반도의 추위 역시 동일한 원리에 의해 발생되었다.

13) IPCC, *Climate Change 2007 : The Scientific Basis. Contribution of Working Group I to
the 4 Assessment report of the IPCC*, 2007. 이에 따르면 지구온난화는 지구 평균기

의 예로 아프리카 사하라 사막 이남의 사헬 지역의 사막화를 예로
들 수 있는데, 이것의 원인은 사람들에 의한 토양훼손보다는 바로
지구온난화에 의한 인도양 해수면 온도의 상승이었다. 바닷물의 온
도가 상승하면서 바다가 팽창하고 있기 때문에 이는 해수면 상승과
도 관계가 있다.

해수면 상승은 지구온난화로 인해 빙하가 녹기 때문에도 발생한
다. 그린란드 빙관이 녹으면 세계의 해수면이 약 7m나 상승할 것이
다. 그리고 해빙속도는 매우 빠르다. 이대로라면 북극해의 빙상이
2050년쯤에는 거의 사라지고 말 것이다.[14] 인구의 2/3 정도가 해안
에서 8km 이내 지역에 살고 있다는 점을 감안하면 많은 인명피해
또한 예상된다. 방글라데시만 해도 해발 1m 이내 지역에 사는 사람
이 1,000만 명 이상이나 된다.

지구온난화의 결과들 중 더 복잡한 파생적 결과들을 살펴보자.
동식물의 서식지가 자꾸 북쪽으로 이동해 간다. 그리고 동식물이 봄
철에 활동을 시작하는 시기도 빨라진다. 또한 먹이사슬이 시간적으
로, 그리고 지역적으로 교란당하고 있다. 한국은 2010년 여름 이후
에 비오는 날이 급증하며 일조량이 줄어, 산에 도토리의 수확이 급
감하였다. 이로 인해 멧돼지가 부족해진 먹이를 찾아서 인가로 출몰
하여, 사람과의 추돌사고가 빈번하게 발생하였다.[15]

나누크(물범)가 사라져가는 것은 북극지방의 전체 생태계 붕괴가

온, 해수면 온도의 상승, 눈과 빙하의 융해 및 지구 평균 해수면 상승 등에서 명백
히 나타나고 있다.
14) 팀 플래너리, 2006, 153쪽 이하.
15) 〈중앙일보〉, 2014년 7월 8일 자 참조.

시작됨을 알리는 조짐이다. 변화는 너무나도 빠르게 진행되어, 2030년경에는 야생 북극곰이 거의 남아 있지 않을 것이다. 해빙으로 인해 북극해의 빙하 아래 서식하는 크릴이라는 작은 새우의 종자 수가 줄어들고, 이것을 식량으로 하는 물범이 사라지고, 또 물범을 먹이로 삼는 북극곰이 멸종하는 것이다.[16]

2010년 이후 오스트레일리아의 퀸즈랜드 주는 연속적인 자연재앙을 맞아 참담한 피해를 입었다. 폭우의 재해가 끝나자마자 사이클론이 덮치고, 산불이 났다.[17] 표 2에서 보면, 사실상 지구상의 어느 나라 국민보다 오스트레일리아 국민의 1인당 이산화탄소 배출량이 많다. '인과응보가 아닌가' 하는 생각이 든다.

지구온난화로 인해 개화가 일찍 시작되고, 벌꿀과 나비는 그 철을 맞추지 못해 식물의 자연수정을 돕지 못하고, 또 꿀을 충분히 얻지 못하게 되어, 개체와 종의 수가 급감하기도 한다.

기후변화는 대양 대순환 해류(Great Ocean Conveyor Belt, 그림 6 참조)에도 영향을 주고, 이는 다시 생태계에 복잡다단한 영향을 미친다. 해류는 바람과 물의 밀도 차이에 의해 흐르게 된다. 적도부근의 따뜻한 물이 극지방으로 흐르면서 에너지를 분배하고, 극지방에서 물이 차갑게 되어 밀도가 커지면서 아래로 침강하며, 이산화탄소를 해저면에 내려놓고 영양분을 가지고 다시 올라오며 순환하게 된다. 하지만 극지방의 빙하가 녹게 되면서 담수가 대량 유입되어, 극지방에서 물의 밀도가 크게 변화하지 않게 됨으로써 침강 작용이 원활하지 않아 순환이 느려지게 되고, 에너지와 영양분의 분배와 해류의

---

16) 앞의 책, 107쪽 이하.
17) 〈아시아경제〉, 2011년 02월 08일 자.

흐름이 불안정하게 된다.

우리는 기후변화의 결과를 모두 파악하고 있지 못한다. 앞으로도 우리의 예측을 벗어나는 엄청난 일들이 벌어질 수 있을 것이다. 이 사실이 우리를 더 불안하게 하고, 시급하게 기후변화에 대한 대응을 하게끔 한다. 이러한 두려운 상황하에서도 예측할 수 있는 위험요소를 저감시키려는 노력만큼은 해야 한다. '진인사 대천명'이라고 하지 않았던가?

인간 사회의 모습과 대기, 해양, 대기-해양의 순환은 우리의 인식과 실천에 따라 크게 달라질 수 있다. 세계경제를 지향하는가, 아니면 지역경제에 더 주목하는가? 그리고 환경을 중시하는가, 경제성장에 더 비중을 두는가? 이와 같은 질문에 대한 선택에 따라 달라질 것이다. 위 범주들의 상이한 조합을 기초로 해서 정부간기후변화협의체(IPCC)는 2007년에 「배출 시나리오에 관한 특별보고서(Special Report on Emission Scenarios)」를 제출하였다. 이 보고서에 의하면 우리의 행동에 따라 결과들은 매우 편차가 크게 나타났다. 2000~2030년까지 이산화탄소 배출은 25~90%까지 증가할 것이고, 지구 평균 온도는 2090~2099년도에는 2000년 대비 평균 1.1도에서 6.4도까지의 커다란 편차를 나타내며 상승할 것이라고 예측하였다.[18]

이산화탄소를 배출하는 주범인 화석에너지의 흐름—공급, 소비구조, 증감추세 등—을 전 지구적으로 파악해야 하는 이유가 여기 있다. 배출되는 이산화탄소의 양과 감축 가능성의 크기가 인류 미래를 결정할 것이기 때문이다.

---

18) IPCC, *Climate change 2007: Synthesis Report*, 2007 참조.

화석에너지 사용과 CO_2 배출

이제 이산화탄소의 주된 배출원으로 지목되는 화석연료 소비로 관심을 옮겨보자. 이 장에서는 화석연료 및 에너지 소비와 소비의 증가 추세를 살펴볼 것이다. 에너지 소비 부문과 용도, 국가별 및 1인당 에너지 및 화석연료 소비 수준, 국가별 이산화탄소 배출량 추세도 살펴본다. 온실가스가 어디서 얼마나 배출이 되는지도 살펴본다. 이러한 분석을 통해 화석연료 소비를 감축할 수 있는 영역과 방식을 찾을 수 있을 것이다. 에너지 소비의 중·장기 전망과 함께 각국가의 에너지 사용 특성도 비교해본다.

표 1에서 볼 수 있듯이 전 세계 1차 에너지 공급량은 2012년의 경우 12,477 Mio. toe(ton of oil equivalent)였다. 1차 에너지 중 일부는 전력이나 다른 에너지로 전환되어 최종에너지로 소비된다. 1차 에너지 중 석유공급이 4,131 Mio. toe로 가장 비중이 높아 33%에 달했다. 그 다음이 석탄으로 3,730 Mio. toe이 공급되어 30%, 천연가스가 2,987 Mio. toe 공급되어 24%를 차지하였다. 원자력의 비중

은 4.5%, 수력이 6.7%, 재생에너지의 비중이 1.9%였다. 석유, 석탄, 천연가스의 순으로 가장 많이 소비되는데, 1981년 이후 그 비중에는 약간씩 변동이 있었지만 순위가 바뀐 적은 없다. 온실가스 배출의 주범인 대표적 화석연료의 경우 석유, 석탄, 천연가스의 비중은 무려 87%에 달한다. 이들 화석연료의 비중은 1992년 기후변화에 따른 위험과 기후변화 대응을 강조했던 리우 회의가 열렸던 해와 거의 변함이 없다. 1992년도에는 1차 에너지 8,196 Mio. toe를 공급했고, 그중 화석연료 비중은 87.7%에 달하였다. 1981년의 경우에는 6,586 Mio. toe가 공급되었고, 화석연료의 비중은 90%였다. 전 세계 1차 에너지 공급은 1981~2012년 31년 동안 89% 증가하였고, 화석에너지 공급은 동 시기에 거의 비슷한 수준으로 81%가 증가하였다. 화석에너지 수요(소비)는 30년 동안 거의 같은 비율로 78% 증가한다.[1] 그림 3에서 보면 화석연료의 소비는 1900년 이후 꾸준히 증가하다가 1945년 2차 세계대전 이후 매우 가파르게 증가한다. 1975년 이후 석유 소비 증가 속도가 약간 완화되면서 화석연료의 소비 증가 속도도 약간 둔화되고 있다.

1900년에 세계 인구는 약 10억 명이었다. 1961년에 30억 명이었고, 2000년에는 60억 명으로, 100년 사이 6배나 늘어났다. 1인당 에너지 사용량은 100년 전에 비해 약 4배나 늘어났다. 그래서 지난 20세기 100년 동안에 화석연료를 태우는 양은 약 16배나 늘어났다. 위의 도표에서 보듯이 1981~2011년 30년 동안 화석연료 소비는 78% 증가했다. 화석연료 중에서 특히 석탄이 연소될 때 이산화탄소를 가

---

1) 1차 에너지는 발전에 사용된 신재생에너지를 포함한 상업적 거래연료로 구성되고, 전력으로 전환되는 과정에서 에너지의 손실이 발생하여 최종에너지는 공급량보다 항상 적다. 에너지 경제연구원, 『2013년 에너지 통계연보』, 2014, 226쪽 참조.

장 많이 방출하는데, 예를 들어 무연탄을 1톤 태우면 약 3.7톤의 이산화탄소가 배출된다. 이산화탄소 및 온실가스의 급격한 증가의 대부분은 화석연료 연소에 의한 것이기 때문에 화석연료의 소비 증가가 바로 지구온난화와 기후변화의 주된 원인이다. 온실가스 순 배출량의 약 90% 정도가 화석연료 연소(소비)에 기인한다.[2] 그림 3에서 알 수 있듯이 이산화탄소 배출량의 급증은 화석연료 소비의 급증에 의한 것이다. 국제에너지기구(International Energy Agency, IEA)의 「2013 Key World Energy Statistics」에 의하면 1973년에 화석연료 소비에 의하여 15,628 Mio. ton의 CO_2를 배출한 반면, 2011년의 경우 31,342 Mio. ton의 CO_2를 배출하였다.[3] 거의 100% 증가한 셈이다. 화석연료 소비 증가와 병행하여 이산화탄소 배출량도 거의 같은 속도로 증가하고 있다.

글상자 1. TOE의 개념과 이산화탄소 배출량 산출방식

TOE(Ton of Oil Equivalent)란 각종 에너지양을 석유로 환산한 톤을 의미한다. 이는 연료마다 연료의 상태, 발열량, 이산화탄소 배출량 등의 성질이 다르기 때문에 각 연료의 단위를 하나로 통일시켜주기 위해서 국제에너지기구(IEA)에서 정한 환산단위로, 1 TOE는 석유 1톤을 연소할 때 발생되는 총발열량이라는 뜻이다(약 10^7kcal).

---

2) PBL Netherlands Environmental Assessment Agency, *Trends in Global CO₂ Emissions: 2013 Report*, 2013, 32쪽.
3) IEA, *Key World Energy Statistics*, 2013 참조.

그리고 각 연료마다 탄소를 배출하는 정도가 다른데, 이를 탄소배출 계수라고 하고, 연료가 연소되는 비율을 연소율이라고 한다. 각 에너지원을 먼저 TOE로 환산하고, 이것을 ton C/TOE (탄소배출계수)로 곱한 뒤, 또 연소율을 곱하면 탄소배출량이 나오고, 이것을 분자량(44/12)에 곱하면 이산화탄소 배출량이 나온다. 요약하면, 모든 에너지자원을 석유환산톤(TOE)으로 환산하여, 그것에 탄소배출계수를 곱하고 연소율과 분자량(44/12)을 곱하면 이산화탄소 배출량이 나오게 된다.

참고로 kWh에서 kW는 기기의 용량이며 H는 시간이고, 이 둘을 곱하여 전력사용량이 나온다. 전력의 CO_2 배출량은 전력사용량(kWh)과 0.424 kg CO_2/kWh의 곱이다.

에너지 종류마다 석유환산톤 및 탄소배출계수는 이미 다 측정되어 있다.[4]

미래에는 큰 변화가 있을까? 화석에너지 소비는 기후변화 대응에 충분할 만큼 감축될까? 2050년이 되면 인구는 약 90억 명이 될 것이며, 경제는 계속 성장할 것이고 소비수준은 높아질 것이다. 에너지 소비 및 화석연료 소비 역시 증가할 것이 뻔하다. 전 세계의 미래 에너지 사용량 예측조사를 보면 앞으로도 크게 개선될 기미가 없다. OECD와 국제에너지기구의 「World Energy Outlook 2006」에 따

---

[4] 에너지관리공단의 http://CO2.kemco.or.kr/directory/toe.asp 참조. 이산화탄소 외의 온실가스는 CH_4의 경우 지구온난화지수(GWP) 21을 곱하고, N_2O의 경우는 310을 곱해주어 모두 합산하면 CO_2eq를 구할 수 있다.

르면, 1980~2004년 동안 에너지 수요가 연 평균 1.8% 증가했는데, 2004~2030년에는 평균 1.6% 증가할 것으로 예상된다. 석탄, 석유, 가스 등 화석연료의 소비는 54% 증가할 것으로 예측되었다.[5]

동 기관의 「World Energy Outlook 2012」는—소비생활 수준의 증가를 고려하여—에너지 수요가 2010년도의 12,380 Mio. toe에서 2035년도에는 16,730 Mio. toe로 1/3 이상 증가할 것이라 예측하였다. 증가분 중의 60%가 중국, 인도, 중동 지역에서, 그리고 비OECD 국가에서 발생할 것이라고 한다. OECD 국가들의 경우 에너지 수요는 오히려 감소하고 있다. 이런 추세를 종합해보면 이산화탄소 배출량은 결코 줄어들지 않고 오히려 증가할 것이다. 표 2에서 보듯이 소수의 선진국가에서 이산화탄소 배출량이 1990~2010년 20년 동안 한자리수 정도로 줄어들었지만, 성과는 그리 크지 않다. 오히려 중국, 인도네시아, 인도, 한국, 태국 등 인구가 많고 급성장하는 신흥공업국들의 이산화탄소 배출은 급속히 증가하여, 중국의 경우 지난 20년 동안 1인당 205%, 중국 전체는 257% 증가하였다.[6] 인도의 경우 역시, 각각 100%, 180% 급증하였다.

화석연료 소비는 지속적으로 증가하였다. 미래에는 증가속도가 약간 둔화될 것이라고 예측한다. 화석연료 간의 비중은 변화가 있지만 전체 에너지 소비에서의 비중은 변화가 거의 없다. 신재생에너지의 비중은 1992년 0.5%에서 20년 동안 겨우 2.4%로 소폭 증가했을

---

5) OECD/IEA, *World Energy Outlook*, 2006 참조.

6) 2013년에는 중국 전역, 특히 베이징 시를 최악의 스모그가 덮쳤다. 화석연료 소비 폭증의 당연한 결과로 보인다. 공장 가동 중단 등의 긴급 대책까지 시행되었다. 〈매일경제〉, 2013년 1월 31일 자 참조.

뿐이다.[7]

　기후변화의 위험과 생태계 붕괴를 막기 위한 매우 중대한 임계치인 지구의 평균기온을 2도 상승 이내로 억제하려면 2050년까지 이산화탄소 배출량을 1990년 배출량의 80% 정도까지 줄여야 한다. 화석연료의 소비는 단순한 소비의 차원을 넘어선다. 화석연료는 수천만 년 이전에 대기 중에서 탄소를 흡수한 생물의 유해가 변한 것이다. 따라서 화석연료를 태울 때에는 나무를 태울 때와는 다르게, 수천만 년, 수억 년 동안 순환하지 않았던 탄소를 대기 중으로 방출하게 된다. 아주 오랜 기간 동안 형성된 탄소의 순환체계를 교란 또는 붕괴시키는 셈이다. 이는 생태계와 인간사회에 심대한 영향을 미친다. 양적으로 소비를 줄이는 차원을 넘어, 에너지 소비의 구조, 방식 및 영역에 있어서 전 세계적으로, 또한 각 국가별로 거대한 전환이 시급히 요구되고 있는 이유이다.

표 1: 전 세계 1차 에너지 공급량

(단위 Mio. toe)

	합계	석유	석탄	천연가스	원자력	수력	신재생
1981	6,586	2,870	1,819	1,308	189	392	8
1990	8,110	3,159	2,211	1,768	453	490	-
1992	8,196	3,208	2,159	1,818	478	501	-
2000	9,339	3,581	2,342	2,177	584	602	-
2012	12,477	4,131	3,730	2,987	560	831	238

출처: BP Statistical Review of World Energy 2013.
자료: 에너지 경제연구원, 『2013 에너지 통계연보』, 2014, 226~227쪽.

---

7) PBL Netherlands Environmental Assessment Agency, *Trends in global CO₂ emissions: 2013 report*, 2013, 33, 42쪽 참조.

표 2: 전 세계 이산화탄소 배출 장기경향

2010년의 CO_2 배출량 (단위: 백만 톤)*과
1990~2010년 1인당 CO_2 배출량 (단위: CO_2톤)

1인당 배출량							
2010년 배출량	1990	2000	2010	1990~2010 변화량	% 단위 변화량	Change in CO₂	1인당 1차 에너지 소비 (toe)**
교토 의정서 Annex I 국가							
미국							
5.250	19,7	20,8	16,9	-2,8	-14%	5%	7.2
EU 15 개국							
3.150	9,1	8,8	7,9	-1,2	-13%	-5%	
독일							
830	12,9	10,5	10,0	-2,9	-22%	-19%	3.81
영국							
500	10,2	9,2	8,1	-2,2	-21%	-15%	3.00
이탈리아							
410	7,5	8,1	6,8	-0,7	-9%	-3%	2.76
프랑스							
370	6,9	6,9	5,9	-1,0	-15%	-5%	3.88
러시아							
1,750	16,5	11,3	12,2	-4,2	-26%	-28%	5.15
일본							
1,160	9,5	10,1	9,2	-0,4	-4%	0%	3.61
오스트레일리아							
400	16,0	18,6	18,0	1,9	12%	46%	5.4
캐나다							
540	16,2	17,9	15,8	-0,4	-2%	20%	7.3
교토 의정서 Non-Annex I 국가							
중국							
8,950	2,2	2,9	6,8/5,9	4,6	205%	257%	2.03
인도							
1,840	0,8	1,0	1,5	0,8	100%	180%	0.60
대한민국							
590	5,9	9,7	12,3	6,4	109%	134%	5.23
인도네시아							
470	0,9	1,4	1,9	1,1	126%	194%	0.86
브라질							
430	1,5	2,0	2,2	0,7	51%	96%	1.37
멕시코							
430	3,7	3,8	3,8	0,1	4%	39%	1.70
태국							
240	1,6	2,7	3,4	1,8	115%	160%	1.71
방글라데시***							
54			0.36				0.21
합계***							
33,000							1.88

* 이 수치는 영국석유회사의 보고서가 기초하고 있는 화석연료 연소에 의한 배출량뿐 아니라 석유생산, 시멘트 생산, 공정과정, 그리고 다른 형태의 연료의 사용 등에서 발생하는 배출량 등도 포함한다.

** 2011년 통계자료로서 출처는 IEA, Key World Energy Statistics 2013.

*** 2011년 통계자료로서 출처는 IEA, Key World Energy Statistics 2013. 합계는 이산화탄소 배출량 통계수자로 단위는 Mio. toe 이다.

자료: PBL Netherlands Environmental Assessment Agency, *Long-term trend in global CO_2 emissions. 2011 report, 2011.*

IEA, *Key World Energy Statistics,* 2013.

3. 1. 국가별 에너지 사용과 이산화탄소 배출량

이제 우리의 관심은 과연 에너지와 화석연료를 어느 국가가, 어디에서 소비하여 그렇게 어마어마한 이산화탄소 및 온실가스를 배출했는가에 집중된다. 국제에너지기구의 2012년 보고서에서 국가별 에너지 사용을 살펴보면 1975년에는 소위 선진국으로 분류되는 OECD 국가들이 전체 소비량 6,030 Mio. toe의 60%를 사용하였으나, 그 비율은 2010에는 약 42%로, 2035년에는 약 37%로 감소할 추세이다. 반면에 중국 및 인도의 수요 증가와 함께 비OECD 국가의 수요가 2010년에는 58%에 달했고, 2035년에는 63%가 넘을 추세이다.[8] 이는 신흥공업국가나 개발도상국의 화석연료 소비가 선진국에 비해 급증하고 있음을 나타내며 장래에도 이 추세는 크게 변함이 없을 것이다. 2007년 이후 중국은 최대의 온실가스 배출국가가 되었다. 하지만 표 2의 1인당 1차 에너지 소비량을 일견해보면 2011년의 경우에도 미국이 중국보다 3.5배나 많이 소비하고, 방글라데시보다는 무려 33.5배 정도를 더 소비했다는 점을 알 수 있다.

에너지 및 화석연료를 많이 소비하는 국가일수록 온실가스인 이산화탄소를 많이 배출한다. 표 2에서 알 수 있듯이, 2010년 1인당 이산화탄소 배출량은 국가별로 오스트레일리아가 18톤, 캐나다가 15.8톤, 미국이 16.9톤, 러시아는 12.2톤이었다. 이탈리아나 독일 등의 유럽연합 15개국은 1992년 이후 배출량 감축을 시도하여 평균 7.9톤으로 미국의 절반 정도에 불과하다. 중국은 1인

---

8) OECD/IEA, "Emerging economies steer energy markets", *World Energy Outlook*, 2012.

당 배출량의 경우 아직 미국의 35~40% 수준이지만 전체 이산화탄소 배출량은 세계 1위가 되었다. 인도 역시 1990년 1인당 이산화탄소 배출량은 0.8톤에 불과하였지만, 2010년에는 1.5톤 정도가 되어 2배로 급증하였다. 한국의 경우도 에너지 사용량과 이산화탄소 배출량이 급속히 증가하여 지난 20년 동안 이산화탄소 배출량이 134% 증가하였다. 결과적으로 한국은 선진 유럽연합 15개 국가들과 일본보다 이산화탄소도 많이 배출하여, 2010년 1인당 평균 12.3톤의 이산화탄소를 배출하였다. 물론 1차 에너지 소비도 더 많다.[9]

3. 2. 에너지 소비구조와 부문별 온실가스 배출원

이제 에너지 소비의 영역으로 관심을 돌려보자. 어디서, 얼마나 많이 사용된 것인가? 이와 관련하여 온실가스는 어디서 배출된 것인가에 대해서도 알아볼 것이다. 즉 에너지 소비와 온실가스 배출원을 파악할 수 있는 온실가스 인벤토리를 구축할 필요가 있다. 이를 통하여 에너지 소비 감축 및 온실가스 감축을 합리적으로, 체계적으로 할 수 있기 때문이다. 작은 기관부터 전 세계가 함께 온실가스 목록을 만들어야 하는 이유이다.

먼저 세계 최종 에너지 소비 구조를 살펴보자. 국제에너지기구의 최종 에너지 소비는 표 3의 범주와 같이 부문별로 구분된다. 전력, 산업, 수송, 가정, 상업·공공 부문별로 나누어진다. 각

---

9) 미국, 캐나다, 러시아, 호주 같은 국가들은 에너지 부국이기 때문에 에너지 가격이 매우 낮아서 많이 사용할 수 있다고 하더라도 한국은 대부분을 수입하고 있는 실정이다. 앞으로 상당한 변화가 요구된다고 할 수 있다.

부문은 소부분으로 나누어지는데, 예를 들어 산업부문은 농림·어업, 제조업, 건설업, 광업 등으로 나누어진다. 각 국가의 에너지 소비 수준, 부문별 에너지 소비 수준 및 비중 등은 경제발전의 단계, 산업구조의 비중, 경제 및 에너지 정책, 환경 정책, 에너지 효율성, 소비문화 등 다양한 요인에 의해 결정된다. 하지만 간단한 비교를 통해서 에너지 소비의 문제점을 찾아볼 수 있다. 표 2와 3에서 알 수 있듯이 미국과 한국은 1인당 1차 에너지 소비가 세계 평균뿐 아니라 OECD 평균보다도 훨씬 많다. 1인당 전력소비량 역시 미국과 한국은 OECD 평균보다 높다. 한국은 최종에너지 소비량이 프랑스와 비슷한데, 전력은 프랑스보다 1인당 거의 40% 정도 더 쓴다. 아래서 살펴보겠지만 한국의 전력 에너지 정책이 왜곡됐기 때문이다. 미국은 에너지 정책 전반이 개혁되어야 한다는 것을 알 수 있다. 1인당 에너지 소비량이 유럽 선진국들의 평균 2배에 이른다. 자동차의 왕국답게 수송부문의 에너지 소비 비중이 타 국가들보다 훨씬 높아서 38%에 달한다. 한국의 경우 제조업에 기초하여 수출로 경제성장을 지속하고 있기 때문에 산업부문의 비중이 타 국가보다 상당히 높아서 31%를 차지한다. 이렇게 현저히 왜곡된 부문들이 각 국가들의 에너지 효율화 정책 및 신재생에너지 확대 정책에 우선적으로 반영되어야 할 것이다.

표 3: 부문별 최종 에너지 소비

(단위: Mio. toe, kWh, 2011년)

최종에너지		전력/1인*	산업	수송	가정	상업 · 공공
세계	8,918	1,582/2,933		2,455	2,073	
OECD	3,651	803/8,226	900	1,162	699	481
미국	1,504	326/13,227	302	574	264	205
프랑스	152	36/7,318	33	44	37	21
한국	161	41/10,162	50	29	20	20

* 1인당 연간 전력 소비량으로 단위는 kWh 이다.
자료: 에너지 경제연구원, 2014, ≪2013 에너지 통계연보≫

한국의 폭증하는 1차 에너지 및 화석연료 소비는 당연히 온실가스 배출량도 폭증하게 만들었다. 2011년 총 배출량은 1990년도보다 136% 증가한 것을 표 4에서 확인할 수 있다. 전 세계적 평균은 동 기간에 45% 정도 늘어났다.

온실가스가 어디서, 얼마나 배출되는지를 살펴보자. 우선 주된 배출원인 화석연료 소비에 의해서 온실가스가 얼마나 배출되었는가를 일견해보면, 2011년 에너지 분야의 온실가스 배출량은 597.9 백만 톤 CO_2eq.이며, 국가 전체 배출량의 85.7%를 차지한다. 2011년의 연료 연소에 의한 배출량의 부문별 비중을 세분해보면, 에너지 산업 44.7%, 제조업 및 건설업 31.0%, 수송 14.4%, 기타(가정, 상업, 공공, 농림어업 등) 부문이 9.9%를 차지한다. 에너지 산업에는 전력을 생산하기 위하여 화석연료가 소비된 것이 포함된다.[10]

---

10) 온실가스종합정보센터(GIR), 「2013 국가 온실가스 인벤토리보고서」, 2014, 58쪽 참조.

온실가스 배출량의 85.7%는 화석연료 소비에 의해 발생되지만 온실가스의 배출원은 화석연료 소비 외에도 다양하다. 배출량의 비중은 작지만, 산업 공정과정에서, 농업 분야에서, 폐기물에서, 그리고 토지이용, 토지이용 변화 및 임업 분야 (LULUCF)에서도 배출 또는 감축된다. 산업 공정과정에서 총 배출량의 9.1%, 농업분야에서 3.2%, 폐기물에서 2.1%가 발생했다. 같은 해 LULUCF는 43백만 톤 CO_2eq.를 흡수하여 감축하였다.

배출된 온실가스를 종류별로 구분해보면, 2011년 CO_2의 배출량은 624.0백만 톤 CO_2eq.로 총 배출량 중 89.4%를 차지하였다. CH_4의 비중은 4.2%, SF_6 2.7%, N_2O 2.1%, HFCs 1.2%, PFCs 0.4% 순으로 배출되었다. 2011년 인구 1인당 온실가스 배출량은 약 14.0톤 CO_2eq.로 추산되었으며 인구 1인당 온실가스 배출량은 1990년도에 비해 103.2% 증가하였다. 한국은 온실가스 배출량 순위로는 세계 7위를, 1인당 배출량 순위로는 OECD 국가 중 6위를 기록하고 있다.

한국에서의 화석연료 소비 부분을 세분화해보면, 표 3에서 보듯이 산업부분과 전력부문의 비중이 세계적 차원에서나 다른 OECD 국가와 비교했을 때 상당히 높다. 위의 「2013 국가 온실가스 인벤토리 보고서」 역시 이것을 증명하고 있다. 에너지 산업의 비중(전력생산을 포함)이 1990년 20.3%에서 2011년 44.7%로 급증하여 가장 비중이 크다. 그 뒤를 잇는 부문은 제조업 및 건설업으로 1990년 32.5%에서 2011년 31%를 차지한다. 그 다음이 수송, 가정, 상업, 공공영역 순이다. 이는 제조업에 기초한 수출지향적 한국 경제구조에 기인하는 바가 크다. 따라서 제조업 부문은 온실가스 배출에 많은 부분 기여하고 있다. 또한 에너지 산업 분야, 특히 전력생산 부문이 온실가스 배출에 매우 높은 비중을 차지하고 있다. 이는 산업경쟁력을 유

표 4: 한국의 분야별 온실가스 배출량*

(단위: 백만톤 CO_2eq.**)

	1990	2000	2009	2010	2011	1990 대비
1. 에너지	241.0	410.8	515.1	568.9	597.9	148.1%
2. 산업공정	20.2	58.5	57.8	62.6	63.4	213.5%
3. 농업	24.6	24.4	22.1	22.1	22.0	-10.8%
4. LULUCF	-26.2	-41.1	-43.6	-43.7	-43.0	64.2%
5. 폐기물	9.9	17.6	14.1	14.0	14.4	46.1%
총배출량 (LULUCF*** 제외)	295.7	511.3	609.2	667.8	697.7	136.0%
순배출량 (LULUCF 포함)	269.5	470.2	565.6	624.0	654.7	142.9%
세계배출량****	22,700	25,400		33,000		

* 국가 온실가스 배출 통계는 국제 기준 (IPCC Guideline 1996)에 따라 부문별 배출 통계를 관련 부처에서 공식적으로 통보받아 작성.

** CO_2eq.는 이산화탄소 등가를 뜻하는 단위로서, 온실가스 종류별 지구온난화 기여도를 수치로 표현한 지구온난화지수를 곱한 이산화탄소 환산량을 뜻한다.

*** LULUCF 는 Land-Use, Land-Use Change and Forestry의 약자이다. LULUCF 분야는 유일하게 배출량과 흡수량을 모두 산정한다. 2011년 온실가스 인벤토리 산정에 포함된 부문은 산림지, 농경지, 습지이며 온실가스 중 CO_2만 산정한다.

**** 전 세계 배출량으로 PBL, *Trends in global CO_2 emissions 2013 report* 참조.

출처: 온실가스종합정보센터 (GIR). 「2013 국가 온실가스 인벤토리보고서」, 2쪽. www.gir.go.kr 참조.

지하여 수출경쟁에서 유리한 위치를 얻기 위해 싼 값에 전력을 공급하는 한국 수출경제의 한 단면을 말해주고 있다. 싼 값의 전력 공급은 에너지 선택에 있어서 전기 에너지를 선호하기 마련이다.

표 2에서 보듯이 한국은 2010년도에 1인당 5.23 TOE 에너지를 사용하였다. 이산화탄소배출은 약 5.9억 톤이니, 1인당 약 12.3톤 정도 이산화탄소를 배출하였다. 2011년의 경우 1인당 전력소비량은 표 3에서 보듯이 10,162kWh로 세계 평균 2,933kWh의 세 배 이상이다. 웬만한 선진국보다 훨씬 많이 쓴다. 전력은 공공서비스 업무에서 35%, 산업 부문에서 51%, 주택에서 15.1% 정도 소비된다. 2011년 주택용 전기요금은 1kWh당 약 128원이었다. 반면 산업용 전력은 97원이었다.[11] 선진국과 비교해볼 때 우리나라는 전기에너지 가격이 매우 낮은 편이다. 수출지향적 경제성장을 위해 산업용 전기요금이 터무니없이 싸게 책정된 것이다. 따라서 산업용 부문에서 에너지를 절약할 여지가 많다. 물론 가정 · 상업시설에서 낭비되는 전기도 절약해야 한다.

전력 에너지의 가격이 정상화가 되면 에너지를 절약할 여지가 많을 것이다. 그리고 온실가스 배출도 감축될 것이다. 부담금이 매겨지거나, 탄소세(환경세) 부과 등의 에너지 정책이 필요하다. 그 이전에, 어느 곳에서나 에너지 사용량과 이산화탄소 배출량을 측정을 할

---

11) 2011년 우리나라의 kWh당 주택용 전기요금은 128원, 산업용은 생산원가에도 못 미치는 97원이었다. 2010년 산업용 전기요금은 kwh당 0.058달러였던데 비해, OECD 평균이 0.107 달러, 일본은 0.154달러였다. 이처럼 저렴한 전기료는 과소비를 하게끔 만들고, 2011년 정전사태가 발생하였다. 2012년 여름, 겨울에도 역시 '블랙아웃'의 공포는 사라지지 않았다. 〈매일경제〉, 2012년 9월 15일 자 참조. 최근 원자력 에너지 비중 축소를 골자로 한 정부의 에너지 정책 발표로 전기요금 인상이 불가피하게 되었다. 특히 이 방안이 실행될 경우 오는 2035년까지 전기 요금이 최대 80% 오를 것으로 분석된다. 〈KBS 제1TV〉, 2013년 10월 15일 자 참조.

수 있는 시스템, 즉 인벤토리의 구축이 급선무이다.

한국은 값싼 전기 에너지의 가격을 정상화함으로써 에너지 소비 및 온실가스 배출량을 감축시키는 것이 우선적으로 요구되고 있듯이, 각 국가나 지방정부는 처한 여건에 맞추어서 '비정상적'인 분야에서의 화석에너지 소비를 감축할 수 있는 방식을 찾아야 한다. 미국은 에너지 가격을 전반적으로 인상하는 것이 필요하다. 수송 분야는 친환경적으로 전환되어야 할 것이다. 화석연료가 많이 소비되는 육식문화 습관도 점차로 개선되어야 한다. 열대우림 국가들은 우선적으로 산림 벌목을 제한하는 방식을 도입해야 할 것이다. 지리적 여건에 맞추어서 신재생에너지 사용을 확장하는 것이 궁극적 길임에는 틀림없다.

이산화탄소 배출은 거의 90% 정도가 화석연료 소비에서 기인한다. 화석연료 소비는 일반적으로 세 가지 주된 방식에 의해 감축될 수 있다.[12] 첫째로, 에너지 수요와 에너지 집약의 수준을 낮추는 것이다. 특히 전력생산, 기초자원 채굴, 그리고 수송 부문에서 감축이 필요하다. 둘째로, 에너지 효율성을 증진시키는 것이다. 화석에너지 소비가 급증하고 있지만 에너지 효율화 노력이 없었더라면 소비량은 더욱 늘어났을 것이다. 1973~2005년 동안 에너지 효율화 증진으로 인해 에너지 소비가 동 기간에 58% 정도 감소된 것으로 나타났다. 셋째로, 저탄소에너지 및 신재생에너지로의 전환이 필요하다. 고탄소 석탄에너지로부터 저탄소 가스로의 전환과 재생에너지로의 전환이 진전되어야 한다. 화석연료 소비가 방출하는 이산화탄소의 약

---

12) PBL Netherlands Environmental Assessment Agency, *Trends in global CO$_2$ emissions: 2013 report*, 2013, 32~35쪽 참조.

43% 정도가 석탄 소비로 인해서 발생되기 때문에 저탄소 가스로 대체되어야 한다. 물론 수력발전이나 신재생에너지로의 전환이 궁극적인 방식이다. 표 1에서 보듯이 수력과 신재생에너지는 1981년도에 각각 6%, 0.12%에서 2012년 6.7%, 1.9%로 소폭 증가하였다. 시급히 확대되어야 할 것이다.

이런 관점에서 코펜하겐 시의 '탄소 제로 도시 계획'은 화석에너지 소비 절약의 영역과 방식을, 그리고 신재생에너지로의 전환 방식을 모범적으로 보여준다. '코펜하겐 2025 기후 플랜'은 네 가지 영역에서의 구체적인 목표와 이니셔티브를 종합한 탄소중립계획이다. 2025년까지 세계 최초로 탄소중립도시를 만들겠다는 야심찬 계획이다. 총 감축 목표량의 7%를 에너지 소비 절약에서, 74%를 (재생)에너지 생산에서 달성하고, 녹색교통·수송 영역에서 11%, 도시행정 영역에서 2%, 새로운 이니셔티브 부문에서 6%를 감축하여 코펜하겐을 탄소 배출 제로 도시로 전환하려는 계획이다. 에너지 소비 절약을 통한 이산화탄소 배출 감축 계획을 구체적으로 살펴보면, 2010년과 비교하여 난방 소비를 20% 절감, 상업·서비스회사 분야에서 전기 소비 20% 절약, 가정에서의 전기 소비 10% 절감, 전력 소비량의 1%는 태양광 에너지로 대체 등이다. 총 감축 계획량의 11%는 교통·수송의 분야에서 달성되어야 한다. 이 목표를 위해서 이동할 경우 걷기, 자전거, 대중교통으로 75% 정도 해결한다. 통학 및 출퇴근에서 50%까지 절감하고, 대중교통·수송은 재생에너지를 20~40%까지 사용하는 계획이 있다.[13)

---

13) 도시행정 분야에서의 감축 계획 등 자세한 내용은 www.kk.dk/climate 참조.

에너지 소비 및 이산화탄소 방출 감축은 대표적으로 에너지 절약, 효율화, 신재생에너지 생산을 통하여 이루어진다. 주요 영역은 건물, 교통·수송, 가정, 전력, 산업공정, 공공시설 분야 등이다. 개별 국가나 지역사회의 여건에 적합한 방식으로 변환하고, 민주적인 의사결정을 거치는 것이 바람직하다 (2부 제7장 참조).

3. 3. 에너지 과잉소비는 오염물질 방출과 서로 다른가?

화석에너지 소비는 단순한 소비의 문제가 아니다. 소비를 많이 하느냐, 적게 하느냐의 양적인 문제가 아니라, 지구온난화 및 기후변화를 초래하는 주된 요인이다. 화석에너지의 과잉소비는 자원 과잉개발, 오·폐수를 비롯한 오염물질 방출과 같이, 생태계의 손상을 초래한다. 그 행위가 유발하는 부정적 외부효과에 대해 책임을 지지 않는 점에서도 동일하다. 공공재나 공유재에 대한 자기권리만 주장하고, 타인에 대해, 사회에 대해, 자연에 대해 책임을 지지 않는 것이다. 바로 무임승차다. 미래와 후세대에 대한 고려도 없이, 폐기물을 재처리 비용이 높다는 이유로 그냥 버리는 것이다. 사실 생산(소비)할 때 고려하지 않은 것을 소비하고 난 후 폐기과정에서 고려하기를 바라는 것은 너무 순진한 발상이다. 하지만 화석에너지 과잉소비가 여타의 오염물질 배출과 근본적으로 다른 점은 그 피해가 부분적이 아니라, 글로벌 범위에서 다양한 형태로 나타난다는 것이다.

무임승차의 결과로 공유지인 초원의 풀이 사라지고 사막으로 변한다. 하천의 맑은 물이 오·폐수로 인해 오염되어가고, 인간의 생활은 스피드하고 편해지지만 이산화탄소 방출로 동·식물의 서식처가 파괴된다. 또한, 동·식물의 멸종으로 인해 생물의 다양성이 감소하기 시작했다. 자연보전의 필요성이 절실해졌다. 자연은 우리에게 수 많은 혜택과 서비스를 제공하기 때문이다.[14] 한 번 멸종된 생물자원 은 복원이 될 수 없다. 생물자원뿐 아니라 한 번 손상된 생태계는 복 원되기가 힘들다.

인간의 무임승차로 인해 맑은 대기가 이산화탄소로 오염되고, 결 국 생태계 전체가 온실가스로 덮이게 되는 것이다. 에너지 가격의 적정화, 에너지 절약, 에너지 효율성의 증대, 신재생에너지 사용 확 대와 함께 무임승차에 대한 적절한 대가를 지불하는 것이 에너지 과 잉소비와 오염물질 방출을 제약하는 주요한 해결책이다.

화석연료 소비 감축의 방식 및 영역을 이제 우리는 잘 알고 있다. 하지만 신재생에너지 사용은 진척 속도가 매우 더디다. 미래의 에너 지 소비 증가 수준은 지난 40년과 비교하여 크게 줄어들지 않을 추 세이다. 온실가스 농도는 지속적으로 증가하여 2013년에 역대 최고 치에 달했다.

에너지 과잉소비에서 초래된 이산화탄소 농도 400ppm은 과연 자연생태계에 어떤 영향을 미치고,[15] 지구 평균기온 상승은 자연생 태계에 얼마만큼의 훼손을 주는 것인지를 다음 장에서 살펴보자.

---

14) 한 예로서 의약품의 25% 정도가 식물로부터 추출된다는 사실을 들 수 있다. 생태 계 자원은 미래의 신약품의 보고이다. 기술이 발전되면 될수록, 의학적 원료 및 정 보로서 식물자원이 앞으로 더욱더 많이, 그리고 새롭게 활용될 수 있다. 자세한 내 용은 제4장 참조.

15) 세계기상기구(WMO)가 발표한 「온실가스 연보」는 이산화탄소 배출 증가로 인하 여 바다의 산성화 정도가 전례가 없을 정도로 높다고 2014년 경고하였다. 또한 2013년도의 이산화탄소 농도의 급속한 증가는 이산화탄소의 주된 흡수원인 바다 나 토양의 기능이 점차 떨어지고 있다는 점을 시사한다고 분석하였다. 〈연합뉴스〉, 2014년 9월 9일 자 참조.

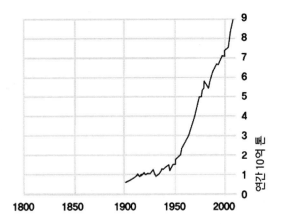

그림 3. 화석연료 연소로 인한 전 세계 탄소배출량

출처: Carbon Dioxide Information Analysis Center, US. Department of Energy, 2007

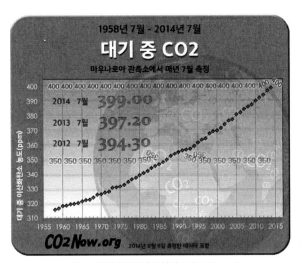

그림 4. 대기 중의 이산화탄소 농도(ppm)

출처: co2now.org

기후변화와 생태계: 생태계의 기능과 손상

기후변화는 인간에게 재해를 통해 건강, 안전, 재산 등에 직접적으로 폐해를 끼칠 뿐 아니라, 자연 생태계에도 심대한 영향을 미친다. 자연 생태계는 우리 인간사회에 필수적인 자원과 매우 다양한 천혜의 혜택을 제공하는 보고이자 또한 우리 삶의 환경이다. 따라서 기후변화와 생태계의 상호작용을 살펴보아야 하며, 그 상호작용이 다시금 인간 사회에 미치는 영향을 봐야 한다.

생물 다양성 감소, 해양의 산성화, 산림 및 토양의 황폐화, 담수의 부족과 오염 등의 기존의 환경변화는 기후변화로 인하여 증폭되어 새로운 차원으로 악화되고 있다. 생태계의 훼손과 변형은 인간 사회뿐 아니라, 역으로 기후변화를 더욱 심화시키는 악순환을 일으킨다. 산림과 토양의 상실 및 사막화의 진전은 이산화탄소 흡수원을 감소시켜 결과적으로 지구온난화를 가속화시키게 된다. 기후변화와 생태계는 이렇게 서로 복합적으로 상호작용하고 있다. 따라서 이 장에서는 기후변화와 생태계의 상호작용이 중점적으로 다루어진다.

생태계란 무엇을 말하는 것이며, 어떤 부문으로 구성되어 있으며, 어떻게 연결되어서 순환하고 있는가? 생태계 간의 상호작용 속에서 다양한 생물종들의 역할과 기능은 무엇인가? 기후변화는 생태계의 구성과 순환에 어떻게 영향을 미치는가? 생태계의 손상은 어떤 결과를 초래하며, 또 역으로 기후변화에 어떤 영향을 미치는가? 그리고 생태계 복원의 함의와 방식에 대해서도 알아본다.

4. 1. 생태계

생태계는 생물과 무생물 환경으로 이루어진 자연계로써 생물과 환경의 상호관계로 이루어진다. 생물과 무생물의 요소로 구성되어 있으며, 매우 다양한 부분과 부문으로 연결되어 있다. 태양을 주 에너지원으로 하고 있고, 생태계의 각 부분들은 상호 물질과 끊임없이 에너지를 교환하고 있다. 작은 부분생태계가 모여서 더 큰 부분생태계가 되어, 서로 계층적으로 연결되어 있다. 대표적으로 대기, 해양, 담수, 토양, 산림, 다양한 생물 등으로 구성되어 있다. 생태계는 자율적인 조절작용을 통해 대기와 물을 정화하고, 가루받이를 가능케 하고, 폐기물 분해를 도우며, 유해한 해충과 질병을 조절하고, 급격한 자연재해의 통제 등을 수행한다. 의식주를 위한 원재료, (의)약재, 땔감, 다양한 생물은 생태계의 복잡한 상호작용을 통해 균형을 유지하며 (재)생산된다. 하지만 인구증가와 생산(소비)증가가 가속되면서 자원이용의 지속가능성에 대한 우려가 제기되었고, 기후변화로 인해서 생태계의 균형이 깨지고 있는 것이다.[1]

---

1) 유진 오덤, 이도원 외 옮김, 『생태학』, 사이언스북스, 1993, 59쪽 이하 참조.

물과 (이산화)탄소의 순환을 예로 들어보자. 지구 상 물의 총량 중 해양이 약 97.4%를 차지하고 있고, 극지방 얼음이 2%, 그리고 담수 (강, 호수, 지하수)와 대기 중 수증기가 합하여 0.6% 정도를 구성한다. 그중 수증기로 증발되는 양은 396,000km^3인데, 바다에서 86%, 육상에서 14% 정도가 증발된다. 증발된 수증기는 대기 중에 머물다가 비로 떨어지는데, 그중 22%가 육지로 떨어진다. 그 차이인(육지로의 강수량 - 육지에서의 증발량) 8%가 모든 동식물과 인간의 생육에 필요한 물을 공급하고, 다시 정화되어 하천을 통해 바다로 흘러들어 간다. 이산화탄소는 식물의 광합성 작용을 통해 1차 산품을 생산하는 데 투입되고, 인간과 동식물에 의해 소비되고, 박테리아에 의해 분해되어 다시 대기 중에 배출된다. 그중 일부는 해양이 흡수하여 포집된 이산화탄소의 하중으로 심해로 침강하면서 해류의 흐름을 만들어내고, 일부는 다시 식물의 광합성 작용에 재사용된다. 이와 유사하게 생태계의 다른 요소들도 순환되고 있다.

이렇게 균형 잡힌 선순환의 체계는 인간의 개입으로 흐트러지게 되었다. 아주 오랜 세월 지하에 묻혀 있던 화석연료를 꺼내 많이 사용함으로써 이산화탄소 등 오염물질을 대기 중에 많이 배출하였다. 이것이 온실가스로서 작용하여 지구의 대기와 바다를 온난하게 만들었다. 대기는 수증기를 많이 품게 되어 어떤 곳은 폭우로 인해 홍수가 나고 가공할만한 태풍의 위력을 경험하며, 어떤 곳은 가뭄으로 고통을 겪는다. 물도 이산화탄소도 생태계 원래의 순기능을 점차 상실하게 되고, 피해를 주게끔 되어버리는 것이다. 생태계의 선순환체계가 손상되고, 그 피해가 인간에게 돌아온다. 자업자득이자, "인간에 의해 제조된 위험"[2]인 것이다. 인간은 생태계의 부분들을 무분별하게 파헤치면서 오염물질 및 폐기물을 많이 배출하고 있다. 그 결과 모든 생태계의 균형과 선순환이 교란되고 파괴당하고 있다. 도시 및 산업도시의 조성, 농업지역의 확장, 산림파괴 및 벌목, 해양자원의 남획을 통해 동식물 종의 멸종을 가속화시키고 있다.

이 모든 환경문제는 궁극적으로는 자연의 회복력에 근거하여 (nature-based solution to climate change) 생태계의 균형과 선순환이 제자리로 복원될 때 해결될 수 있을 것이다. 이제 인간은 친환경적 방식으로 개입하여 종국적으로 자연생태계의 균형과 선순환이 자연 스스로 제자리를 찾을 수 있도록 노력하여야만 하는 것이다. 사회경제적, 정치적인 모든 차원에서 친환경 접근방식으로 해결해야 한다.[3]

4. 2. 생물다양성

다양한 부분적 소생태계들이 모여 커다란 생태계를 이룬다. 이 상호연결망 속의 거대한 생태계는 약 150만 종(추정치는 1,000만 종에 달함)의 너무나 다양한 생물들로 구성되어 있다. 다양한 속성의 소생태계들과 그 안에서 영양분과 에너지를 서로 교환하는 생물종들과 생물종들의 차이를 나타내는 다양한 종류의 유전자를 모두 포괄하

---

2) 앤서니 기든스, 김현옥 옮김, 『좌파와 우파를 넘어서』, 1997, 16쪽.
3) IUCN 2013-2016 프로그램 초안에서도 분명히 이 점을 밝히고 있다. "자연생태계에 기반을 둔 기후변화 완화와 적응대책"을 위해 자연자원의 관리체계와 취약한 생태계의 회복력을 증대시키는 적절한 사회적·환경적 보호조치를 강화해야 한다는 측면이 강조되고 있다. IUCN, "The Draft IUCN Programme 2013-2016. Nature+", 2011 참조.

여 생물다양성이라고 부른다. 즉 생물다양성은 모든 생물체에 고유한 특성을 부여하고 같은 종 안의 개체를 구별케 하는 유전적 변이를 모두 포함한다. 생물다양성은 식물, 동물, 해양의 플랑크톤과 같은 미생물, 박테리아균 등 모든 종은 물론이고, 서로 밀접하게 상호작용하는 생물들이 살고 있는 습지, 산호초와 같은 물리적 환경이 역동적으로 결합되어 있는 다양한 생태계와 경관을 아우른다.[4]

생물종의 삶은 협력, 경쟁, 포식, 공생, 또는 기생에 의해 조절되는 복합적인 관계망으로 짜여 있다. 이 섬세하게 균형 잡히고 상호 연결된 체계 안에서 영양분과 서식처가 제공되며 종의 번식이 이루어진다. 그리고 (영양소)물질과 에너지의 순환이 이루어진다. 생태계의 모든 구성원은 이 체계의 균형을 유지하는 데 필요한 존재이다. 따라서 어떤 생물종들이 사라지게 되면 먹이사슬 및 상호연결망들이 끊어지게 되고, 전·후방으로 부정적인 연쇄효과를 나타내게 된다. 급기야는 연관 생태계를 붕괴시키기도 한다.

인간 또한 생물다양성의 한 부분을 차지하고 있다. 인간의 생활환경이 점차 도시화되면서 '자연'환경과 독립적인 것처럼 보여도, 실제로는 의식주 자원과 여가 활동 등 인간의 삶은 생물다양성과 생태계에 크게 의존하고 있다. 생물다양성이 보전되어야 하는 이유는 이처럼 분명하다. 또한 생물다양성을 보전하는 것은 가장 자연에 기초한 기후변화 대응방식이다. 다양한 생물들의 상호작용은 이산화탄소를 흡수하여 지구온난화를 완화하고 기후변화 적응에 도움을 준다. 인류가 산업혁명을 통하여 본격적으로 자연생태계에 개입하기이전에는 대기, 해양, 육상생태계에서 순환하는 이산화탄소의 균형

---

4) UNCBD, *Strategic Plan for Biodiversity 2011-2020*, 2010, 제2조 참조.

역시 다양한 생물종들의 미묘한 상호작용으로 이루어지고 있었다.

4. 3. 생태계의 기능과 서비스

지구는 모든 사람의 탐욕을 채워주지는 못하지만, 모든 사람의 필요
는 만족시킬 수 있을 만큼 충분히 제공한다.

—마하트마 간디

생물다양성과 생태계는 우리에게 다양한 혜택과 서비스를 제공
하고 있다. 공급·조절·문화·지원 서비스 등이다. 공급서비스라
함은 생태계를 통해 산출된 생산품을 의미하는데 유전자 자원에서
약초 및 식생 자원까지 매우 광범위하다. 조절서비스는 우리가 사는
환경이 제대로 유지될 수 있도록 생태계가 제공하는 자율정화 또는
자율조절 기능으로서, 해충제거 및 질병예방에서부터 기후조절까지
를 포괄한다. 문화서비스는 비물질적이며 무형적인 혜택인데, 아주
중요한 서비스로서 생태계가 우리에게 제공하는 미적, 문화적, 정서
적 아름다움을 말한다. 지원서비스는 일차생산, 물질순환, 물의 순
환, 가루받이,[5] 서식처 제공 등을 포함하는 생태계의 묘한 재생산 작
용으로, 생태계가 앞서 언급한 다양한 서비스를 제공할 수 있도록
기초적 지원을 하는 서비스이다.

---

5) 미국 농업식품 25%의 가루받이를 꿀벌이 하고 있는데, 지난 2005년 이후 미국에
서 지속해서 꿀벌이 '군집붕괴' 현상을 나타내며 총 개체 수의 50%까지 죽고 있
다. 이는 수확물량을 급감시키고, 농산품의 가격도 올리고 있다. 이 현상의 원인은
아직 불분명한데, 살충제의 과다사용, 꿀벌진드기, 또는 바이러스 등이 거론되고
있다. 〈뉴욕타임스〉, 2013년 3월 28일 자 참조.

생태계가 제공하는 이러한 다양한 서비스는 우리의 삶에 필수적인 것이다. 하지만 우리는 여태까지 그 대가를 지불하지 않았다. 아름다운 시골 숲길을 걸으며 그에 대한 비용을 누가 지불하였던가? 인간은 무임승차함으로써 자연을 오·남용하여 결국은 기후변화와 환경파괴라는 결과를 초래한 셈이다. 따라서 지금 이후로는 생태계가 주는 다양한 서비스에 대한 가치를 알고 지불할 용의가 있어야 한다. 생태계 서비스 지불제(Payment for Ecosystem Service)는 이런 연유로 기후변화 대응 정책에서 고려되고 있는 아주 중요한 개념이 되었다.

이미 소수의 생태학자들과 환경경제학자들은 지난 30년 전부터 인류사회의 지속가능한 발전을 위해서는 생태계의 보전이 필수적이라는 사실에 인식을 같이하였다. 생태계는 자연 자산(Natural Capital)으로서 매우 다양한 서비스(가치)를 우리에게 제공하고 있지만, 우리는 그 대가를 거의 지불하지 않고 마구잡이로 쓰거나 오염시켜버렸다. 이제 자연자산을 복원 또는 보전하지 않고는 인간의 가치생산 과정 및 삶의 과정이 지속가능하지 않게 되었다. 이에 따라 '자연 자산이 인간의 복지에 기여하는 바의 중요성을 어떻게 규정하고 인식하여 그것을 사회의 의사결정과정에 반영할 것인가'라는 질문을 제기하게 되었다. 로버트 코스탄자(Robert Costanza)는 생태계 서비스의 가치를 평가한 최초의 연구자 그룹의 일원이다. 그들은 1997년 한 연구에서 전 세계 16개 생물군계에서 제공하는 생태계 서비스 열일곱 가지의 가치를 평가하는 시도를 하였다. 해양생태계, 토양생태계, 숲, 습지 등의 생태계 서비스 열일곱 가지의 가치는 1990년대의 경우 보수적으로 평가해도 연평균 33조 달러에 달했다. 구체적으로 보면 해양생태계가 약 20.9조 달러의 가치를 생산하여 생태계 서비스의 약 63%를 제공했으며, 숲이 4.7조 달러 상당, 약 14%의 서비스를 제공했다. 이에 비해 글로벌 국민총생산은 겨우 18조 달러에 달했다. 즉 자연자산이 생산한 가치가 인간이 생산한 가치의 거의 2배였던 것이다.[6]

아래 그림 5는 한국의 산림 생태계 서비스의 공익적 가치를 항목별로 계량화시켜 잘 보여주고 있다. 공익적 가치는 목재생산 등 산림이 제공하는 시장재화의 가치를 제외한 가치만을 의미한다.

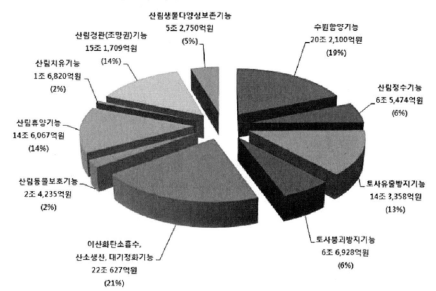

그림 5. 산림 생태계 서비스의 가치
출처: 〈산림청〉, 2012년 12월 12일자 보도자료

6) R. Costanza et al., "The value of the world's ecosystem services and natural capital", Nature 387, 1997.

대한민국 산림의 연간 공익가치는 2010년 기준 109조 원 상당이다. 이는 GDP의 9.3%, 농림어업 총생산액의 약 3.9배, 임업 총생산액의 19.7배이다. 이 '산림 공익기능평가연구'에는 기존의 수원함양, 토사유출방지, 대기정화, 산림휴양 등 7개 기능에 산림경관, 산림치유, 산림생물다양성보전 등 세 개 기능이 추가되었다. 이는 도시화 및 산업화의 진전, 기후변화에 대한 대응 등의 사회적 필요성이 반영된 것이다. 즉 산림생물다양성, 산림경관 및 치유 관련 산림 서비스에 대한 국민의 요구가 증대했기 때문이다. 따라서 이번 평가액은 2008년 기준 73조 원에 비해 49%가 증가했다. 기능별로 몇 가지 살펴보면, 산림은 이산화탄소 53백만 CO_2톤을 흡수하였다. 그 해의 우리나라 온실가스 총배출량 513백만 CO_2톤의 약 10.3%를 흡수한 셈이다. 산림의 산소공급량은 38백만 톤으로 연간 약 1억 4,208만 명이 호흡할 수 있는 양을 공급하고 있다. 또한 산림의 수자원 총 저류량은 약 192억 톤으로 소양강댐 10개(유효저수량 19억 톤)를 건설하는 것과 동일한 수원함양 효과가 있다.[7]

이러한 유사한 계량화 방식을 세계은행 역시 제시하고 있다. 2010년 '부와 생태계 서비스 가치 산정(The Wealth Accounting and the Valuation of Ecosystem Services, WAVES)'을 추진하여 의사결정자들이 활용할 수 있는 방식을 제공하고 있다.[8] 하지만 이 산정방식이 활발히 활용되기에는 아직 국제적으로 공인된 방식의 합의가 미비하고, 정책입안자들의 의지도 부족하며, 개발도상국의 역량의 한계, 그리고 'GDP'를 넘어서려는 리더십이 약한 것이 걸림돌이 되고 있다.

---

7) 산림청, 2012년 12월 12일 자 보도자료 참조.
8) World Bank, "Natural Capital Accounting", 2012년 6월 30일 자 참조.

하지만 긍정적인 소식도 전해지고 있다. 2012년 유엔기구의 하나인, 환경경제통합계정 유엔통계위원회(UN Statistical Commission of the System for Environmental and Economic Accounts, SEEA)이 이 산정방식을 채택하였고, 점차 협력 국가들이 늘어나고 있다.[9]

세계은행 부총재인 레이첼 카이트 박사는 생태계 서비스의 가치를 평가하는 한 가지 간단한 사례를 들면서 '자연자원 계량화'가 필요하다고 강조했다: "예를 들어 태국 망그로브 숲을 새우 양식장으로 만들어 돈을 벌려고 할 때, 단순히 새우 양식장의 예상 수입에서 건설비용을 빼는 방식으로 계산해서는 안 돼요. 새우 양식장 건설로 방풍림과 다른 물고기 등이 사라지는 것도 계산에 넣어야죠." 이렇게 말하면서 "망그로브 숲 1ha의 단순 경제적 가치는 850달러에 불과하지만, 방풍림, 물고기 등 주변 생태계 요소들까지 고려한 가치는 무려 1만 6,000달러에 달한다"고 평가하였다.[10]

생태계의 보전을 위한 다양한 제도 또한 도입되고 있는데, 대표적으로 주요한 자연자산을 공공재로 전환하여 보전하는 '공공 자산 신탁'이 있다. 또 다른 예는 '생태계 서비스에 값을 치르는' 방식으로, 이는 생태계를 유지하는 수고를 들인 토지 소유주나 소규모 농민·어민·임업인에게 상응하는 대가를 지불하는 방법이다. 상수도원의 주민들은 깨끗한 식수원을 보호하기 위해 각종 개발을 제한당하고 있는데, 이것을 보상해주는 원리와 마찬가지이다.[11]

'생태계와 생물다양성의 경제학(The Economics of Ecosystems and

9) Waves Partnership, "About us: the story so far", 2015 참조.
10) 〈매일경제〉, 2012년 5월 11일 참조.
11) 월드워치연구소 엮음, 박준식 외 역, 『지속가능한 개발에서 지속가능한 번영으로: 2012 지구환경보고서』, 환경재단 도요새, 2012, 450쪽 이하 참조.

Biodiversity, TEEB)'이라는 새로운 경제학 분야가 대두하여 자연자산, 생태계 서비스 가치와 경제와의 학문적인 연관성을 활발하게 다루고 있다.[12]

4. 4. 주요 생태계와 기후변화의 상호작용

이제 생태계의 범위를 구분지어서 각 부문의 지위와 순환방식, 각 부문에 대한 기후변화의 영향과 그 역관계, 그리고 훼손된 생태계의 복원의 방식 및 함의에 대해 주요 사항만 개괄해보자.

생태계의 범위는 대기, 바다(해양)와 하천, 습지 및 갯벌, 토양(토지 및 흙), 숲과 산림, 다양한 생물과 종(식물과 동물)으로 크게 나눌 수 있고, 작게는 빙하, 사막, 열대우림, 툰드라, 연안지대, 기류, 해류 등으로 나눌 수 있다. 그리고 농축산 경작지 및 인공생태계로서의 도시 등의 범주로 구분할 수 있다. 먼저 산림 생태계를 살펴보자.

4. 4. 1. 산림 생태계

다양한 식물이 생장하는 산림에서 식물 종의 약 75%가 자라난다. 산림은 다양한 동물들의 서식처이기도 하다. 산림은 먹을거리, 광물과 목재 등 경제적 편익을 제공하고, (의)약재 자원의 보고이며, 휴식처로도 이용되어 문화적 사용가치를 제공한다. 풍수피해도 완화시켜주며, 기후안정에도 크게 기여한다.[13] 이산화탄소를 흡수하는

---

12) TEEB, *Mainstreaming the Economics of Nature: A Synthesis of the approach, conclusion and recommendations of TEEB*, UNEP, 2010년 참조.

13) 지표면의 식생이 파괴되면 수증기 증발이 줄어들고, 지표의 온도가 올라가서 지구온난화를 가속화 시키게 된다. 오재호, 『지구온난화와 기후변화 시나리오』, 498쪽 이하.

주요한 저장고로서 기후변화를 완화시키는 중요한 역할도 하고 있다. IPCC(2007a) 등의 연구 결과에 의하면 1750~2012년 동안 배출된 이산화탄소 약 2조 톤 가운데 26% 정도인 528 기가톤이 토양(산림과 식물 포함)에 의해 흡수되었다고 한다(그림 2-1, 2-2 참조).[14] 따라서 산림 손실과 산림 생태계 훼손은 이산화탄소를 포집하는 주요한 저장고(sink) 하나를 훼손하는 것과 마찬가지가 된다.

지구온난화 및 기후변화가 산림생태계에 끼치는 영향을 살펴보자. 우선 지구온난화는 산림 식생대의 이동을 야기하는데, 그 변화의 속도를 따라갈 수 없는 생물종은 멸종하게 된다. 이는 산림에 서식하는 다양한 식물종 다양성을 감퇴시킨다. 그 결과 약재 및 의료 자원을 감소시켜 인류의 건강·보건에 영향을 미친다. 또한 간접적으로는 병충해가 늘고, 산불발생도 더욱 빈번해진다. 특히 툰드라 지대는 기후변화에 취약한데, 영구동토층이 녹아서 탄소저장고의 기능이 떨어지게 되고, 동시에 미생물의 활동이 증가되어 오히려 이산화탄소를 배출하게 되는 악영향의 피드백을 불러오기도 한다. 산림에서 섭생하는 동·식물의 섭생시기나 서식처의 변화도 발생하게 된다. 한 예로 박새가 이전보다 빨리 부화하고, 그 먹이인 나무의 새싹은 늦게 피어 먹을 것이 없어지게 되면서 박새는 멸종의 위기에 처하게 되었다.[15] 즉 산림생태계의 부문 간에 광범위한 미스매치 현상이 나타나는 셈이다. 기후변화로 인한 강수량의 변동은 산림을 훼

---

14) 해양이 또 하나의 주요한 이산화단소 저장고로서 약 30%인 590Gt을 흡수하였고, 나머지 44%만이 대기로 방출되었다. 산림 및 토양, 해양의 두 흡수원이 없었다면, 대기 중 이산화탄소 농도는 이미 500ppm을 넘었을 것이다. www.shrinkthatfootprint.com 참조.

15) 국립기상연구소, 『기후변화 이해하기』, 2009, 6쪽 이하 참조.

손하기도 하고, 사막화를 촉진시키기도 한다. 이로 인해 이산화탄소 저장고로서의 기능이 약화되어 역으로 기후변화를 더욱 촉진시키게 된다.

기후변화와 산림 생태계 훼손의 악순환의 피해를 완화하기 위해서 산림 생태계 보전과 복원이 필수적이다. 보전을 위해 첫째로, 산림을 불법벌목이나 난개발로 더 이상 훼손시키지 않는 것이 중요하다. 둘째로, '지속가능한 산림경영(SFM)'의 채택을 권고한다. 세이어와 마기니스(Sayer and Maginnis, 2005)는 SFM의 대표적 열 가지 원리를 제안하였다. 여기서 제시되는 "생태적 접근법"에 의하면 모든 이해당사자들의 참여 아래, 단기적 이익의 관점보다 장기적인 이익의 관점에서 지역주민들을 설득하면서 보전편익과 개발이익을 통합시키는 것이 중요하다.[16] 이의 좋은 사례가 노르웨이와 인도네시아 간의 국제협력이다(글상자 7 참조). SFM의 주된 장애물이 불법적인 벌채 및 무역거래로 밝혀지자, 이것을 방지하기 위해 유럽연합집행위원회(EC)는 마침내 2003년에 '산림법 집행 거버넌스 및 무역'에 관한 실행계획을 승인하였다.[17]

산림 생태계의 복원방법 중에서는 산림조성, 대체공법(회피, 저감, 대체)과 야생동물 이동통로 조성 등이 대표적이다. 또한 도시에서는 도시림의 조성을 통해서도 복원할 수 있다.[18] 유럽에서는 1992년 이

---

16) Sayer, J.A., S. Maginnis, *Forest in landscapes: Ecosystem approaches to sustainability*, 2005.

17) 이 계획은 유럽연합 회원국으로 수입이 승인되는 합법적인 목재에 대한 허가제를 각국에서 수립함으로써 허가를 얻지 못한 목재나 불법목재는 유럽연합의 시장에 유입될 수 없도록 한 것이다. 가나, 가봉을 비롯한 아프리카 국가와 인도네시아 등의 아시아 국가들과 협상 및 체결을 하고 있다. McNeely, J. A., Mainka, S. A., *Conservation for a New Era*, 2009, 135쪽 이하 참조.

18) 김귀곤, 조동길, 『자연환경ㆍ생태복원학 원론』, 아카데미 서적, 2004.

후 유럽 전역의 생물네트워크를 구축하여 다양한 생물종을 보호하는데, 유럽연합의 'Natura 2000'이 대표적이다. 이 기구는 유럽연합에 속해 있는 산림의 13%, 연합국가의 토양의 약 20%를 보호지역으로 지정하여 보전하고 있다.[19] 독일의 경우 통일 이후 동·서독 경계선을 개발하지 않고 '녹색 벨트'로 조성하면서, 더 나아가 '유럽 녹색 벨트'로 확장한 것은 매우 모범적 사례라 할 수 있다(그림 26 참조).[20] 무엇보다도 농지나 도시의 개발을 위하여 산림을 무분별하게 손상시켜서는 안 될 것이다. 록스트로엠(Rockstroem)은 전 지구적 토양의 사용방식에 일정한 한계를 설정했는데, 농지사용을 최대 15% 이내로 한정하기를 권고했다.[21]

4. 4. 2. 해양 생태계

해양은 지구면적의 약 70%를 차지하고 있다. 해양의 역할과 기능은 기후변화를 비롯한 여러 측면에서 매우 중요하다. 우선 인간에게 동·식물자원 및 광물자원을 제공하며, 휴양지 및 문화공간을 제공한다. 오·폐수 및 유기물질을 흡수, 분해, 제거하는 최종 정화기능도 담당하고 있다. 해류의 순환으로 여러 곳곳의 해양 생태계에 필요한 에너지와 물질이 공급·배출된다. 뿐만 아니라 해양생물들의 광합성 작용을 통해 대기로 방출된 이산화탄소의 약 30%를 흡수하

---

19) www.natura.org 참조.

20) 이와 유사한 노력이 한국에서도 진행되고 있는데, 끊어진 백두대간의 생태 축 연결, DMZ 생태평화공원 조성 등과 같은 실천을 예로 들 수 있다.

21) Rockstroem, et al., "A safe operating space for humanity", 2009. 그는 아홉 가지의 다양한 차원의 planetary boundaries, 즉 지구의 생태계 부양능력의 임계치 (한계선)를 제시했는데, 그 하나의 예로 지구 평균기온 2도 상승이 있다. 아래 5장 5절 참조.

여 기후변화 및 지구온난화를 완화시키는 중요한 역할을 담당하고 있다. 해양은 대기 중의 이산화탄소량 보다 무려 52배 정도 더 많은 양의 이산화탄소를 저장하고 있는 만큼 주요한 저장고(sink) 기능을 한다(그림 2, 2-1 참조). 산림생태계와 마찬가지로 해양생태계를 보전해야 될 이유는 이처럼 명백하다.

지구온난화가 해양생태계에 미치는 영향은 크게 세 가지로 요약할 수 있다. 해수의 평균기온 상승(해수의 온난화), 해양 산성화와 해수면 상승이다. 대기온난화로 해수의 온도가 오르고, 해양의 이산화탄소의 과잉흡수로 해양이 점점 더 산성화된다. 이로 인해 해양생물이 멸종하거나 그 다양성이 줄어들고 있다. 특히 산호초의 멸종은 그 영향이 심대하다. 산호초는 생물다양성이라는 측면에서 바다에서는 가장 큰 역할을 하기 때문이다. 어류 4천 종을 포함하여 바다 생물의 1/3에게 보금자리와 먹을거리를 제공해준다. 그런데 해수의 온도 상승과 해수 산성화로 인하여 산호초가 죽어가고 있다. 이미 19%가 사라졌고(70%는 멸종 중), 산호초에 생계를 의지하는 5억의 인구가 피해를 받고 있다.[22]

더불어, 해양이 산성화될수록 '해양의 기초생산력'이자 중요한 식물원이 되는 식물플랑크톤이 생식하거나 번식하기 어렵게 된다. 이들은 석회질층을 갖고 있기 때문이다. 산호초, 굴, 갑각류 등은 산성화로 인해 석회질 껍질을 형성하기가 어려워 점점 사라지고 있다. 또한 해수온도의 상승으로 심층수의 용승작용이 원활하지 않아서 플랑크톤이 양분을 덜 섭취하여 성장이 제한된다. 이는 해양의 기초생산력을 저하시켜 먹이사슬을 교란하여 해양생물의 번식에 지장을

---

22) C. Wilkinson, *Status of the Coral Reefs of the World 2008*, 2008, 296쪽.

준다.[23] 해양온난화로 인한 해양 동·식물의 서식처 이동으로 인해 어민들 역시 새로운 해양환경에 적응해야만 한다.

해수면은 해수온도의 상승과 해빙으로 인하여 상승하고 있다. 최근 IPCC 5차 평가서에 포함된 연구결과에 의하면 2100년까지 해수면이 1m까지 상승할 수 있고, 세계 주요 대도시들이 물에 잠겨 수억 명이 위험에 처하게 될 것이라고 한다.[24]

해양 생태계의 보전과 복원을 위해 첫째로, 국가 관할 지역 외의 해양자원에 대한 관리 거버넌스를 구축해야 한다. 둘째, 해양보호구역을 포함한 공간계획을 설정할 필요가 있다.[25] 셋째, 남획에 대한 대응이 시급하다. 전 세계 수산물의 28%가 남획 상태에 있어 멸종의 위기에 처해 있다. 상업적 어선 선대의 과도자본화, 불법 어업에 대한 통제가 이뤄져야 하고, 저인망 등 극단적인 어업방식 역시 규제되어야 한다. 넷째, 오염물질을 과도하게 해양으로 폐기하여서 해양의 자정능력을 손상시키지 말아야 한다. 다섯째, 해안변의 저지대 도시에서는 피해를 완화하기 위해 방재 및 적응대책을 시급히 실행하는 것이 필요하다.

지구 부양능력의 한계점을 고려하여 WBGU는 해양 생태계의 20~30% 정도를 해양 보호구역으로 지정할 것을 제언하였다. 또한 해양의 산성화의 한계점을 pH지수 8.05으로 설정하여, 이 이하로 떨어지지 않도록 노력해야 한다고 주문했다. 록스트로엠 역시 비슷한

23) 김수암, 「기후변화와 해양생태계」, 『기후변화 교과서』 2011 참조.

24) 〈뉴욕타임스〉, 2013년 8월 19일 자.

25) 육상의 보호구역은 육상 전체의 약 12%에 달하지만, 해양보호구역은 해면부의 1% 미만이다. 이에 2010년 나고야에서 개최된 UNCBD 협약에서 보호구역을 확대하기로 결정하였다.

논리에 근거하여 갑각류의 뼈를 생성하는 아라고니트(Aragonit)가 적어도 산업혁명 이전의 80% 수준까지는 되어야 한다고 말했다(아래 5장 5절 참조). 국제해양현황연구모임(IPSO)는 2011년 보고서에서 매우 비관적인 전망을 제시했다. 그 보고서는 현재 해양환경 상황은 심해 생물의 50% 이상이 사멸된 5500만 년 전 팔레오세기(공룡 대멸종 이후 시기) 직전의 상황과 많은 점에서 닮았다고 전한다.[26] 이 모든 경고는 기후변화 완화를 위한 노력이 무엇보다도 필수적이고 시급하다는 것을 말해준다.

4. 4. 3. 담수 생태계

하천, 습지, 갯벌, 지하수, 빙설 등을 포함하는 담수는 전체 수자원의 3%만을 차지한다(해양 수자원이 97%이다). 이 중 지표수는 담수의 1%에 불과하다(지하수가 22%, 빙하 및 설빙수가 77%이다). 담수는 지표면의 1%도 차지하지 않지만 인간의 생명뿐 아니라 생물의 생명을 유지하는 데 필수적이다. 하천은 음용 또는 섭취할 수 있도록 수질을 정화시킨다. 또한 180만 생물종의 7%에게 서식처를 제공하고 있다. 그리고 식용 자원과 산업재료를 제공할 뿐 아니라 농업 및 공업용수로 사용되며, 홍수와 가뭄을 조절한다. 연안 습지나 하천은 또한 아름다운 경관이나 문화적 서비스를 제공한다. 많은 도시가 강 유역에 있다는 사실은 우리 인간에게 담수 생태계가 삶의 주거지로서 매우 적합한 장소임을 말해주고 있다.

하지만 담수 생태계 역시 지구온난화, 오염 및 훼손, 그리고 수요증가로 인해 많은 스트레스를 받고 있다. 인구증가 및 물 수요폭증

---

26) www.stateoftheocean.org 참조, 세계기상기구의 2014년 「온실가스연보」 참조.

으로 인해 물 부족현상이 더욱 심해져, 2025년까지 전 세계인류 중 2/3가 물 부족을 경험할 것이고, 18억 인구는 심각한 물 부족으로 고통받을 것이라고 UN은 보고하였다.[27] 물의 과다사용은 염분도 증가와 부영양화를 초래하여 수질오염을 악화시킨다. 댐이나 운하 건설로 인해 하천의 많은 부분이 훼손되고 파편화되었다. 지구온난화를 비롯한 기후변화, 남획, 외래종의 침입으로 인해 생물다양성도 현저히 줄었고, 이는 다시금 담수 시스템에게 또 다른 위협을 주고 있다.[28] 기후변화로 인해 수자원이 받는 악영향도 많은데, 강수의 강도, 강우량의 극심한 변동, 증발량의 변화 등은 물 순환속도를 점점 가(감)속화시켜 홍수 및 가뭄 등의 극한 현상을 증가시킨다. 물의 저장과 관리가 더욱 어렵게 되고, 따라서 농·축산업은 물 공급조절에 어려움을 겪는다. 특히 홍수의 피해는 연안이나 강 하류에 정주하는 도시인구의 급증으로 인해 그 피해가 갈수록 커진다.

　담수 생태계 보전을 위해서는 하천 정비나 댐 건설 등의 물리적인 수자원 관리체계도 중요하지만, 수자원의 분배와 관리를 통해 스마트 플로(smart flow) 같은 조절 방류체계를 구축하는 것 또한 중요하다. 가뭄, 홍수뿐 아니라 수질악화를 방지할 수 있기 때문이다. 방글라데시나 미얀마처럼 강우량이 많은 곳이라 하더라도 우기에 집중적으로 내린 강우의 대부분은 생산적인 용도로 이용되지 못한

---

27) UN Water, "Coping with water scarcity", 2007. UN의 범주에 따르면 1인당 가용수량이 연간 1,700톤 미만일 경우에 '물 부족' 국가로, 1,000톤 미만일 경우 '물 기근' 국가로 분류한다.

28) 담수에 서식하는 생물종 수가 평균적으로 1970~2005년 사이 절반으로 급감하였는데, 이는 다른 생물권에서 나타난 감소보다 더 급격한 추세이다. Darwall et al., *Freshwater biodiversity? a hidden resource under threat*, 2008.

채 바다로 흘러가 버리기 때문이기도 하다.[29] 상수원 수질의 보호를 위해 상수원지대의 주민에게는 이용제한에 대한 대가로서 보상(Payment for Ecosystem Service, PES)을 제공하는 것도 고려되어야 한다. 이런 점에서 통합수자원관리가 중요하다. 이는 "경제·사회적인 복지를 최대화하기 위하여 살아 있는 생태계의 지속가능성을 손상하지 않는 공정한 방법을 통해 수자원, 토지 및 관련된 자원에 대한 개발 및 관리를 조율하고 이를 촉진하는 과정"[30]으로 이해될 수 있다. 이를 위해 우선 '좋은 물 관리' 거버넌스를 구축하는 것이 필요한데, '유역 단위로 생각하되, 지역 단위로 움직이고', 시민사회, 특히 여성이 참여하는 것이 효과적이라고 증명되고 있다. 연안습지, 수변 녹지대 조성 역시 필요하다. 대표적인 사례로서, 네덜란드의 헤이르휘호바르트(Heerhugowaard) 시에서 조성한 '달 공원(Park Van Luna)' 습지를 들 수 있다.[31] 수변 녹지대 및 공원을 조성하여 홍수 및 가뭄을 조절할 수 있다(그림 16, 쿠리치바 인공호수 참조). 맹그로브 숲 조성은 홍수 방지와 생물 다양성을 보전하는 데 커다란 역할을 한다. 개인 및 시민사회에서도 물 부족 상황을 완화하기 위해 물을 적게 소비하고, 재활용하고, 물을 많이 사용하는 생산품을 덜 쓰고, 음식물 잔반을 줄이는 일 등을 하는 것이 필요하다. 록스트로엠은 전 지구적으로 담수 사용의 한계점을 연간 4,000km³로 제시하였다. 현재는

29) 주기재 외, 「기후변화와 담수생태계」, 『기후변화 교과서』, 2011.
30) Global Water Partnership, *Toolbox-Integrated Water Resources Management*. 2009.
31) '태양의 도시'로 불리는 헤이르휘호바르트(Heerhugowaard) 시는 1990년대 초에 탄소배출제로도시로 계획되었다. 특히나 1.7km²의 면적이 물과 숲으로 구성되는 매우 넓은 습지가 있는데, 거대한 자연 정수장의 역할과 기능을 한다. 이로 인해 이 도시엔 하수처리장도 없다. 이 습지로 정화된 물에서 거리낌 없이 수영도 한다. 〈조선일보〉, 2010년 7월 30일 자.

2,600km^{3}를 사용하는데, 2050년경에는 이 한계점에 도달할 것이라고 경고하고 있다.[32]

4. 4. 4. 건조지역 시스템

건조지역은 지구 육지 표면의 약 40%를 차지하며, 경작 중인 식물의 30% 이상이 여기서 산출된다. 이 지역의 생물다양성은 혹독한 자연조건에 적절히 적응한 결과로, 전 세계적으로 생물 토착성을 확보하는 데 대단히 중요한 지역이라 할 수 있다. 또한 식량, 의약품, 초식동물의 사료, 유전자원, 문화적 자원 등의 다양한 생태계 서비스를 제공한다. 몽골의 경우 GDP의 30%를 건조지역 목축업에서 얻어낸다. 케냐에서는 GDP의 30% 이상이 건조지대에서의 농업으로부터 산출된다.

그러나 불행히도「새천년생태계평가」에 따르면 이미 건조지역의 10~20%가 파괴되었고, 20억 이상의 주민들이 영향을 받고 있다. 건조지역이 특히 사막화가 되기 쉬운데, 기후변화도 여기에 큰 몫을 하고 있다. 사막화의 원인에는 유목민들의 정착형 경작방식의 확대, 과다 사용을 부추기는 토지 소유방식, 개발주도형 사회경제 정책 등이 있다. 여기에 기후변화로 인한 강수량 감소, 생물다양성 저하, 개발에 의한 식물자원의 감소에 따른 수자원 고갈 등을 추가로 들 수 있다.[33] 사막화는 표토와 식생의 손실로 이어져 토양의 탄소저장능

---

32) Rockstroem 외, 2009 참조.

33) 몽골은 전 국토의 90%에서 사막화가 진행 중인데, 지구온난화와 가축의 방목이 그 주범이다. 염소와 양은 풀뿌리까지 뜯어먹어 사막화를 촉진시키는데, 특히 염소 사육을 통한 캐시미어 소득을 장려한 정부정책이 사막화를 부른 주요 요인이라고 데 바야르바트 사막화방지위원회 사무국장이 밝혔다. 〈조선일보〉, 2010년 5월 10일 A 18면. 오스트레일리아의 경우에는 우라늄 광산에서 하루 약 3만5,000톤의 물

력을 떨어뜨려서 역으로 기후변화를 더 촉진할 수 있다. 사막화로 인해 땅속에 있던 약 3억 톤의 탄소가 매년 대기 중으로 방출되고, 이는 전 세계 탄소 배출량의 4%에 달하는 수준이다.[34] 또한 황사의 근원지가 더욱 확대되어 피해가 갈수록 커지고 있다.

건조지역 생태계의 보전과 복원을 위해서는 우선 식림, 조림사업이 시급히 이루어져야 한다. 그리고 수자원 관리와 함께 주변 지역의 생활양식을 바꾸어야 사막화의 진행속도를 늦출 수 있다. 이를 통해 기후변화의 속도 또한 늦출 수 있다.

유진 오덤의 경관 분류에 의하면 생태계는 자연환경(생태계), 농·축산업이 주로 영위되는 경작지환경, 그리고 도시로 대표되는 개발지환경, 크게 세 가지 형태로 나눌 수 있다. 자연생태계의 에너지와 물질, 그것에 기초하여 인간의 노동력과 에너지가 투입되어 생산된 1차 생산품이 개발지환경으로 재투입되어 주로 인간이 거주하는 도시를 부양하게 된다. 자연생태계와 농업계가 도시의 생명부양계가 되는 것이다.[35] 이제 농업계와 도시생태계의 순환, 특성과 당면 과제를 살펴보자. 이들 생태계는 기후변화와 어떤 상관관계에 놓여 있는지도 고찰해보자.

을 사용해서 사막화가 급격히 진행되었으며, 미국의 경우 대량 방목 형태의 목축으로 인해 사막화가 진전되기 시작했다. 〈한겨레〉, "전 지구적 환경과제, 사막화/이돈구", 2011년 7월 4일 자.

34) Millennium Ecosystem Assessment, "Desertification synthesis", 2005.

35) 유진 오덤, 이도원 역, 『생태학』, 1993, 21쪽 이하.

4. 4. 5. 농업 생태계

지구 토양의 1/3이 작물농업 또는 목초지로, 10~20% 정도가 가축사육지로 이용되고 있다. 대량의 물이 농축산업 경작지에 지속적으로 공급되고, 또한 거기서 배출된다. 따라서 농축산업 경영은 육상생태계(토양, 물, 생물다양성)의 보전에 매우 중요한 영향을 끼치며, 동시에 육상생태계의 보전 상태에 크게 의존하고 있다. 서로 불가분의 상호 의존관계에 놓여 있는 것이다. 예를 들어 반환경적 농경방식은 토양의 질을 저하하고, 수질을 떨어뜨리고, 생물다양성을 감소시키는 등 육상생태계를 훼손하고 이는 결국 농축산업의 생산성을 떨어뜨릴 것이다. 그 반대의 경우도 성립할 것이다. 기후변화와 농업 생태계, 그리고 글로벌 사회의 농산물 수요에 대해서도 살펴보자.

우선 식량소비자인 세계 인구는 2050년경에는 90억 명 정도로 급속히 늘어날 것이다. 인구증가와 함께 소비수준의 상승 및 식습관의 변화는 식량 수요를 급속히 증대시키고 있어, 2050년까지 적어도 50% 이상의 식량 수요증대가 예상되고 있다.[36] 거기에 더해서 급속한 도시화 추세(특히 아시아 지역)와 함께, 전 지구적인 기아문제를 해결하기 위해서는 식량 생산증대가 더욱 요구되고 있다.[37] 이러한 식량 생산증대를 위해서 물도 2배 이상, 비료도 3배 이상이 투입되어야 하기 때문에 관련 생태계와 생물다양성은 상당한 추가적 스트레스를 받게 될 것이다. 동일선상에서 '지속가능한 농업과 기후변화

---

36) Food and Agriculture Organization, *The State of Food Insecurity in the World 2008*, 2008.

37) 개발도상국은 1인당 연평균 식량 소비량(직/간접소비량)이 100~200kg인데 비하여, 선진국들은 450~900kg이나 된다. 개발도상국의 소득증대는 식량수요를 급속히 증가시킬 것이다.

에 관한 위원회'도 21세기 농업이 직면하고 있는 세 가지 어려운 도전을 언급하고 있다: 첫째, 물, 에너지, 토지 등 주요한 자연생태계 자원은 점점 더 부족해지고, 둘째, 인구 및 소비는 증가하는 가운데, 셋째, 식량안보 달성, 기후변화 완화와 적응을 동시에 이루어야 하는 어려운 과제에 직면하고 있는 것이다.[38] 상황을 더욱 만만치 않게 하는 점은 기후변화로 인한 농업생산성을 예측하기가 점점 힘들어진다는 점이다.[39] 더욱이 지구온난화는 농업생태계에 전반적으로 부정적인 영향을 미치고 있다. 강수량과 강수시기의 잦은 변동을 불러오고, 토양을 상실하게 하고, 수질오염(녹조 등)을 더 쉽게 발생시킨다. 가축도 폭염과 전염병의 증가로 폐사된다. 생물다양성도 감소시켜 토양, 담수 및 산림생태계의 순환을 교란시킨다. 따라서 인류에게 주요 식량을 제공하는 농·축산업을 생태 친화적이면서도 효율적인 방식으로 전환하는 것은 여러 측면에서 매우 중요하며 시급히 해결되어야 할 과제이다.

현재 지배적인 농업경영은 화학비료,[40] 제초제, 농약, 관개에 의존하여 단일 품종을 경작한다. 그리고 단기적인 경작물 수확에 더 관심을 가지고 시장판매 및 수출용으로 경작한다. 특히 미국 농업의

---

38) Commission on sustainable agriculture and climate change, "Achieving food security in the face of climate change", 2012.

39) 특히 농업과 토양은 기상과 기후에 따라 크게 영향을 받는다. 기온, 강수량, 일조시간 등에 따라 재배가 가능한 작물이 결정될 뿐만 아니라, 파종, 병충해, 물 관리, 토양 등 파종 전부터 수확 후까지 모든 영농작업이 기상과 기후에 의해 크게 좌우되기 때문에 다양한 차원의 기후변화대응책이 매우 중요하다. 이정택, 「기후변화와 농업생태계」, 2011 참조.

40) 온실가스 중 하나인 N_2O는 이산화탄소보다 온난화 효과가 310배나 강한데, 이 기체의 농도를 증가시키는 주범이 바로 화학비료로 사용하는 질소임이 확인되고 있다. 〈매일경제〉, 2012년 3월 26일 자.

경우 이러한 방식이 일반적이다. 단일 작물을 대규모로 재배함으로써 빨리 그리고 많이 생산하여 수출하는 것을 목적으로 한다. 따라서 가장 양호한 토양에서 화학비료, 살충제 등을 과다 사용하고, 윤작과 휴경 등의 토양 보전 노력은 등한시한다. 이러한 지속가능하지 않는 농업경영방식은 결국에는 수질을 저하시키고, 지하수를 고갈시키며, 토양의 유실을 초래하고 토양의 생물다양성도 감소시키게 된다. 이렇게 사용된 토양은 결국 농토로서의 기능을 상실하고 버려지게 된다.[41] 한국의 경우 미국처럼 수출작물방식이 사용되고 있지는 않지만 화학비료 및 농약 과다사용, 가축의 분뇨 과다로 인해 토양과 수자원이 오염되고 있다. 매년 11,000ha(농경지 면적의 0.4~0.5%)가 감소하고 있다. 관개면적이 증가할수록 토양의 생산력은 떨어진다. 염분농도가 증가하고, 지하수의 수위가 상승하며 토사가 퇴적되기 때문이다. 그리고 식량 확보를 위해 목축 경지면적을 확대하고, 과잉 방목함으로써 사막화는 촉진된다.

지난 20년간의 연구는—표 5에서 분명하게 알 수 있듯이—친환경적 다품종 경작 방식이 모든 측면에서 오히려 생산성 및 지속가능성이 높다는 것을 밝혀내고 있다. 농경 생물다양성의 가치는 작물과 가축의 유전적 다양성, 생산에 관련되는 중요한 종(수분매개자, 토양미생물, 이로운 곤충, 해충의 포식자)과 서식하는 야생생물을 모두 포함하는 것으로 증명되고 있다. 생물다양성이 농·축산업에 제공할 수 있는 주요한 서비스는 기후변화 적응에 강한 종자로 개량할 수 있도록 하고, 또한 자연적인 방법으로, 그러니까 화학비료 사용

---

41) 유진 오덤, 『생태학』, 1995, 339쪽 이하. 모니크 미카일, 「지속가능한 미래 농업 만들기」, 『지속가능한 개발에서 지속가능한 번영으로』, 2012, 385쪽 이하 참조.

을 최소화시키면서 식물을 보호하여 효과적인 생산증대를 돕는 것이다. 농업에 있어서 적기의 물 공급은 제일 주요한 일인데, 다양하고 적합한 재배식물이 효과적인 물 관리를 하는 데 도움을 준다. 이뿐 아니라 생물다양성이 풍부하게 잘 관리된 농업 생태계는 극심한 자연이변으로부터 보호받을 수 있다. 이처럼 생물다양성과 자연 기반의 물 관리를 중심으로 하며, 건강한 토양을 유지하는 새로운 친환경 농업경영방식이 점차 확산되고 있다. 이렇게 생산성, 영양소 공급, 증진된 생계수단 그리고 경관 수준에서의 생물다양성 보전의 균형을 성공적으로 달성하는 농경 양식을 지속가능한 '생태농업'이라고 부른다.[42]

표 5: 생태농업방식과 지배적 농업방식의 비교

UNEP 녹색경제 리포트 2011 (세계 총 GDP의 0.1%~0.16%를 투자할 경우)				
2011			2050	
시나리오	단위	기준	생태농업	기존방식
농업생산	연간 10억 미 달러	1,921	2,852	2,559
곡물생산	연간 10억 미 달러	629	996	913
고용	백만 명	1,075	1,703	1,656

---

42) J. A. McNeely, S. A. Mainka, *Conservation for a New Era*, 2009, 160~167쪽 참조. 이 책은 2008년도 바르셀로나에서 개최된 IUCN의 세계보전총회에서 다루어진 내용을 정리한 책이다. 모니크 미카일, 위의 책, 388쪽 이하 참조: 소규모 자영농의 생태농업 방식이 평균보다 40% 적은 양의 물을 사용했음에도 불구하고 생산량을 47%나 더 증대시킨 유명한 사례가 있다.

	일정량 (dimension-less)	0.92	1.03	0.73
토양의 질	일정량 (dimension-less)	0.92	1.03	0.73
농업 용수 이용량	연간 km³	3,398	3,207	4,878
추수 경작지	10억 헥타르	1.20	1.26	1.31
산림 벌채	연간 100만 헥타르	16	7	15
1인당 하루 소비 칼로리량	Kcal	2,081	2.524	2.476

출처: UN Environmental Plan GER Report, 2011.

농업생태계에는 주요한 사회적 측면이 있는데, 세계의 주요 곡식의 생산자가 다름 아닌 여성이라는 사실이다. 가난한 농촌인구의 주식(主食)의 90%를, 그리고 개발도상국들의 음식의 60~80%를 여성이 생산한다. 다양한 작물재배에 대한 전통적인 지식은 여성이 갖고 있다. 따라서 새로운 농업방식에 있어서 여성은 주요한 이해당사자로서, 생물다양성의 관리자로서 충분히 고려되어야 할 것이다. 대규모 단일 농경방식을 지양하고 소규모 자영농 방식을 선택하면 환경을 더 잘 보전할 수 있고, 생산성이 높아 굶주림도 경감시킬 수 있으며, 식량안보도 더 철저히 할 수 있다. 이러한 사회통합적이며, 생태적인 농업방식에 대한 경제적, 사회적 지원이 절실하다. 마치 친환경 자동차에 대한 지원금처럼. 친환경적 농·축산 생태계가 확산될수록 토양과 수자원은 건강하게 보전되고, 생물다양성이 유지되어, 곡물수요에 더 잘 대처할 수 있게 된다. 생태농업방식과 현재의 농업방식을 여러 차원에서 비교한 위의 표 5가 이 점을 분명하게 증명하고 있다.[43] 더 나아가 생태농업방식은 이산화탄소 흡수원의 역할을 더욱 잘 감당할 수 있게 한다. 이는 기후변화의 완화와 적응에 기여하는 바가 적지 않다.

기후변화 완화를 위해서 록스트로엠은 전 지구적 토양의 사용방식에 일정한 한계점을 설정했다. 개발지 및 경작지 확대의 제한을 통한 생명부양계의 한계설정의 필요성에 따라서, 농지사용을 15% 이내로 한정하였다. 산림생태계의 유지를 통한 기후변화 완화 정책의 최대 한계선이다. 한편 WBGU는 생물다양성 보호와 생태계 기능 보호를 위해 육상(산림, 건조지대, 농지 등을 다 포함하여)의 10~20%를 보호구역으로 지정할 것을 제안하였고, CBD는 2020년까지 17%로 육상보호구역을 확대하도록 제안하였다.[44]

4. 4. 6. 도시생태계

인간도 원래 자연생태계 안에서 살고 있었고, 그것의 한 부분이었다. 따라서 인간의 군집서식처인 인간사회도 그 일부분이다. 하지만 그 규모가 너무 커졌고, 자연생태계를 지속적으로 개발, 정복하고 있다. 대도시가 대표적인 예이다.

도시의 역할과 존재방식은 특이하다. 현재 도시는 육지표면의 2%에 불과하지만, 인구의 50% 이상이 도시에 밀집하여 살고 있다. 아시아의 도시를 비롯하여 점점 더 증가할 추세다. 도시에서 자연자

---

43) Hans Herren, "Action plan for changing course in agriculture", *Agriculture at a Crossroads*, 2011. 이 리포트는 유엔환경계획(UNEP)에서 발표되었다. 같은 양의 투자를 했을 때 생태농업방식이 경제, 사회, 환경 등 모든 측면에서 현재의 지배적인 대규모 농경방식보다 우월하다는 것을 역설하고 있다.

44) WBGU, 2011, 42쪽 이하 참조. 궁극적으로 이산화탄소의 흡수원을 유지하는 방식으로 기후변화 및 지구온난화를 완화하기 위해 경계선을 제시하는 것이다.

원의 75%를 소비하고 있다. 도시에서 화석연료 소비의 대부분이 이뤄지며 온실가스의 80%가 방출되고, 방대한 폐기물이 버려진다. 도시라는 인간사회는 자연 생태계의 혜택을 가장 많이 받지만, 역으로 자연 생태계에게는 엄청난 스트레스와 폐기물을 돌려준다. 즉 도시가 기후변화와 환경문제의 근원지인 것이다. 이러한 측면 때문에 1970년대 이후 도시 생태계에 대한 관심이 급증하였다. 자연 생태계의 일부였던 도시는 점차 자연 생태계를 정복하여 일종의 '인공 생태계'를 조성하고 고유의 대규모 순환체계를 만들고 있다. 도로, 철도, 택지개발, 대규모 건물, 산업단지조성 등으로 생물들의 서식지를 정복하고, 파편화시킨다. 하천, 습지 등 다양한 생태계를 점령하고 있다. 대기오염을 발생시켜서 질병을 증가시키며 녹지의 환경개선능력을 감소시키고, 생물을 멸종시키며, 산성비로 인한 토양오염 및 식생파괴를 일으킨다.[45] 수질오염을 발생시켜 수생식물을 감소시키며, 습지 기능약화를 가져온다. 대량의 폐기물을 방출하여 토양과 수자원을 오염시킨다. 도시는 기후변화를 일으키는 동시에 자연 생태계를 인공적인 위험 생태계로 변모시키고 있는 것이다. 기후변화가 도시의 삶에 적지 않은 피해(열사, 홍수, 질병 등)를 주지만, 도시가 자연생태계에 치명적인 손상을 주어서 초래된 결과다. 도시가 생태적 전환을 이루면 기후변화는 완화될 것이고, 이는 자연 생태계의 훼손과 손상을 줄일 것이다. 따라서 갈색도시를 녹색(생태)도시로 전환해야 한다. 다시금 자연 생태계의 일부분으로 돌아가야 한다.

지속가능한 녹색(생태)도시가 되기 위해서는 친환경 도시계획수

---

45) 산성비는 주로 화석연료의 연소에 의해 생기는 황화합물(SOx)이나 질소화합물(NOx) 등을 함유한 5.6 pH 미만의 산성화된 비를 말한다. 산성비는 인체, 동·식물, 토양, 삼림, 해양 등의 대부분의 생태계에 나쁜 영향을 끼친다.

립이 제일 주요하다. 친환경 교통체계로의 전환, 친환경 건축 및 주거단지 조성, 자원순환형(저탄소 사회) 체계 구축 등이 친환경 도시로 거듭나기 위해 필요한 작업이다. 도시 내의 생태네트워크 생성(끊어졌던 생태길 복원), 생물 서식공간 조성(Biotope, 생태공원, 옥상녹화사업) 및 복원(하천 및 도시림 등) 등도 주요 사업이 된다.[46] 뿐만 아니라 각 지역의 특성에 맞게끔 기후변화 피해를 완화시키거나 취약성을 저감시킬 수 있는 적응능력을 갖추는 것도 중요하다. 2011년 7월 서울의 폭우사태를 보면 적응을 위한 사회적 간접자본시설이 시급히 필요하다는 것이 확인되고 있다. 새롭게 확장해야 할 친환경적 사회간접시설은 그 외에도 매우 많다. 2013년 벽두부터 서울시는 음식물 폐수를 바다에 투기할 수 없게 되어 쓰레기 대란을 맞고 있다. 음식 폐수 처리장을 충분히 확보하지 못하고 있기 때문이다.[47]

도시는 생산뿐 아니라 교환, 유통, 특히 소비의 중심지이다. 녹색 소비도시, 녹색생활도시로의 전환이 필수적인 것이다. 브라질의 쿠리치바 생태도시와 어깨를 겨루는 독일 서남부의 중소도시 프라이부르크는 이러한 녹색도시로의 전환에서 더 나아가 (태양광)재생에너지 생산과 연구의 세계적 도시로 탈바꿈하였다.(그림 8, 9, 15, 16 참조).[48] 도시는 자연 생태계, 농축산 경작지와의 관계를 지속가능하며

---

46) 김귀곤, 조동길, 2004.

47) 〈조선일보〉, 2013년 1월 21일 자.

48) 녹색생활도시로의 전환 사례 중 또 하나는 시카고 자연보호구역(Chicago Wildness)이다. IUCN이 1996년도에 시작한 하나의 모델로, 시카고 주변 공동지역 연합체인데, 많은 기관과 사람들이 이 지역의 자연과 생물다양성 보존을 위해 배우고, 교육하고, 경험을 공유하고 참여·실천하여 생태도시를 만들 수 있는 가능성을 보여준 대표적 사례이다. 브라질의 쿠리치바에서도 이미 벤치마킹을 하였다. www.chicagowildness.org 와 www.freiburg.de의 "Green City Freiburg" 참조.

상호 공존하는 관계로 시급히 전환해야 한다.

4. 5. 생태계의 보호와 복원방식

생태계의 보호와 복원은 이제 인류가 더 이상 미룰 수 없는 과제가 되었다. 20세기 이후 생물멸종의 비율은 자연적으로 일어날 수 있는 멸종비율의 1000~10,000배 정도로 급속히 증가하고 있다. 식물종의 멸종이 더욱 심각한데 2100년도까지 15~25% 정도가 멸종될 것이라고 추정된다.[49] 이 측면에서도 생태계의 손상과 불균형으로 발생되는 기후변화 재앙의 수준과 범위는 갈수록 위협적이다.

생태계 복원의 개념은 '생태적 건강성의 재생과 유지', 또는 '훼손 이전의 상태나 유사한 상태로 돌리는 것' 등으로 정의될 수 있는데, 생태계가 자율적 역할과 기능을 다시금 할 수 있게 하는 것을 말한다. 생태계의 구조와 기능의 두 축으로 가늠할 수 있는데, 이것이 원래 모습에 가까울수록 '회복'이 되었다고, 그리고 다른 모습으로 이루어지면 '대체'되었다고 말한다.

다양한 형태의 대체나 복원의 노력이 여러 수준에서 전개되고 있다. 전 지구적 차원에서 보면 1990년대 지구 정상회의를 통해 유엔 생물다양성보전협약(UNCBD),[50] 유엔사막화방지협약, 유엔 가입국

---

49) Vie, J.-C. (ed), *Wildlife in a Changing World - an Analysis of the 2008 IUCN Red List of Threatened Species*, 2009.

50) 1992년 브라질의 리우에서 열린 '지구세계정상회의'이후 생물다양성을 보전하려는 노력이 '유엔생물다양성협약(UNCBD)'로 결실을 맺었고 거의 모든 국가가 회원으로 되어 있다. 여기서 보전뿐만 아니라, 합법적이고 상호편익을 줄 수 있는 생물자원의 개발방식으로 생물자원에 대한 '유전자 자원에 대한 접근과 편익의 상호공유(Access and Benefit Sharing, ABS)'라는 주요한 원칙이 제시되었다. 이를 통해 생물다양성 자원의 소유자는 생물다양성을 보전할 동기와 필요성을 갖게 되고,

정부 간 기후협약체계, 세계보호지역위원회 등 자연보전과 회복에
관한 국제적 노력이 시작되었다. 우리나라도 이에 발맞추어 복원을
위한 노력을 기울이고 있다.[51] '2010년 나고야 의정서'에서 확정된
것으로 잘 알려진 '유전자 자원에 대한 접근과 편익에 대한 상호공
유(ABS)' 협정은 생물다양성의 보호와 보전을 위한 대표적인 국제협
약의 결과이다.[52]

　복원의 방향과 기본원리는 첫째로, 주류화하기(mainstreaming)이
다. 인간행위의 모든 영역에서 생물다양성과 생태계 서비스를 주류
로 하는 기획으로, 환경보호를 위한 사항들이 국가의 개발계획과 관
련된 조직 및 개인의 주목을 받도록 하는 과정, 그리고 그러한 결정
을 함에 있어 환경이 고려되도록 하는 과정을 의미한다.[53] 둘째로,
적응하기이다. 다양성, 창조성, 자연에 대한 존중을 통해 생태적 변
화에 적응한다는 것이다. 기후변화의 피해를 당장 피할 수 없기 때
문에 기후변화에 적응하는 것이 기후변화 완화와 동시에 이루어져
야 한다는 의미이다(글상자 2 참조). 특히 자연생태계에 기반을 둔 해

개발자는 자원을 지속적으로 이용할 수 있게 된다. 이러한 원칙은 바로 생태계의
다양한 서비스기능의 가치를 인정해주는 PES 개념과도 일맥상통하는 것이다.

51) 대표적으로 1997년도에 '자연 환경보전법'을 전면 개정하였고, 2000년 '사전환경
성 검토제도' 도입, 2003년 '백두대간 보호에 관한 법률', 2004년 '야생동식물 보호
법', 그리고 환경보전과 국토개발의 상생을 위한 '국토환경관리종합계획'을 수립함
으로써 관리체계를 구축하였다.

52) 2010년 일본의 아이치 현에서 개최되었던 유엔생물다양성협약 당사국총회에서 결
정된 협정이다. 주요한 내용과 방식이 제시되었는데, 국가나 지방정부의 발전계획
과 회계계정에 생물다양성 가치가 광범위하게 포함·연계되어야 한다는 점을 밝히
고 있다. 또한 생태계의 복원과 보전과정에서 여성, 원주민, 현지인, 빈곤층 및 취
약계층의 이해가 반영되어야 한다는 점도 강조하고 있다. UNCBD, 「Strategic Plan
for Biodiversity 2011-2020, including Aichi Biodiversity Targets」, 2010 참조.

53) B. Dalal-Clayton, S. Bass, *The challenges of environmental mainstreaming*, 2009.

결책이 강조되어야 한다. 셋째로, 보전에 필수적인 형평과 권리를 지지하는 정책을 장려하는 것이다. 앞서도 언급하였지만, 이는 IUCN, Global Water Partnership(GWP), UNCBD 등 주요 환경기관의 결의안에서 중요한 원칙으로 지지받고 있다. 이것은 필수요소로서 무엇보다도 자연자원의 통합적 관리를 위한 국가를 포함한 이해당사자 간의 권한과 책임을 결정하는 거버넌스를 의미한다. 이 원칙에 따라 양성 평등 또한 필수조건인데, 여성이 생물자원 이용자의 절반을 차지하고 있고, 동시에 가장 취약한 존재로서 기후변화에 영향을 크게 받고 있기 때문이다. 또한 자연자원에 대한 지역민의 권리를 존중해야 하며, 서비스를 제공받는 소비자들은 지불할 용의가 있어야 한다. 넷째로, 복원을 위해서는 서식지 파괴, 자원의 오·남용, 외래종[54]과 같은 '오래된' 이슈들 또한 해결해야 되고, 이 역시 기후변화와 얽혀 있음에 주목해야 한다.

「유엔의 생물다양성 10년」 선언에서도 다음과 같이 생물다양성의 중요성과 생태계의 보호중간점 복원의 필요성을 역설하고 있다:

지구행성의 생물다양성을 유지하고 인간의 쾌적한 삶에 기여하며 빈곤을 완화시키는 가운데, 2020년까지 생태계가 회복되고 주요한 생태계서비스를 제공할 수 있도록, 우리 인류는 생물다양성 손실을

---

54) 외래종은 침입종이라고도 불린다. 외래종은 토종을 몰아내거나 생태계를 교란하는데, 서식(침입)하는 주된 장소는 인간이 황폐화시킨 곳이나 생태계가 불안정한 곳이 대부분이다. 생태계가 잘 보전된 곳에는 외래종이 잘 침입하지 못한다. 외래종 문제도 결국은 인간의 난개발이 주범인 셈이다. 김종민, 「기후변화와 외래동식물의 침입」, 『기후변화 교과서』, 도요새, 2011, 295쪽 이하 참조.

멈추게 하기 위한 신속하고 효율적인 행동을 당장 취해야 한다. 이를 보장하기 위해 생물다양성에 대한 외부 압력은 감축되어야 하고, 생태계는 회복되어야 하며, 생물자원은 지속가능하게 사용되어야 하고, 유전자자원의 활용에서 나오는 모든 혜택은 공정하고 형평성 있게 공유되어야 한다. 이를 위해서 적절한 재정적인 자원이 제공되어야 하고, 능력이 제고되어야 하며, 생물다양성 이슈와 가치가 주류화되어야 하고, 적합한 정책이 효율적으로 시행되어야 하며, 정책 결정 과정은 합리적 과학과 예방주의적 접근방식에 기초해야 한다.[55]

그런데 생태계와 생물다양성 보전의 규모와 정도는 일정한 기준과 지침을 갖고 있는가? 생태계의 온전한 복원이 바람직하겠지만 보전의 규모·정도는 지구적 차원의 정치경제적·환경적 조건과 사회적 합의(계약)에 의해서 정해질 것이다. 객관적이고 필수적인 기준과 지침—생태계 훼손의 레드 라인, 즉 넘어서는 안 되는 한계선—이, 즉 생태계와 우리에게 닥치고 있는 위험의 수준이 정해줄 것이다. 그렇다면 과연 어디서, 어느 정도로, 그리고 정말 위험한 것인가?

---

55) UNCBD, *Strategic Plan for Biodiversity 2011-2020*, 2010에서 인용.

기후변화의 위험 수준과 근본문제: 어떻게 살 것인가?

생태계 보전을 위한 다양한 노력이 진행되고 있음에도 불구하고 심대한 기후변화로 인해서 사막화는 계속 진행되고 있으며, 토양 비옥도는 상실되고, 수질 오염도 증가하고 있다. 인간에게 수많은 혜택을 제공하는 생태계의 서비스능력도 계속 감소하고 있다. 2005년 새천년 생태계 평가(Millennium Ecosystem Assessment)에 따르면 모든 생태계 서비스가 60% 정도 저하되었고 지속가능성이 낮아지고 있다고 한다.

어디서, 얼마나 기후변화가 진행되고 있는가? 생태계의 손상은 어느 정도의 수준에 달하고 있는가? 자연생태계의 위험 수준은 장래의 사회·경제적 요인들에 의해 어떻게 영향을 받을 것인가? 생태계의 서비스능력의 한계는 어디까지인가? 과연 인류는 그 위험에 직면하여 현재 그리고 앞으로 무엇을, 어떻게 해야 하는지를 알아보자. 기후변화의 위험 수준과 '어떻게 살 것인가' 라는 근본문제를 성찰해보자.

5. 1. 인류의 삶, 선택의 기로에 서다

우리가 과거에 대기 중에 방출한 이산화탄소는 금방 사라지지 않고, 100년 정도 머물고 있으면서 지구온난화에 계속 악영향을 미친다. 상황을 악화시키기 시작한 것은 1950년대이다. 대기 중의 이산화탄소를 제거할 수는 없는 상태에서 우리가 할 수 있는 것은 다만 이산화탄소 감축 노력과 양성 피드백 고리의 활성화 등이다.

저명한 스턴의 보고서 「기후변화의 경제학」에 의하면 2050년까지 이산화탄소 배출량을 1990년 수준에서 70~80% 감축해야 지구의 기후를 안정시킬 수 있다고 한다. 이 경우도 이산화탄소 농도는 450ppm에 이르고, 평균기온은 1.1도 상승한 수준에 머문다. 이보다 현실적인 시나리오에 따르면, 2035년이면 550ppm CO_2eq의 수준에 도달할 것이며, 기온은 2도가 오를 예정이다. BAU(business-as-usual) 시나리오에서, 즉 이산화탄소 배출량이 현재와 다름없이 지속된다면 온실가스의 축적은 21세기 말까지 세 배 이상이 될 것이며, 지구의 평균기온은 5도 이상 올라갈 것이고, 재앙 수준의 엄청난 결과를 초래할 것이라고 한다.[1]

위험을 알리는 세 가지 변곡점(티핑 포인트)을 살펴보면 위험의 근원과 범위는 우리를 놀라게 하기에 충분하다. 멕시코 만류가 느려지

---

1) Nicholas Stern, *The Stern Review on the Economics of Climate Change* 요약본, 2006, 3쪽 이하. 2013년도 스위스 세계경제포럼에서 그는 '기후변화의 위험을 과소평가하였다'고 고백하며, '기후변화 영향이 예상보다 훨씬 빠르게 가시화되고 있다'고 우려를 표명하였다.

거나 붕괴하는 것, 아마존 열대 우림이 사라지는 것, 그리고 해저에서 메탄이 폭발적으로 방출되는 것이다.[2]

1) 멕시코 만류는 북극 빙하의 해빙으로 물이 북대서양으로 쏟아져 들어옴에 따라 염분도가 낮아지면서, 심해로 느리게 가라앉게 된다. 심해에 산소 및 영양소를 충분히 제공하지 못하게 되면 생물다양성도 크게 훼손될 것이다. 과거에 만류의 유속이 느려졌을 때 북극의 그린란드는 10년에 평균 10도씩 기온이 떨어진 흔적이 있었다(그림 6 참조).

2) 21세기 내 발발할 가능성이 5%인 멕시코 만류의 붕괴보다 더 현실성 있는 시나리오는 아마존 열대우림의 붕괴이다. 이산화탄소 농도의 증가로 숲의 식물들이 기공을 조금만 열어도 광합성 작용이 가능함으로써 수증기가 덜 배출되어 강수량이 줄어드는 일이 발생할 것이다. 이는 지구온난화로 인한 가뭄과 동시에 5.5도 기온상승과 함께 붕괴되는 결과를 불러일으킬 수 있다. 더욱이 피드백 고리(되먹임 현상)로 인해 우림의 토양이 따뜻해져서 녹으면 더 많은 이산화탄소를 배출할 것이다.[3] 그러면 이산화탄소 농도가 1,000ppm으로 급증하게 되어 아마존은 황폐화되게 된다. 2040년경에 아마존의 붕괴신호가 나타날 것으

---

2) 이 위험들은 21세기 이내에 충분히 일어날 수 있는 위험한 대사건으로 알려져 있다. 플래너리, 189쪽 이하 참조; 라이너스, 135쪽 이하 참조.

3) 2000년 영국 해들리 센터 연구팀은 탄소순환되먹임(피드백)으로 인하여 지구온난화가 가속화된다고 주장하였다. 큰 주목을 받은 과학적 주장으로, 열대우림의 흙이 따뜻해지면 세균의 활동이 왕성해지면서 토양 속에 저장되어 있던 탄소를 더 빨리 분해하고 이것은 다시금 이산화탄소가 되어 대기 중으로 다시 배출되어 지구온난화를 다시금 강화시킨다. 마크 라이너스, 이한중 옮김, 『6도의 악몽』, 세종서적, 2008, 153쪽 이하 참조.

로 예측된다.

3) 해저 메탄 방출은 우리의 상상을 초월한다. 만약 해저 메탄을 누르는 압력이 약해지거나 심해나 북극해의 온도가 올라가면, 엄청난 양의 해저 메탄, 즉 온실가스가 방출될 수 있다.

생태계 순환은 이미 빠르게 붕괴되고 있다. 이것은 자체적으로 연쇄적인 붕괴를 불러오는 소위 '악성 피드백' 효과를 만든다. 이로 인한 위험은 폭, 속도, 범주 측면에서 우리의 예측을 훨씬 넘어설 수 있다.

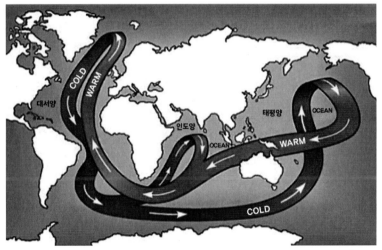

그림 6. 멕시코 만류의 순환(Great Ocean Conveyer Belt)
출처: www.climatereview.net

5. 2. 자연생태계의 위험 수준과 사회 · 경제적 요소

지금 현재도 기후변화의 영향은 심대하여 인류사회와 자연생태계의 위험은 이미 높은 수준을 가리키고 있다. 인류는 에너지와 생태계 자원을 무분별하게 과용하고 남용하였다. 따라서 생태계자원의 능력은 훼손되어 그 정도가 위험 수준에 이르게 되었다. 「새천년 밀레니엄 생태계 평가서」는 1950년대 이후 지구 생태계의 60% 정도가 손상되었거나 과용되고 있다고 진단하였다.[4] 또 다른 보고서는 이렇게 결론을 내렸다:

"미래 세대를 양육할 지구 생태계 능력이 보장된다고 더 이상 말할 수 없게 될 정도로, 인간의 행위는 지구의 자연적 기능에 엄청난 압력을 가하였다."[5]

아사히 재단의 「환경시계」 역시 2013년 9월 현재 9시 19분을 가리키고 있으며, 현재의 환경위기를 "위험" 수준으로 평가했다.[6]

광물자원 등 다양한 자원도 인류의 소비수요를 따라가지 못하고 점차 한계에 다다르고 있다. 석유자원의 정점시기에 대한 논란이 있으나 '값싼 석유' 시대는 이제 다시 돌아오지 않을 것이라는 점에 대

---

4) Millennium Ecosystem Assessment, *Ecosystem and Human Wellbeing: Current states and trends*, 2005b.

5) Millennium Ecosystem Assessment, *Living Beyond Our Means. Natural Assets and Human Well-being*, 2005.

6) 환경재단은 일본 아사히글라스재단과 함께 매년 전 세계 환경전문가를 대상으로 실시한 설문조사 결과를 바탕으로 「환경시계」를 발표하고 있다. 각 시각은 0~3시 (양호), 3~6시(불안), 6~9시(심각), 9~12시(위험) 등을 가리킨다. 환경재단에 따르면 2013년 9월 전 세계 시각은 9시 19분으로 작년 대비 4분 감소했고 대륙 중에는 북아메리카가 10시 16분으로 가장 위기감이 높았다. 〈동아일보〉, 2013년 10월 1일 자 참조.

해 대체로 공감하고 있다. 리튬과 같은 희귀한 '전략적 광물자원' 역시 고갈의 위험이 곧 다가올 것이라고 예측하고 있다. 그리고 식량 가격도 지속적으로 상승하고 있다.[7]

더욱 심각한 것은 지금과 같은 추세로(BAU) 계속 진행된다면 위험 수준은 높아질 것이고 인류사회 및 자연생태계에 돌이킬 수 없는 치명적인 결과를 초래할 것이라는 점이다. 대부분의 전문가가 이 점에 동의하고 있다.

IPCC의 제4차 보고서(기후변화 종합보고서, 2007d)는 지구 평균기온의 상승에 비례하여 생태계에 대한 악영향 역시 증가되고 있는 것을 보여준다. 동·식물 역시 지구온난화에 민감하게 영향을 받는데, 1.5도 이상 기온이 상승하면 멸종위기를 맞는 생물종이 전체의 30%까지 증가할 수 있다고 예상한다.

물론 대기, 해양, 대기-해양의 일반 순환모형은 우리의 인식과 행동선택에 따라 달라질 수 있다. 인류가 세계경제를 지향하는가? 지역경제에 주목하는가? 그리고 환경을 중시하는가? 경제성장에 비중을 더 두는가? 등의 질문들에 대한 방향선택과 경제구조의 변화와 기술발전 등의 선택에 따라 달라질 것이다. 위 범주들의 상이한 조합들을 기초로 해서 '유엔정부간기후변화협약체(IPCC)'는 2007년에 '배출 시나리오에 관한 특별보고서(Special Report on Emission Scenarios)'를 제출하였는데, 시나리오에 따라 결과는 매우 편차가 크게 나타났다.

2000년에서 2030년까지 이산화탄소 배출은 25~90%가량 증가할

---

7) T. Jackson, *Wohlstand ohne Wachstum*, 2011, 8~10쪽.

것이다. 지구 평균온도는 2090~2099년 사이 1980~1999년 대비 평균 1.1도에서 6.4도까지의 커다란 편차를 나타내며 상승할 것이라고 예측한다. 가장 친환경적인 구조 변화를 수반하는 B1 시나리오에 의하면 1.1~2.9도의 상승이 예상되고, 화석연료 집중적인 시나리오인 A1FI 경로를 따르면 2.4~6.4도 정도까지 기온상승이 일어날 수 있다. 1.5~2.5도 상승할 경우 생물종들의 20~30%가 멸종위기에 처할 것이라고 한다.

지역적으로 볼 경우, 아프리카에서 2020년경 7,500만에서 2억 5,000만 명 정도가 물 부족에 시달릴 것이라고 추정하였고, 특히 아시아의 해안가 지역의 대도시는 범람으로 인한 커다란 위험에 직면할 것이라고 경고하고 있으며, 아마존을 비롯한 열대 남미지역은 심각한 생물다양성의 손실을 겪을 것이라고 진단하였다.[8]

위험 수준이 높아질 것이라는 예측의 근거는 앞으로의 경제사회적 중·장기경향이 기후변화와 생태계에 대하여 긍정적인 요소가 아니라, 오히려 부정적인 요인으로 작용할 것이기 때문이다.[9]

첫째로, 도시증가를 지적할 수 있다. 도시는 최종에너지의 3/4을 소비하는 온실가스 배출의 주범이다. 2000년도에 도시인구는 세계인구의 약 50%로서 30억 명 정도였는데, 2050년에는 64억 명으로 69%에 이를 전망이다.[10] 따라서 온실가스 배출과 환경문제가 더욱 심화될 것이다. 아무런 조치가 취해지지 않는다면, 2050년경에는 아시아의 도시인구가 세계 도시인구의 약 절반에 달할 정도로 급속히 증가할 것이고, 아프리카에서도 빠른 속도로 증가하여 아시아와 아

---

8) IPCC, 2007d, 44~52쪽 참조.
9) WBGU, 2011, 49~61쪽 참조.
10) UN DESA, 2009.

프리카 도시인구는 전체 도시인구의 약 2/3에 달할 것이다. 도시계획의 미비로 많은 환경문제를 야기할 전망이다. 또한 500만 이상의 대도시 중 거의 절반 이상이 해안가에 위치하고 있어서 해수면 상승의 위험에 노출되어 있다.

둘째로, 인구증가를 들 수 있다. 1900년에 세계 인구는 약 10억 명이었다. 1961년에 30억 명이었고, 2000년에는 60억 명으로, 6배나 늘어났다. 1인당 에너지 사용량은 100년 전에 비해 약 4배나 늘어났다. 그래서 지난 20세기 100년 동안에 화석연료를 태우는 양은 약 16배나 늘어났다(그림 3 참조). 2050년이 되면 인구는 약 90억 명이 될 것이다. 기존의 에너지 사용 습관이 변함없이 지속된다면 에너지 소비가 50% 증가할 전망이다. 한편 인구증가는 최빈국인 49개 국가에서 가장 빠른 속도로 진행되고, 인구증가의 반 이상이 인도, 방글라데시, 탄자니아, 중국 등의 8개 후진국에서 일어날 것이다. 이 지역은 필수적인 소비가 증가하는 추세이기 때문에 에너지 소비가 지속적으로 증가할 것이다.

셋째는 경제성장과 소비증가 추세이다. 경제가 성장하면 소비도 증가하고, 따라서 화석에너지 소비도 증가하여 온실가스 배출도 증가할 것이다. 비교적 높은 경제성장은 주로 중진국 및 후진국에서 일어났다. 한국, 브라질 등의 중진국가와 중국, 인도, 인도네시아, 네팔, 오만, 튀니지 등에서 경제성장이 이루어졌다. 물론 후진국들의 성장률은 매우 격차가 심해서 경제 및 사회수준이 개선되지 않은 곳도 많다. 1990년대에 선진국과의 격차를 줄이고 접근하는 국가(수렴국가)들이 크게 늘어났다. 수렴국가들은 1990년대 선진국의 평균 경제성장률의 2배 이상을 달성한 국가들을 말한다. 빈국들의 숫자두 55개국에서 25개국으로 크게 줄었다. 3장에서 보았듯이, 후진국 및 중진국들의 비교적 높은 경제성장은 화석에너지 소비를 증대시키고 온실가스 배출도 급속히 증가시킬 것이다. 1990~2010년 20년 동안 유럽연합의 27개 국가에서는 이산화탄소 배출량이 7% 감소하였으나, 중국, 인도, 인도네시아의 배출량은 약 2배 또는 그 이상으로 증가하였고, 태국 및 대만 등의 배출량도 100% 이상 증가하였다(표 2 참조). 세계에너지기구(IEA)의 2010년 「에너지 소비 미래전망 관련 보고서」에 의하면 매년 1.2% 정도의 1차 에너지 소비가 증가할 경우 2035년에는 2008년보다 1차 에너지 소비가 36%가 높아진다. 이 소비증가의 93%가 비OECD 국가(중진국 및 후진국)에서 발생될 것이라고 예측했다. 국가로 보면 중국이 수요증가분의 36% 정도를 기여하고, 인도가 18% 정도인 것은 놀랄 일이 아닌 것이다.[11] 한편 글로벌에너지평가기구(GEA, 2011)는 2050년도에는 2010년의 2배 이상의 에너지를 소비할 것으로 예측한다.[12] 전 세계의 미래 에너지 사용량 예측조사를 보면 앞으로도 크게 개선될 기미가 없다. OECD/IEA의 「World Energy Outlook 2012」에 따르면 1980~2004년 에너지 수요는 연평균 1.8% 증가했는데, 2004~2030년에는 평균 1.6% 증가할 것으로 예상하였다. 석탄, 석유, 가스 등 화석연료의 소비는 54% 증가할 예정이다.[13]

인구증가, 경제성장을 동반하는 소비수준의 증가 및 식습관의 변화는 식량 수요를 급속히 증대시키고 있어, 2050년까지 적어도 50% 이상의 식량 수요증대가 예상되고 있다. 이러한 식량 생산증대를 위해서 물도 2배 이상, 비료도 3배 이상이 투입되어야 하기 때문에 관

---

11) WBGU, 2011 참조.

12) Global Energy Assessment, 2011 참조.

13) OECD/IEA, *World Energy Outlook 2012*, 2006.

련 생태계와 생물다양성은 상당한 스트레스를 더 받게 될 것이다.

이상의 세 가지 주요한 장래의 사회경제적 요인들은 지구적 차원의 적절한 대응이 없다면 에너지 사용의 증가와 생태계 자원의 과용을 초래할 것임에 틀림없다. 따라서 온실가스 배출의 증가와 생태계 자원에 더욱 부담을 가중시킬 것이고, 결과적으로 기후변화 위험 수준을 급속히 높일 것이다. BAU 시나리오대로라면 21세기 말에는 지금보다 기온이 5도 상승해 있을 것이다. 지난 50년간의 경제성장, 소비 및 에너지 사용 증가 그리고 생태계 능력의 감소라는 인과관계는 21세기에 대한 암울하고 부정적인 전망을 충분히 뒷받침하고 있다.[14]

5. 3. 기후변화 대응의 경제적 비용과 편익

기후변화의 현재 위험 수준과 암울한 전망은 우리의 시급한 대응을 요구하고 있다. 「스턴보고서」는 기후변화의 심각한 위험과 더불어 그 위험에 대응하는 방식이 다행히도 그리 어렵지 않다는 것 역시 설득력 있게 제시하고 있다. 동 보고서는 2050년까지 온실가스

---

14) 지난 50년간의 경제성장, 소비증대, 생태계 위험의 관계를 일견해보자. 인류의 소비 추세는 놀랄 만하다. 1998년의 사적, 공적지출은 24조 달러에 달한다. 이는 1950년의 6배, 1975년의 2배 수준이다. 지난 25년 동안 선진국의 소비는 매년 2.3%씩 증가한데 비하여, 아프리카에서는 오히려 20%가 감소하였다. 현재의 소비 추세는 선·후진국 간 매우 불평등하다. 이 소비 추세는 환경에도 심각한 영향을 미치고 있다. 예를 들어 물의 소비는 1960년에 비해 두 배에 달하고 있고 화석연료의 사용은 지난 50년 동안 다섯 배에 달하고, 목재의 소비는 지난 25년 동안 40%가 증가했다. 어획량의 감소, 야생종의 멸종, 물 공급의 감소, 산림 지역의 축소도 환경문제를 악화시키고 있다. 이렇듯 불공정하면서도, 한편으로는 과도한 소비는 자연 자원을 고갈시킬 뿐만 아니라 쓰레기와 유해 물질의 방출로 인해 생태계 서비스의 질을 저하시키고 있다. 앤서니 기든스, 『현대 사회학』, 을유문화사, 2006, 637쪽 참조.

농도를 450~550ppm CO_2eq의 범위에서 안정화시키는 가능성과 비용을 전제로 했을 때, 450~550ppm CO_2e 수준의 저탄소 경제로의 전환[15] 비용은 세계 GDP의 1% 정도 수준에 머무른다고 예측했다. 하지만 이를 방치할 경우 기후변화로 인한 피해비용은 세계 GDP의 5~20%에 이르게 될 것이라고 추정했다. 이는 1930년대 대공황에 맞먹는 경제적 파탄을 가져올 수 있는 것이라고 진단했다. 어마어마한 충격이 될 것이다. 지구온난화로 인한 기아와 해수면 상승, 태풍 등 기후재난이 야기하는 손실은 21세기 중 9조 6천억 달러에 이를 것이라고 추정하였다. 이미 1950년대 이후 자연재해 및 기후변화에 의한 대재난들이 건수나 피해액 면에서 급증하고 있는 점을 독일 뮌헨의 보험회사인 'Munich Re'의 「자연재해서비스(NatCatService)」 보고서가 잘 보여주고 있다.[16] 스턴 보고서는 기후안정화를 위한 긴급한 투자의 편익이 그 비용에 비해 훨씬 크다는 것도 밝혔다. 즉 대응투자가 빠르면 빠를수록 그 비용은 줄어드는 반면에, 편익은 증가

---

15) 여기서 '저탄소 경제로의 이행'의 의미는 450~550ppm CO_2eq 수준으로의 안정화를 뜻한다. 550ppm 수준에서의 안정화를 위해서는, 전 지구적 배출량은 향후 10~20년 이후에 피크에 도달한 뒤 연간 1~3% 이상 감소하고, 2050년까지 2000년도 수준보다 25% 감축되어야 달성될 수 있다. 물론 450ppm 수준에서의 안정화를 위해서는 2050년까지 70% 감축을 이루어야 한다. 이를 배출량이 감축되는 '저탄소 경제로의 이행'으로 이해할 수 있다. 「스턴보고서」 요약본의 11쪽 이하 참조.

16) 1950년 이후 규모가 큰 자연재해의 피해는 기후변화로 인해 그 정도가 급증하고 있는데, 1950년대의 경우에 21건으로 경제적 손실은 48억 달러에 불과했으나, 그 피해규모가 지속적으로 급증하는 추세이며 1990년대에는 91건으로 급증하였고, 피해액도 무려 728억 달러에 달하였다. 독일 뮌헨에 본부를 두고 있는 보험회사가 정의하는 '대규모 자연 재해' 약관에는 광범위한 지역 규모나 초국가적 규모의 지원이 필요한 경우, 수천 명이 사망한 경우, 십만 명 이상이 주거지를 잃을 것 경우, 심대한 경제적 손실이 발생했을 경우 등이 해당된다. UN의 기준에 따라서 이 보험회사가 규정한 정의이다. Müchener Rükversicherungs-Gesellschaft, "Geo Risks Research", NatCatSERVICE, 2011년 참조.

한다. 시급히 기후변화 완화 및 적응대책을 강구하지 않으면 그 피해는 급증할 것이며, 적응대책으로 방지를 한다면, 거기에 투자되는 비용보다 편익이(즉 예상되는 피해규모의 축소) 훨씬 크다.[17) 18)]

이러한 긴급 사안에 인류는 얼마나 귀를 기울이고 있는가? 몇 가지 통계자료는 '인류가 이런 처방을 무시하고 있다'는 사실을 분명히 말해주고 있다. 그림 4와 표 2에서 보았듯이 1990~2010년 20년 동안의 이산화탄소 배출량이 연평균 1.9%씩 감소는 커녕, 계속 증가하였다.[19)] 표 2에 의하면 한국은 지난 20년간 이산화탄소 배출량이 134% 증가하여, 증가 속도가 중국(257%), 인도(180%)에 이어 매우 빠르고, 2010년도 1인당 이산화탄소 배출량도 호주, 미국, 캐나

---

17) 「스턴보고서」의 명쾌하면서도 단순한 결론이 바로 이것이다: "강력한, 조기 행동의 편익이 비용을 상당히 능가한다. (…) 효과적인 행동을 빨리 취할수록, 비용은 적게 든다. (…) 오늘날 우리가 저감을 적게 할수록, 미래에 계속 적응하는 것은 더욱 어려워진다." 요약본 2쪽 참조.

18) 채여라, 「우리나라 기후변화의 경제학적 분석」, 2011년 7월 참조. 동 연구에 따르면 한국의 경우 기후변화에 대해 아무런 행동을 취하지 않을 경우 2100년도에는 섭씨 4도 이상의 기온상승이 전망되고, 이에 따른 연도별 경제적 피해는 2100년에는 GDP의 약 3%에 달하며 2100년도까지 누적 피해비용은 약 2,800조 원으로 추정하였다. 산림, 연안, 수자원, 식량, 건강 등의 부문별 피해를 합산한 결과이다. 물론 경제적 피해비용은 선진국들의 평가방법보다는 보수적이어서 더 늘어날 확률이 크다. 동 연구에 의하면, 단지 약 300조 원 투자비용을 들여 적응조치만 하더라도 누적 피해비용을 800조 원 이상 감소시킬 수 있다고 한다. 그리고 적응정책의 실행 시기가 빠를수록 비용대비 피해 감소 효과가 크다는 잠정적 결론도 도출하고 있다.

19) '세계경제포럼(World Economic Forum)'에서 매년 발표하는 보고서 「글로벌 리스크」의 순위를 보면 기후변화 완화와 적응에 실패하고 있다는 사실이 매년 높은 순위로(4~5위) 보고되고 있다. 수자원 공급 위기는 3위를 차지한다. www.weforum.org 참조. 참고로 2008년 이후 세계 금융위기를 반영하여 선진국의 재정위기, 심각한 소득불균등, 구조적 실업문제 등의 경제위기가 가장 높은 순위로 보고되고 있다. Global Risks 2013, 2014년 참조.

다, 사우디에 이어서 세계 5위를 차지했다.[20]

글상자 2. 기후변화 완화와 적응

기후변화 영향이란 자연생태계와 인간사회에 기후변화가 초래한 결과이다. 이에 대응하는 방식은 크게 기후변화 완화와 적응으로 대별할 수 있다. 기후변화 완화는 기후변화 영향을 감소 내지 감축시키는 것을 주된 내용으로 하고 있으며 온실가스 배출의 감축 노력이 그 대표적인 방식이다. 기후변화에 대한 적응은 현재 나타나고 있거나 미래에 나타날 것으로 보이는 기후변화의 파급효과와 영향에 대해 인위적 시스템의 조작을 통해 피해를 완화시키거나, 더 나아가 유익한 기회로 촉진시키는 활동으로 정의할 수 있다.

기후변화의 영향에 대한 평가는 매우 다양하고, 복잡하고, 다층적이다. 분석의 규모, 대상, 부문, 기준, 지역과 시기, 기법에 따라 매우 상이하게 나타난다. 기후영향 자체가 상당히 불확실하고, 다양하게 나타날 뿐만 아니라 그 영향을 받는 생태계도 서로 상호작용을 하기 때문에 종합적으로 평가가 이루어져야 하기 때문이다. 따라서 부분별 지식과 종합적 지식을 요구하기 때문에 다양한 학문의 학제 간 분석을 통해야만 할 것이다. 분석 도구로서 여러 지표개발이 필요하며, 비용-편익분석(Cost-Benefit Analysis, CBA), 일반균형모델

---

20) 유럽위원회 공동연구센터와 네덜란드 환경영향평가청, 2011, "지구 이산화탄소 배출의 장기 경향" 참고. 표 6에 나타난 「2005 환경지속성지수」의 평가에 따르면 인도가 세계 101위, 한국이 122위, 중국이 133위로 등수가 매우 낮게 매겨져 있는데, 이는 3개 국가의 환경지속성을 무시한 행위에 따른 당연한 결과라고 할 수 있겠다.

(GEM) 등의 수단이 사용되고 있다. 이러한 기본적 수단을 통해 여러 가지 지표, 지수들도 활용되는데 OECD(1998)의 "지속발전환경지수"를 활용한 '압력, 상태, 반응(PSR)' 모형도 있다.

각각의 부분 생태계의 복원방식에 관하여는 앞서 언급하였다. 생물다양성, 생태계의 구조와 기능을 고려하고 자연의 회복력에 기초하여 생태계의 균형과 생산성을 복원시켜야 한다. 재해를 막기 위한 물리적 재해 방지 노력도 해야 할 것이다. 자연생태계 복원을 통한 적응과 함께 사회의 취약한 구조와 기능을 보강할 대응책 또한 필요하다. 이를 위해 법·제도 신설 및 정비, 재정 및 기술지원, 재해방지 체계 구축 등이 요구된다.

기후변화 영향의 완화와 적응을 통해 궁극적으로 생태계가 복원되고, 동시에 안전하고 지속가능한 사회로 전환하게 될 것이다.

5. 4. 위험과 새로운 사회계약의 필요성

인류는 동일한 전 지구적 도전에 직면하고 있고, (…) 모든 국가는 각 국가의 방식으로, 그러나 전 지구적 공동선의 정신으로 변화를 필요로 하고 있다는 점이 공통적이며 보편적이다. (…) 인류보편성은 지속가능한 발전을 위한 새로운 글로벌 협력을 구현시키며, (…) 기후변화 대응과 지속가능한 발전의 촉진은 동전의 상호강화의 양면이다 이 목적을 달성하기 위하여 모든 사람은 새로운 전화을 요구하고 보편적인 2015 이후의 지속가능한 발전 의제를 요구하고 있다.

—2015 이후 지속가능한 발전목표에 관한

유엔사무총장 종합보고서

위험은 시간이 지날수록 증폭될 것이다. 인류 사회는 환경적인 측면에서나 사회경제적인 측면에서나 심각하고도 복합적인 위기에 처해 있다. 우리의 삶의 방식은 더 이상 지속가능하지 않다. 앞으로 한계점에 다다를 것이다. 더 위험해질 것이다. 이 위험은 우리에게 시급한 대응, 즉 새로운 윤리와 새로운 사회적 계약을 요구한다. 새로운 윤리는 인류와 환경 간에, 그리고 우리 사람들 사이의 새로운 사회적 계약을 정의하는 데 도움을 준다. '우리는 이 지구 위에서 어떻게 살아가고 싶은가? 우리는 어떤 종류의 세계를 원하는가? 미래 세대와 현세대를 위해 우리는 어떻게 해야 하는가?' 미래의 모습은 이들 질문에 대한 해답과 이를 어떻게 실천하는가가 달려 있다. 이러한 질문은 우리 모두에게 새로운 삶의 양식을 요구하고 있다. 다른 말로 하자면, 우리의 삶의 내용, 방식, 원칙을 새롭게 규율하는 새로운 사회적 계약을 맺는 것이다. 그것도 전 지구적 차원에서 말이다.

봉건 중세시대가 전 유럽에서 붕괴되고 새로운 근대 사회가 도래하던 18세기 중엽, 프랑스의 철학자 장 자크 루소는 이 거대한 변혁을 목도하면서 불후의 명저 『사회계약론』에서 새로운 근대사회에서의 인류의 삶의 새로운 내용과 방식을 제시하였다. 인간의 자유, 평등, 재산과 안전이 보장되고 실현될 수 있는 근대적 민주주의 사회로의 전환, 즉 새로운 사회계약의 필요성을 역설한 것이다. 21세기 초인 오늘날 곳곳에서 새로운 사회계약의 필요성이 다시금 강력하게 제기되고 있다. 급속히 지구화가 전개되고 모든 영역에서 탈전통 사회로 전환되며, 모든 것이 불확실하게 됨으로써 기존의 이념이나 제도들을 새롭게 성찰할 필요성이 증대하는 현상을 목도하면서 다수의 학자들이 '탈근대사회', '후기 근대사회', '글로벌 위험사회', '위험사회' 등의 개념으로 시대의 변화를 규정하고 있다. 차이가 있지만, 모두 다시금 새로운 사회계약의 필요성을 제기하고 있다.[21]

상이하고 다양한 진단에도 불구하고 그 필요성이 제기된 새로운 사회계약의 중심에는 바로 가공할 위험에 대한 통찰이 자리 잡고 있다. 인간의 이성과 지식에 기초한 자연에 대한 개입이 심대한 기후변화의 충격을 발생시킨 것을—물론 의도하지는 않았지만—인식하게 된 것이다. 인간과 자연 간의 상호관계가 더 이상 지속가능하지 않을 정도로 위험하게 된 것은 자연과학뿐만 아니라 사회과학(정치학, 사회학, 경제학, 철학, 윤리학 등) 등 모든 분야에 긴급한 과제를 던져주고 있다. 'CO_2의 대기 중 농도는 어느 정도까지 허용될 수 있는가?', '생태계의 자원을 보전하면서 어떻게 생산, 소비를 해야 하는가?', '미래세대를 위한 지속가능한 발전은 어떤 방식으로 이뤄져야 하는가?', '전 지구적 차원에서 선진국과 후진국은 어떻게 책임과 역할을 분담해야 적절한 것인가?', '기후변화 대응의 비용은 누가, 얼마만큼 부담하는가?', '양성 간의 협약은 어떤 모습이 되어야 하는가?' 등 모든 영역을 포괄하는 해결책을 기다리고 있다. 또한 전 지구적 사회주체들이 모두 참여함으로써 해답을 찾아야 하는 것이기 때문에 새로운 과제이자 난제이다. 이것이 진정 우리에게 닥친 급박한 도전

---

21) 아르민 퐁스, 윤도현 역, 『당신은 어떤 세계에 살고 있는가?』, 2003.

이다.[22] 이 도전에 대한 응전으로 무엇보다 아래의 요소들이 우리가 맺어야 할 새로운 사회계약의 기본방향, 목표, 그리고 내용을 말해주고 있다.[23]

기본 방향은 생태적 전환을 통한 자연과 사회의 지속가능한 발전이다. 기본 목표는 손상된 생태계의 정상적 복원이며, 자연과 사회의 조화로운 공존이다. 동시에 미래세대에게 복원된 자연과 지속가능한 사회를 물려주는 것이다. 기본 내용과 방식은 이러한 방향과 목표를 이룰 수 있도록 각 주체가 각각의 영역에서 다양한 차원으로 글로벌 신사회계약을 맺는 것이다. 마치 민주주의라는 목표를 달성하기 위해서는 정치영역뿐 아니라 경제, 사회 및 남녀 간에도 구현될 수 있도록 모든 영역에서 신사회계약을 맺어야 하는 것처럼.

5.5. 자연 생태계의 부양 한계점과 인류 운신의 폭

이제 우리는 지속가능한 발전을 위해 새로운 사회계약을 전 지구적으로 맺어야 할 필요성을 통찰하게 되었다. 과연 그렇다면 사회계약의 구체적인 대상과 계량화된 기준은 있는 것인가? 이미 공감대를 넘어서서 약속된 기준도 제시되고 있다. 일부 학자들과 정치지도자들은 지구평균온도 상승 폭 '2도'를 넘어서는 안 될 한계선으로 제시하고 있다. 이 레드 라인을 지키기 위해서는 인류 공동의 행동

---

22) 2009년 코펜하겐에서 유엔기후변화회의 의장인 Connie Hedegaard는 "코펜하겐 협약은 우리의 최종시한입니다. 시간이 없습니다. 우리의 책임을 실행합시다."라고 당부하였다. 〈조선일보〉, 2009년 12월 5일 자.
23) '글로벌기후변화에관한연방독일정부자문위원회(WBGU)'는 2011년 연보 「전환하고 있는 세계. 하나의 대전환을 위한 사회계약」을 발간하였다. 동 위원회도 "하나의 새로운 글로벌 사회계약"이라는 개념을 사용하고 있다.

과 규범이 요구된다. '2도' 한계선을 넘지 않기 위해서 전 지구적으로 허용된 이산화탄소 배출량이 이미 계산되어 우리 앞에 놓여 있기 때문이다. 각각의 생태계 자원의 사용과 보전에 관해서도 허용 한도가 이미 과학적으로 제시되었다.[24]

앞선 4.4절에서는 지구 생태계의 양적, 질적 능력이 심각하게 손상되어 생명 부양의 능력이 매우 떨어져 있고, 위험에 처해 있다는 사실을 다뤘다. 즉 지구 생태계의 부양능력의 한계점이 존재한다는 사실에 직면하였다. 과학자들은 여러 형태의 한계점을 여러 방식으로 제시하기에 이르렀다. 대표적인 학자인 록스트로엠은 "지구 생태계의 한계(임계치)들"[25]이라는 개념을 제시하였다. 이 개념은 지구체

---

24) 다양한 학자들과 정치지도자들은 과학적이면서도 바람직한 기준을 제시하고 있다. 하지만 엄밀하게 과학적이고 객관적인 기준으로 누구나 따라야 할 규범으로 제시되고 있는 것은 아니다. 또한 이러한 한계점은 기후변화와 관련된 다양한 (미래)요소들의 변동이나 결과들에 따라서 수정될 여지도 적지 않다. 하지만 대체로 인류에게 허용된 이산화탄소 배출량 수치나 '2도 상승' 이내로 지구 평균기온의 상승을 억제하자는 기준은 우리가 일정 정도의 행동규범을 받아들이는 데(구체적인 신사회계약을 맺는 데) 상당히 유의미하고 타당한 근거라고 할 수 있다.

25) Rockstroem 외, 2009, 472쪽 이하 참조. 그와 함께 많은 학자들은 지구체계 과정과 한계점을 규정하고자 노력하여 아홉 개 차원의 한계점을 제안하였다. 기후변화, 생물다양성 상실, 질소·인 순환체계의 장애, 오존층 붕괴, 해양의 산성화, 글로벌 담수 이용량, 토지 이용 변화, 생화학적 오염, 대기 에어로졸 축적이 그 아홉 개 차원이다. 이러한 한계들을 정량화하여 수치로써 제시한 것은 최초의 새로운 접근 방식으로 매우 큰 함의가 있다. 우리의 실천과 행동반경을 과학적으로 제시해주기 때문이다. 이 수치들은 보수적인 접근으로 제시되었는데, 불확실성이 크기 때문이다. 예를 들면 기후변화의 한계점을 이산화탄소 농도 350ppmv로 제시하는데, 이 범위 내에서 지구 평균기온 2도 상승까지 억제할 수 있다고 평가하기 때문이다. 이들 학자들의 평가에 의하면 이산화탄소 농도가 550ppmv에(산업혁명 이전의 2배) 달하면 지구 평균온도는 약 3도 상승하고(불확실성을 포함하면 2~4.5도) 여기에 장기적인 강화성 되먹임 과정을 포함하면 6도까지(불확실성을 포함하면 4~8도)

계가 인간을 위해 안전하게 작동될 수 있는 영역을 의미하여 지구의 생물-물리적 하부체계 및 과정과 연관되어 있다. 그의 '2도 상승 억제' 제안은 국제 정치협상이나 환경정책 결정과정에서도 받아들여지게 된다.

IPCC 4차 보고서에 따르면 지구평균기온이 2100년까지 최고 6.4도 상승할 수 있고, 그 결과는 전 생물이 멸종하는 위험을 가져올 수 있다.[26] 기후변화 협상의 기초 자료를 제공하는 IPCC는 2007년 발표한 「기후변화 평가보고서」에서 지구 온도가 산업화 이전 대비 2도 이내에서 억제되기 위해서는 이산화탄소 농도를 450ppm 이내로 유지해야 하는데, 이를 위해서는 전 세계 온실가스 배출량이 늦어도 2015년에는 최고치(정점)를 기록한 뒤 감소하기 시작해 2050년까지는 1990년 대비 85%까지 줄어들어야 한다고 밝힌 바 있다.

WBGU 역시 우리가 한계점을 설정하고 지키지 않으면 매우 중대한 위험이 닥칠 수 있다고 경고하면서, 준수해야 할 한계점, 넘어서서는 안 되는 수준을 제시하기에 이른다. 이것은 계량적인 피해 한계선으로 규정할 수 있는데, 이 선을 넘을 경우 장래에 용인할 수 없는 수준의 피해를 초래하고, 그 어떤 이익도 (설사 타 분야에서 발생한다면) 이 피해를 상쇄할 수 없는 결과를 초래할 것이다. 또한 이 한계점을 넘어설 경우에는 전 지구적 환경변화가 인류문명에 돌이킬 수 없는 위험을 가져올 것으로 간주된다.[27] WBGU에서도 2100년까지

상승할 수 있다고 본다. 이들의 평가에 의하면 아홉 개 한계점 중에 앞에 나열한 세 가지는 그 한계치를 넘어섰다고 한다. 해양의 산성화 수준도 거의 한계점에 도달하고 있으며, 인의 해양 유입량 수준도 위험 수위에 다다랐다고 평가한다.

26) 2013년에 발표된 5차 보고서에 따르면 3.7도까지 상승할 것이라고 다소 하향 예측하였다.

27) 하지만 이 한계점을 준수한다고 하더라도 환경적 피해나 사회경제적 재난이 없어

"2도" 상승을 한계점으로 제시하고 있다.

　과학자들의 이러한 경고와 계량적 한계선들을 정치가와 정책결정자들이 받아들이기 시작하였다. 기후변화, 곧 지구온난화의 영향이 심대하다는 인식을 공유하고 세계는 일찌감치 이산화탄소 및 온실가스 감축을 국제협력체제의 중심에 두었다. 하지만 전 세계 온실가스 감축 방안을 모색하기 위한 15차 유엔기후변화협약(United Nations Framework Convention on Climate Change, UNFCCC) 당사국 총회가 2009년 코펜하겐에서 열린 후에야, 비로소 대부분의 국가는 지구의 평균 기온 상승폭을 산업화 이전 대비 2도 이내로 제한하기로 하였다(반대국도 있어 총회에서 승인된 것은 아니었다). 이에 따라 2010년 말까지 법적 구속력이 있는 전 세계적 온실가스 감축안을 마련하기로 했다. 16차 유엔기후변화협약(UNFCCC) 당사국 총회는 2010년 12월 멕시코 칸쿤에서 열렸는데, 이때 지구 평균온도 상승폭을 '산업화 이전 대비 섭씨 2도 이내'로 제한하기로 비로소 합의했다. 지구 평균온도가 그 이상 올라가면 기후변화가 매우 심각한 단계로 접어들게 된다는 과학자들의 경고를 받아들인 것이다. 지구의 평균온도는 산업화 이전에 비해 이미 섭씨 0.8도 상승한 상태다. 따라서 국제사회는 세기말까지 지구 온도 추가 상승을 1.2도 이내로 억제하는 데 성공해야 한다. 선진국은 향후 10년 안에 온실가스 배출량을

진다는 의미는 아니다. 왜냐하면 모든 한계점을 다 고려할 수 없기 때문이다. 더욱이 전 지구적 환경변화에 대한 우리의 지식은 제한적이고 오판도 충분히 가능하다. 이런 의미에서 한계점의 준수는 지속가능한 발전을 위해 필수적이지만 충분조건은 아니다. 또한 이는 엄격한 한계선을 의미하지는 않는다. 한계점은 때에 따라 적시에 변경될 수 있어야 한다. 그래도 한계점을 제시하고 준수하는 것은 유용한 방향, 그리고 인류가 공통으로 따라야 될 행동규범을 제시하는 이점이 있다. WBGU, 2011, 34쪽 참조.

1990년 대비 25~40% 감축해야 한다는 과학자들의 권고 또한 주목 (recognize)되었다. 20년간 이어져온 국제 기후변화 협상에서 가장 오래 미뤄졌던 숙제인 '지구 온도 상승을 어느 선에서 억제할 것인가'에 대한 협정이 겨우 이루어졌다. 온도 상승의 영향은 나라마다 다르고, 억제 목표를 어디에 설정하느냐에 따라 부담해야 될 비용도 각 나라마다 달라지기 때문이다. 국제사회가 1992년 기후변화협약과 1997년 교토의정서 채택을 통해 온실가스 감축 프로그램을 출발시키고도, 주요한 목표치인 '2도' 상승 억제선을 2010년에야 겨우 설정할 수 있었던 것은 이런 사정과 무관하지 않다.

그 외에 다양한 지구 생태계의 부양한계점이 과학자들에 의해서 제시되었다. 2100년도까지 지구 평균온도 상승을 2도 이내로 억제하기 위한 이산화탄소 배출 허용량은 750Gt만이 남았다. 즉 대기가 앞으로 이산화탄소를 흡수할 수 있는 최대 한계치는 7500억 톤이다. 마인슈하우젠(Meinshausen, 2009)에 의하면 지구온난화를 2도 상승 내로 억제하려면 2000~2050년 인간의 활동으로 인한 이산화탄소 배출량은 1,160Gt으로 제한되어야 한다. 그런데 2000~2010년 동안 화석연료 사용 등으로 이미 314Gt, 그리고 벌목 등의 토지사용 변경으로 인해 45Gt의 CO_2를 배출하였다. 즉 인류가 2050년까지 사용할 수 있는 CO_2(배출)예산은 800Gt 정도만 남아 있다. 2050년까지 벌목 등을 제한하여 토지사용으로 인한 이산화탄소 배출량을 50Gt으로 줄이는데 성공하면, 약 750Gt CO_2가 남아 있는 것이다. 이를 위해서 2011년, 2015년, 2020년을 이산화탄소 배출량의 정점(peak) 년도로 해서 이산화탄소 배출량을 줄일 경우 각각 연평균 3.7%, 5.3%, 9.0% 씩 감축하여야 한다. 이 시나리오가 실현이 되면 2050년 경에는 이산화탄소를 거의 배출하지 않게 된다. 2011년부터 곧바로

시작해도 매우 어려운 실천이 될 것이다.[28]

WBGU는 해양산성화의 임계치도 제시하고 있다. 해양산성화의 주범 역시 이산화탄소이다. 대기 중에 배출된 이산화탄소량이 증가할수록 해양은 더 많은 양의 이산화탄소를 흡수하여 해양의 산성화 정도가 더 심하게 진행되는 것이다. 따라서 해양의 산성화 수준은 이산화탄소 배출제한에 직접적으로 연계되어 있지만 해양생태계의 고유한 재생산원리에 기준하여 산성화의 허용 수준이 결정된다. 해양의 수소 이온 농도는 산업화 이전의 pH 8.25에서 8.14로 0.11 감소하였다. 산성화 정도가 30% 증가한 셈이다. 그리고 그 속도 또한 수백 배나 빨리 진행되고 있다. WBGU는 산호초 및 생물 멸종을 가져오는 해양의 산성화의 한계점을 pH지수 8.05로 설정하였다. 록스트로엠 역시 비슷한 논리에 근거하여 갑각류의 뼈를 생성하는 아라고나이트(Aragonite)가 적어도 산업혁명 이전의 80% 수준까지는 되어야 한다고 제시하였다.[29]

또한 생태계 능력의 하나인 생물 다양성의 보호를 위해서 WBGU는 해양생태계의 20~30% 정도, 육상생태계의 10~20%를 보호구역으로 지정해야 한다고 권고하였다. 록스트로엠은 생물의 자연적인 멸종 수준보다 10배 정도의 멸종 수준을 한계점으로 제시하고 있는데, 이 한계점을 넘어서면 대멸종의 위험이 도래할 수 있다고 경고하고 있다. 하지만 현재 이미 100~1,000배 수준으로 생물 멸종이 급속히 진행되고 있다. IPCC는 평균기온이 2도 상승하면 생물종의 20~30%가 사라질 것이라고 이미 경고하였다.[30]

---

28) WBGU, 2011, 40쪽 참조.
29) 앞의 책, 41~42쪽 참조.
30) 앞의 책, 42쪽 참조.

물의 사용에도 한계점이 설정된다. 인구 및 소비수준의 증가로 물의 수요가 폭발적으로 늘어나고 과잉사용, 오염 등으로 물 부족은 갈수록 심화될 것이다. 게다가 기후변화는 물 관리를 더욱 어렵게 한다. 록스트로엠은 연간 4,000km³를 담수 사용의 한계선으로 설정하였다(2011년도에는 2,600km³ 사용했지만, 이 한계선은 2050년이면 충분히 도달될 것이라고 한다).[31]

농토 사용면적의 제한도 제시되었다. 토양은 인류에게 수많은 편익을 제공하는 생태계 자원이다. 그런데 산림벌목, 도시화, 반환경 농법, 토지 염분화 등으로 토양침식과 사막화가 매년 급속히 전개되고 있어서 토지의 사용 및 방식에 제한이 필요하게 되었다. 이에 록스트로엠은 육상토지의 15% 이내만 농경지로 사용하도록 권고하였다(2011년도에는 12% 정도를 사용하였다). WBGU는 앞으로 300~500년 동안 토지의 생산력을 현재 수준으로 안정화시키는 것을 제안하였다.[32]

록스트로엠은 '지구 생태계 부양 한계점'을 제시하면서 인간의 행위가 이 한계점들을 넘지 않을 때에만 비로소 장기적인 사회적, 경제적 발전을 하는 자유를 누릴 수 있다고 역설하였다.[33]

31) WBGU, 2011, 44~45쪽 참조.
32) 앞의 책, 41~42쪽 참조.
33) Rockstroem 외, 2009, 475쪽 참조.

제2부

새로운 사회계약과 지속가능한 발전

새로운 사회계약

제1부의 논의를 거치면서 우리는 기존의 사회발전 양식과 경로는 더 이상 지속가능하지 않다는 결론에 다다랐다. 그리고 기후변화로 인한 위험의 수준과 자연 생태계의 부양 한계점도 알게 되었다. 이러한 위험사회는 전환되어야 하며 새롭게 구성되어야 한다. 인류의 행동 및 운신의 폭도—우리의 욕망과 의지와 독립하여—일정 범위와 수준으로 주어지고 있다. 이 한계를 넘어서지 않기 위해서는 우리는 새로운 규범과 행동원칙을 마련해야 한다.

제2부에서는 새로운 사회계약을 통한 새롭고 지속가능한 발전양식을 제시하고자 한다. 2부 6장에서는 우선 '생태적 전환을 통한 지속가능한 발전의 내용, 방식, 원칙들은 무엇을 담고 있어야 할까?'라는 물음을 던진다. 즉 새로운 사회계약의 구성에 관한 질문이다. 이 기본질문에 대한 답은 우선 이러한 위험사회를 초래한 근원에 대한 성찰을 통해 얻을 수 있을 것이다.

6. 1. 위험의 근원에 대한 성찰

인간은 근대적 산업화를 시작으로 자연에 과도하고 무분별하게 개입하였다. 생태계를 오염시키고 손상시켰으며 그 결과 생태계의 균형을 깨트렸다. 이것이 기후변화를 초래하였다. 기후변화는 우리가 생각하는 것보다 심각하고 또한 급속히 진행되고 있다. 그리고 우리는 위험의 끝자락에 다가가고 있다는 '불편한 진실'[1]을 알게 되었다. 독일의 사회학자 울리히 벡(Ulrich Beck)은 '세계위험사회(Weltrisikogesellschaft)'라는 개념을 제시하였는데, 이는 '문명의 자기 파괴 잠재력'이 형성되고 있음을 이해하게 해주는 단초가 되었다. 그 위험한 잠재력은 인간존재를 위협하고 다양한 생명종들을 종말로 향하게 만들고 있다. 근대화에 의한 계속된 위험의 생산으로 공기는 오염되고, 물은 정화되지 않으며, 토양과 바다는 산성화되고 있다. 방사능을 함유하고 있는 구름은 국경선에서 멈추지 않았고 전 세계를 위험공동체로 묶어버렸다.[2] 환경위기와 위험은 그 발생과 영향권이 본질적으로 전 지구적이다. 조용히, 그러나 계속 진행되고 있는 위험도 많다. 아마존 열대우림의 붕괴처럼.

이 위험은 자연에 대한 인간의 개입에 의해서 발생된 인위적(제조된) 위험이다. '어떤 인식으로, 어떤 태도로, 어떤 과학·기술로 자연에 대해 접근하고 개입하느냐'가 인간과 자연 간의 상호관계의 결과를 결정하는 주요 요인이 된다. 대표적인 상호관계가 인간의 노동을

---

1) 〈불편한 진실〉은 손상되고 있는 환경이 불러오는 위험과 위기에 대해 경고하고 있는 2006년 다큐멘터리 영화이다. 앨 고어 미 부통령이 직접 출연하여 세계적으로 큰 반향을 일으켰고, 그는 2007년 IPCC와 함께 노벨평화상을 공동수상했다.
2) U. Beck, *Weltrisikogesellschaft*, 2007.

통해 자연자원을 가공하는 생산과정이고, 가공된 생산물을 소비하는 소비과정이다. 이 과정에서 자연자원은 다양한 서비스를 제공한다. 이렇게 생산된 생산물을 소비하는 활동으로 일단 한차례 순환이 끝나면 다시금 재생산과정을 거치는 것이다. 인간의 생산과 소비과정이 '자연스러운' 과정이었더라면 지금의 이 위험은 닥치지 않았을 것이다. 다른 생물들도 우리 인간과 같이 자연(생태계) 안에서 생산하고 소비하며 조화롭게 살아가고 있었기 때문이다. 무분별한 인간의 소비와 생산과정 안에 바로 이 위험이 내재되어 있는 것이다.[3]

이제 우리의 생산과 소비과정의 결함을 찾아보자.

첫째로, 많이 소비한 것이다. 필요한 것 이상으로 에너지와 자원을 과소비하였다.[4] 그 결과 자연자원(지하자원, 생물자원, 생태계자원)이 부족해지고, 손상되며 급기야는 고갈되기 시작한 것이다. 이 문제는 앞선 5장에서 언급했듯이 인구가 앞으로 더 증가하고, 경제성장이 계속되고, 개발도상국의 기초소비가 증가할수록 더욱 심각해질 것이다.

둘째로, 잘못 소비(오용)한 것이다. 생산과 소비과정에서 폐기물을 함부로(쉽고 무분별하게) 버린 것이다. 폐기물이 폭증하여 '쓰고 버리는 사회(throw-away societies)'라고 불릴 정도다. 대기뿐 아니라 생태계가 전반적으로 오염되고 서서히 붕괴되는 것이다.

---

3) UN의 공개 작업팀(Open Working Grop)은 지속가능한 생산, 소비 및 생활형태의 중요성을 12번째 발전목표로 제안하고 있다. Open Working Grop, "Sustainable Development Goals", 12항 참조.
4) 5장 주석 14에서 1950년대 이후의 급속한 소비 증가 추세와 환경오염 및 위험과의 관계에 대해 언급하였다.

셋째로, 과잉생산을 한 것이다. 과대한 수요에 상응하여 과잉개발을 하고, 자원을 무분별하게 남용하여 지나치게 생산하였다. 절대적으로 자원의 양이 고갈되고 있다. 아마존의 열대우림이 사라지고 있는 것이 이를 웅변적으로 말해준다.

넷째로, 생산을 빨리 하는 것이다. 필요 이상으로 무분별하게 '더 많이' 생산하는 것과 더불어 '더 빨리' 생산하는 것 또한 이 위험의 근원이다. 이 지점에 자본주의적 이윤확대의 논리가 개입된다. '값싸고, 질 좋은' 생산품을 '더 적은 비용으로, 더 많이' 생산하고 팔아서 이윤을 많이 실현하는 것이 자본의 논리일진대, '더 빨리'가 절대적인 수단이 되는 것이다. '더 빨리' 생산하는 것과 '더 많이' 생산하는 것은 동전의 양면인 셈이다. 바로 여기에 동력 및 에너지가 투입된다. 화석연료 에너지가 '더 빠른, 더 많은' 생산을 위해 과잉소비 되고 있는 것이다.[5] 화석에너지 소비로 인한 온실가스(폐기물) 배출은 '비용절감'이라는 자본논리와 병행하여 손쉽게 이뤄진 것이다. 이것은 전 지구적인 후불비용과 함께 위험으로 우리에게 돌아오고 있다.

다섯째로, 자연에 개입하는 인간의 인식과 태도에 결함이 있었다. 자연과의 상호작용 과정에서, 즉 생산과 소비과정에서 적용(사용)되는 인간의 지식과 과학·기술을 맹신한 점이 문제였다. 주로 우리의 관점과 욕구대로 '더 많이, 더 빨리, 더 적은 비용으로, 더 편리하게' 생산하고 소비하기 위한 대상(자원)으로만 자연을 취급했다. 즉 자연생태계 자체도 고유의 순환원리와 무수한 상호작용의 질서가 있다는 사실을 무시한 것이다. 우리는 자연을 인간과 상호작용하는 파트너로 취급하지 않았다. 인간 중심의 반생태적 인식과 태도였다.

---

5) E. Altvater, *Das Ende des Kapitalismus, wie wir ihn kennen*, 2007, 72쪽 이하 참조.

우리의 과학·기술에 의한 자연에의 개입이 자연생태계의 균형과 상호작용에 어떠한 영향(폐해)을 미칠 수 있는가에 대해서 고려하지 않은 점이 지금 소위 '자연의 반격'으로 돌아오는 것이다.

요약하자면, 과학·기술을 맹신한 인간의 질주하는 자연개발과 제어되지 않은 욕구의 충족을 위한 과소비는 결국 환경재앙이라고 일컬어지는 끝 모를 자연의 반격을 당하고 있다. 과소비와 잘못된 소비를 자초한 소비 만능주의가 환경재앙의 기원이다. 따라서 이것은 경제, 욕구, 환경의 문제를 넘어서서 윤리철학의 문제, 삶의 양식의 기본문제를 제기한다. 소비 만능주의는 곧 물질 만능주의이고, 그 뿌리는 생산성 만능주의이다. 더 많이, 더 빨리, 더 값싸게 생산함으로써 더 많이, 더 편리하게, 더 싸게 소비할 수 있기 때문이다. 그 결과 점차 우리는 일 중독자 및 소비 중독자로 만들어진다.[6] 일터에서의 기쁨이 사라지고, 생산성 향상과 소비 증대를 통해 행복과 복지수준이 측정되는 것이다. 이러한 위험의 근원을 극복하고자 앤서니 기든스는 친환경적 '탈 결핍사회'로의[7] 전환을, 팀 잭슨은 '성장 없는 복지'[8]를 새로운 대안으로 제시한 바가 있다.

---

6) 고든 레어드는 그의 책 『가격 파괴의 저주』에서 "값싼 물건에 대한 탐닉이 21세기 모든 위기의 근원"이라고까지 경고하였다.

7) 이는 위험하지 않고, 생산성(소비)중독에서 벗어나고, 만족할 만한 소비수준에서 머무르고, 환경을 보호하면서 후세에게도 이 이상의 상태를 물려줄 수 있도록 하는 완전히 새로운 경제구성을 의미한다. 기든스, 김현옥 역, 『좌파와 우파를 넘어서』, 한울, 1997 참조.

8) 잭슨은 지속가능하지 않은 삶과 사회의 위험에 직면하여, 그 근원으로 특히 '새로운 것에 대한 끝없는 소비·생산욕구'를 지목하고 있다. 친환경적이고 지속가능한 사회를 위해 삶과 사회의 구조적 전환을 촉구하면서, 특히 소박하고 단순한 삶의 가치를 존중하는 인식이 중요하다고 역설한다. T. Jackson, *Wohlstand ohne*

6. 2. 지속가능한 발전

경제성장 지상주의와 지속가능하지 않은 성장체제에 대한 대안적 경제사회체계의 형성에 크게 영향을 미친 담론은 무엇보다도 '지속가능한 발전'일 것이다. 이 담론은 여러 갈래로부터 생성되었다. '로마클럽 보고서'라고 알려진 1972년 출간된 「성장의 한계」에서는 무한정 경제성장의 한계를 지적하였다. '자연자원과 환경자원에는 한계가 있기 때문에 무한정 경제성장을 하기에는 제약이 있을 것'이라고 경고를 보냈다. 1972년 유엔인간환경회의(United Nations Conference on the Human Environment, UNCHE)에서는 '인간의 행위에 의해 자연환경이 여러 측면에서 훼손되었고, 그 수준이 위험한 수준에까지 이르렀다'는 점을 지적하면서 '인류의 경제 및 사회발전이 더 이상 가능하지 않음'을 천명하였다. 이에 자연환경의 보전을 고려하면서 발전을 할 수 있는 지속가능한 발전의 원칙과 필요성을 최초로 제시하였다. 그리고 1987년 브룬트란트 보고서에서 처음으로 "지속가능한 발전"의 개념이 정리되어 제시되었다. 그 후 지속가능한 발전의 개념, 내용 및 방식, 조건, 경로 등에 대한 다각도의 토론과 비판이 전개되면서 수정과 진화의 과정을 겪고 있다. 1992년 리우 세계정상회의에서 지속가능한 발전을 위한 정상들의 노력과 국제적 합의가 '의제 21(Agenda 21)'의 모습으로 최초로 도출되기도 하였고, 각 국가나 시민사회영역에서도 지속가능한 발전에 대한 다양한 경로 모색과 노력이 전개되고 있다. 시민사회의 '세계경제포럼'이나 영국의 '지속가능한 발전위원회'의 노력 등이 좋은 예이다. 최

Wachstum, 2011.

근 유엔은 2015~2030년까지의 시기를 '지속가능한 발전목표'의 기간으로 설정하기까지 하였다.

이 개념과 실현방식은 시대 상황에 상응하면서, 또한 스스로의 약점을 보완해 가면서 수정되고 있으며, 때로는 후퇴하면서, 앞으로 진화되고 있다. 이상과 현실 속에서 진행 중이지만 지속가능한 발전의 중심적인 핵심가치에는 환경보전, 경제적 성장 및 빈곤퇴치, 사회적 정의와 통합이 들어 있다. 그리고 세 가지 요소가 따로따로 분리되어 다루어지는 것이 아니라, 서로 용해되고 융합되어 균형을 이루면서 실행되어야 한다는 점이다. 다시 말하면, 환경을 손상시키지 않는 범위 안에서 사회적 정의와 평등한 기회를 보장하며 경제적 성장을 하는 포괄적 발전이, 인류의 기본적 필요를 충족시키며, 복지 및 행복을 증진시키며, 세대를 넘어서 현 세대뿐 아니라 미래세대에서도 지속가능하게 하면서, 동시에 글로벌 차원에서 추구되어야 하는 내용과 방식과 틀을 의미한다.

가장 대표적인 대안방식으로서 1987년 전 노르웨이 수상의 브룬트란트 보고서 「우리의 공동의 미래(Our common future)」[9]는 최초로 "지속가능한 발전"의 개념규정과 함의를 아래와 같이 적절하고 명백하게 제시하였다:

경제성장을 촉진시키기 위해 자원을 재활용하고, 동물의 다양성을 보존하고, 깨끗한 공기, 물, 토양 등을 유지하기 위한 노력으로 정

---

9) "Report of the World Commission on Environment and Development(WCED): Our Common Future", 1987. 노르웨이 수상 브룬트란트는 UN의 '세계 환경과 발전위원회, WCED'의 위원장으로서 1987년도에 동 보고서를 제출하고, 환경과 발전이 동시에 고려되는 지속가능한 발전이라는 개념을 처음으로 제시한다.

의되며, 장래 세대의 필요성을 충족시키는 가능성을 저해하지 않으면서 현재의 필요를 충족시키는 것으로 간주할 수 있다. 두 가지의 핵심개념을 말하고 있는데, 첫째, '필요'나 요구, 즉 지구상의 빈곤한 사람의 본질적인 필요를 충족시키는 것을 최우선 순위로 해야 하며, 둘째, '한계'는 현재와 미래의 필요를 충족시키는 환경의 능력에 연관된 과학기술이나 사회 조직의 상태에 부과된 개념이다.[10]

IUCN에서도 앞서 말한 세 가지 요소를 채택하고 있는데, 이 세 가지 요소 및 차원의 연계방식이나 중첩방식의 기본 형태를 애덤스(Adams)는 아래 그림 7에서 잘 보여주고 있다.[11]

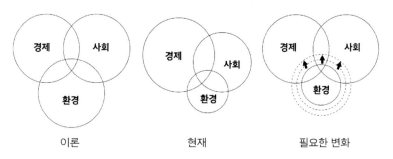

이론   현재   필요한 변화

왼쪽부터 오른쪽의 순으로 지속가능한 발전의 세 가지 요소의 관계를 보여주는데, 이론상, 실제, 그리고 바람직한 변화의 구조를 나타내고 있다.

그림 7. 지속가능한 발전의 세 가지 요소
출처: Adams, 2006, "The Future of Sustainability".

10) 앞의 책, 제2장, 41쪽 이하에서 인용.
11) Adams, 2006, 2쪽 참조.

지속가능한 발전(개발)의 개념 도입은 새로운 대안적 발전모델을 제시한 점 이외에도 두 가지 측면에서 매우 주요한 기여를 했다고 평가할 수 있다. 첫째로, 이전까지는 전혀 양립할 수 없었던 두 세력, 녹색 운동가들과(지속가능성 강조) 친시장주의 세력이(개발 강조) 일정 수준까지는 서로 화합하도록 하는 데 기여했던 것이다. 서로 대립되는 개념과 모호성을 줄이기 위해서 '지속가능성'과 '개발(발전)'이라는 두 개념으로 나누어서 보면, 지속가능성은 환경의 능력 및 범위 안에서 중기적 또는 장기적 대안을 생각하고 적용 가능한 전략을 발전시켜야 한다는 말이다. 이 측면을 적절하게 고려한 지표와 모델을 세계경제포럼(World Economic Forum)은 아래의 표 6과 같이 제시하였다. 이 '환경 지속성 지수'는 아래의 다섯 가지 큰 범주에 대한 평가를 의미한다: 생태계의 질, 오염과 같은 생태계에 가해지는 스트레스의 수준, 그것이 인간에게 미치는 영향의 수준, 환경파괴에 대응할 수 있는 사회적·제도적 역량, 그리고 환경위기의 극복을 위해 협력할 수 있는 능력이다. 경제성장의 한계선이 이렇게 지수화 될 수 있는 환경의 능력 지수 범위 내에서 정해질 수 있는 것이다.[12]

---

12) World Economic Forum, *2005 Environmental Sustainability Index*, 2006. 이 지수에 따라 환경지속가능성 측면에서 핀란드, 노르웨이가 각기 1, 2위를 차지하였고, 미국이 45위, 한국이 122위, 중국이 133위를 차지했다.

표 6. 2005년도 기준 환경 지속성 지수 구성표

구성요소	논리성
환경시스템 (대기 질, 생물다양성, 토지, 수질, 수량)	한 국가의 환경 지속성은 주요한 환경시스템이 건강한 수준으로 유지되는 정도에 좌우되며 그 수준이 개선되는 정도에 따라 높아짐.
환경스트레스 저감 (대기오염, 인구 증가, 폐기물 처리, 무분별한 소비 등으로 인해 발생하는 생태계의 스트레스 저감 및 자연자원 경영)	한 국가의 환경 지속성은 인간에 의해 발생된 스트레스가 환경시스템에게 명백한 폐해를 발생시키지 않을 정도의 낮은 수준일 때 더 잘 유지됨.
취약성의 경감 (환경적 건강, 기본적 생존, 환경과 연관된 자연재해 취약성 경감)	한 국가의 환경 지속성은 인간과 사회시스템들이 인간의 기본적 삶에 영향을 미치는 환경적 폐해에 취약하지 않은 정도에 따라 좌우됨. 덜 취약한 것은 그 사회의 환경지속성이 강함을 나타냄.
사회 및 제도적 능력 (환경거버넌스, 생태 효율성, 사적영역의 대응력, 과학과 기술)	환경적 도전에 효과적인 대응을 할 수 있는 기초적인 사회적 기술이나 태도, 제도들, 네트워크를 준비하고 있는 정도에 따라 한 국가의 환경지속성이 좌우됨.
글로벌 책무 (국제적 공동노력에의 참여, 온실가스 감축, 월경적 환경압력 저감)	한 국가가 타 국가들과 함께 공동의 환경문제를 해결하려는 노력과 더불어 월경(越境)적 환경영향으로 타 국가에 심각한 피해를 발생시키지 않도록 저감노력을 할 경우 환경지속성이 높아짐.

출처: World Economic Forum, 2006, 「2005 Environmental Sustainability Index」

둘째로, 개발(발전)의 경우는 '두 차원의 개발'이 진행되어야 하는데, 선·후진국 관계 차원과 글로벌 정치 차원에서 조율할 사안이다. 선진 국가는 개발의 절박성이 덜하고(온실가스 배출을 대폭 감축시켜야 하고), 기본적 욕구를 충족시킬 수 있는 개발이 절박한 개발도상국들에게 일정 수준의 개발을 부여하는 측면이 고려되어야 하는 것을 포함해야 한다.[13] 여기서 한 걸음 더 논의를 전개시킨 것이 '과도한' 개발에 관한 논쟁인데, 선진국들은 GDP보다 훨씬 유용한 복지지표를 개발할 필요가 있다. 인간의 복지 또는 Well-being의 수준은 GDP 외에도 많은 고려 요소가 포함되기 때문이다. 나아가서 GDP는 반(反) 환경 경제성장과 친(親)환경 경제성장을 전혀 구분하지 못하기 때문이다.[14]

지속가능한 발전은 약점을—개념적용의 모호성, 정량화의 어려움에 의한 평가 및 검증의 부정확성, 세 가지 요소의 균형적 발전의 어려움 등—가지고 있음에도 불구하고, 약점들을 보완해 가면서, 그리고 기후변화 등의 시대적 요청에 부응하면서,[15] 지속적으로 진화해가고 있다. 경제, 사회, 환경의 요소 이외에도 거버넌스의 측면이 추가되기도 하였다. 세 가지 요소를 실제로 효율적·체계적으로 실행할 수 있는 시행체제, 즉 정치적인 거버넌스의 중요성이 점차로 부각되면서 지속가능한 발전의 네 번째 주요 요소로서 포함되었다. 국제기구, 정부, NGO, 이해 당사자들이 지속가능한 발전의 내

---

13) 이러한 점은 1992년 유엔 리우 정상회의에서 합의된 Agenda 21의 27개 원칙 중 7번째 원칙 "각 국가는 공동의, 그러나 차별적인 책임을 가진다."에서 고려되고 있다.
14) Adams, 2006, 12쪽~14쪽 참조.
15) Adams, 2006, 3~9쪽 참조.

용, 목표, 방식, 원칙, 시행수단 등의 과제를 소통, 공유, 의사결정, 검증 및 평가하는 전 과정을 포괄하는 효율적인 '제도적 틀(institutional framework)'을—현장, 지역수준, 국가적 수준의 차원을 넘어서서 글로벌 수준까지—절실하게 필요로 하였다.[16] 구체적 내용과 방식으로는 생물다양성 협약, 녹색경제, 이산화탄소 배출권 거래제도, 기후변화법 제정 등이 등장하면서 지속적으로 수정, 진화되고 있다. 다음 절에서 지속가능한 발전의 간략한 역사를 살펴보자.

6. 2. 1. 지속가능한 발전의 역사

지속가능한 발전의 진행된 역사를 살펴보는데 유엔이라는 글로벌 차원에서의 논의, 선언과 보고서를 간략하게 개관해 보면 도움이 될 것이다.[17]

1972년 6월 유엔인간환경회의(UNCHE, United Nations Conference on the Human Environment)가 113개국이 참가한 가운데 스웨덴 스톡홀름에서 개최되었다. UN이 '오직 하나뿐인 지구'를 슬로건으로 하여 주최하였다. 목적은 인간의 환경을 보호하고, 지구를 환경파괴로부터 보호하고, 자연자원이 고갈되지 않도록 국제적인 협력 체제를 만들고자 하는 것이었다. 인간의 행위에 의해 자연환경이 여러 면에서 훼손되었고, 그 수준이 위험한 수준에까지 이르렀다는 점을 지적하면서, 이제부터는 자연환경의 보호 없이는 인류의 경제 및 사회발전이 더 이상 가능하지 않음을 천명하였다. 이처럼 자연보호를 통한 지속가능한 발전을 최초로 밝혔다는 점에서 의의가 있었다. 이를 바

---

16) H. Stoddart, ed., 2011, 1~26쪽 참조.

17) UNCSD, "The History of Sustainable Development in the United Nations", 2012 참조.

탕으로 인류는 현재와 미래 세대를 위하여 자연환경을 보호하고 향상시켜야 할 엄숙한 책임을 선언하면서 글로벌 차원의 국제협력을 요청하였다. 인류가 모두 함께, 특히 선진국과 개발도상국이 함께, 글로벌 차원의 경제 및 사회발전을 평화롭고 조화롭게 추구해야 된다는 점이 엄숙하게 제시되었다. 그리고 인류의 지식과 기술을 지속가능한 발전에 부합되게 활용함으로써 환경의 보전과 함께 경제 및 사회발전을 이룰 수 있다는 점을 역설하였다.

지속가능한 개발(발전)의 대원칙도 분명하게 적시하였다. 개발도상국의 환경문제는 저발전에 기인하는 바가 크기 때문에 경제발전 및 개발을 통해 인간다운 생활을 영위할 수 있도록 해야 하며, 이를 위해 선진국은 경제적인 글로벌 불평등을 해소할 수 있도록 노력해야 하며, 환경보전을 위해 재정 및 기술을 개발도상국에게 지원하고 이전하는데 기여해야 한다는 점을 명시하였다.[18]

이 회의를 통하여 유엔환경계획(United Nations Environment Programme, UNEP)이라는 국제기구 설립을 결정하였다.

1983년 세계환경 및 개발위원회(World Commission on Environment and Development, WCED)가 UN의 독립기관으로 구성되어 '변화를 위한 글로벌 의제'를 제출하라는 요청을 받는다. 노르웨이의 전 수상 브룬트란트(Brundtland)이 위원장이 되어 자연환경과 자연자산의 급속한 손상이 가져온 결과에 관한 보고서를 1987년에 제출하는데, 바로 「우리의 공동의 미래(Our Common future)」, 일명 브룬트란트 보고서이다:

---

18) UNCHE, *Declaration of the United Nations Conference on the Human Environment*, 1972.

"유엔총회의 긴급한 요청으로 2000년 이후의 지속가능한 발전을 달성하기 위한 장기적인 환경적 전략을 제안한다."[19]

이 보고서의 제목에서 알 수 있듯이 지속가능한 발전을 위한 제언이며, 이 발전을 위해 환경이라는 주된 관점에서 전략을 세우는 것을 명시하고 있다.

최초로 경제, 환경, 그리고 사회의 발전의 세 가지 요소를 아우르는 균형적인 발전을 지속가능한 발전의 주요한 개념으로 정립하는데 기여를 한다:

환경은 인간의 행위로부터 떨어져 있는 부분이 아니다. 개발도상국의 발전은 단지 국내총생산의 성장과 그에 필요한 원조의 차원으로 협소하게 이해되어서는 안 되고 필요, 희망, 삶의 질의 향상 등을 포괄하는 인간 행위의 총체적 개념으로 파악해야 한다. 그리고 그 둘은 연계되어 있는 것이다. 뿐만 아니라 지속가능한 발전의 한 축인 사회적인 측면 역시 같은 비중으로 동시에 융합하여 파악하였다. 빈곤문제, 불평등 및 사회통합, 환경훼손은 이 보고서의 서로 연계된 주요 주제이다. '지금 필요한 것은 경제적 성장의 새로운 시대이다. 그 성장은 강하지만 동시에 사회적·환경적으로 지속가능한 그러한 시대의 성장을 말한다.' 그리고 현세대와 미래세대를 아우르고, 글로벌 차원에서 '공동의, 그러나 차별화된 책임'을 제시하면서 선진국과 개발도상국의 왜곡된 관계를 극복할 수 있는 글로벌 차원의 협력을 이루어내는 새로운 대안을 제시한 점이 의의가 크다.[20]

---

19) WCED, *Our Common Future*, 1987, 서문 1쪽.
20) 앞의 책, 7쪽 이하 참조.

이 보고서의 특성 및 특징을 간략히 언급하면, 우선 300페이지에 달하는 분량에 정부 관계자, 과학자, 전문가, 연구자, 산업계 종사자, 비정부 기구 대표자, 시민 등 다양한 사람들의 증언을 토대로 전 세계의 현황을 담았다. 구체적으로는 인구, 식량생산 및 안보, 생물학적 다양성 감소, 거주, 분배와 공정무역, 생물종과 생태계 보전, 지속가능한 에너지 경로와 소비패턴, 산업생산과 급속한 도시화 문제 등에 주목했으며 모든 문제가 서로 연결되어 있어 하나만 따로 볼 수 없음을 분석하였다. 나아가서 보고서는 빈곤감소, 양성평등, 부의 재분배 등이 환경 보전에 핵심적인 요소임을 인지했다. 또한 환경적 제약이 선진국과 개발도상국 모든 국가에서 경제 성장에도 혁격한 제한을 끼칠 수 있음을 파악했다. 보고서는 관련 내용에 대한 분석과 광범위한 대책, 지속가능한 발전을 위한 조언 등을 제시하면서 정치적(정책적) 제안서로 굳게 자리매김한다. 따라서 이 보고서는 단점들이 있음에도 불구하고 지방정부, 국가, 유엔에서의 발전전략 수립 및 입법과정에도 영향력을 지속적으로 발휘하고 있다.

1992년, 지속가능한 발전을 위한 획기적인 결정이 유엔환경과 발전회의(UNCED, United Nations Conference on Environment and Development)의 개최지인 브라질의 리우데자네이루에서 선언되었다. UNCED의 이 선언은 178개가 넘는 국가들에게 사회경제적 진보를 추구할 수 있는 권리를 인정함과 동시에 지속가능한 발전을 채택할 의무를 부여하였다. 생물다양성 협약이나 새로운 주제인 기후변화에 관한 협약, 사막화 방지 협약 등 수많은 국가 간의 협약이 체결되었다.[21]

---

21) UNCSD, 2012, "The History of Sustainable Development in the United

환경과 발전에 관한 리우 선언이라고 불리는 Agenda 21은 지속 가능한 발전을 위해 1992년 UNCED에서 채택된 포괄적 행동강령으로서 지방, 국가와 전 세계적으로 시행되기를 주문하고 있다. 지속가능한발전위원회(Commission on Sustainable Development, CSD)가 1993년 이후 유엔의 고위급 정치기구로서 발족되어 Agenda 21의 실행과정을 점검하고 있으며, 지방, 중앙, 지역, 그리고 세계적 수준에서의 행동강령의 실행결과에 대하여 검증을 하며 평가서를 제출하고 있다.

Agenda 21의 전문은 주요한 기본원칙을 밝히고 있다. 인류사회는 역사적으로 결정적인 순간에 서 있고, 지속가능한 발전을 지향해야 한다. 인류의 행복 및 삶의 질의 수준은 빈곤, 굶주림, 질병, 국내외의 격차를 해소하고 생태계의 보전을 유지할 수 있는 능력에 따라 결정되기 때문에 기본욕구를 충족시키며, 모두 구성원의 삶의 질의 향상을 도모하며, 생태계의 보전과 관리를 이루는 데 우리는 주의를 기울여야 한다. 이는 어떤 국가든지 홀로 달성할 수 없으며 지속가능한 발전을 위한 글로벌 파트너십을 통하여 가능하다. 특히 후진국이 지속가능한 발전으로 전환하는 데 필요한 자원과 추가적인 비용이 마련되어야 한다는 점도 강조되고 있다.[22] 이러한 기본원칙을 견지하면서 Agenda 21의 행동강령은 네 가지 차원을 다루고 있다. 지속가능한 발전의 주요 범위와 대상이 되는 사회적 차원, 경제적 차원, 환경적 차원을 명시하고 있으며, 발전을 수행하는 주요 실행주체의 역할을 강화하는 방식을 제시하고 있으며, 내용과 방식을

Nations" 참조. http://www.uncsd2012.org/history.html, 2015년 1월 12일 접속.
22) UNCED, "Agenda 21", http://sustainabledevelopment.un.org/content/documents/Agenda21.pdf, 2015년 1월 12일 접속.

이행하는데 필요한 수단에 관한 부분으로 이루어진다.[23]

　2002년 남아프리카공화국의 요하네스버그에서 개최된 세계 지속 가능한 발전 정상회의(WSSD)는 1992년 리우 정상회의와는 다르게 희망적인 분위기가 아니었다. 주요한 성과로는 국가 간의 협정이 아닌 소위 '타입 2'라는 다양한 형태의 비공식적 협정이 다수 맺어졌다는 점이다. NGO들 간에, 기업인들 간에 협정이 다수 이루어진 사실은 비정부단체들의 역할이 커졌다는 사실을 말해주었다. 또 하나의 개선된 점은 요하네스버그 이행계획에 반영되었다. 즉 깨끗한 식수, 위생, 에너지, 의료 서비스, 식량안보, 생물다양성 보존 등 기본적 요구에 대한 접근을 더욱 용이하도록 하기 위해 목표치, 시간 일정, 공동 협력사안 등에 관하여 동의했다는 점이 특징이다.[24]

　2012년 '리우+20' 유엔정상회의에는 미국의 오바마 대통령, 독일의 메르켈 총리 등 영향력이 큰 국가정상들이 참석하지 않았다. 지난 20년 동안의 지속가능한 발전을 위한 시행의 결과들이 만족스럽지 않게 평가되기도 하였다. 이 정상회의의 주요한 결과는「우리가 원하는 미래」라는 문서로서 발간되었다. 개발도상국의 발전과 사회적 약자에게 더 많은 기회를 제공하는 국제협력을 요청하면서, 이와 관련하여 처음으로 녹색경제가 지속가능한 발전과 빈곤퇴치의 실현도구로서 어떻게 활용될 수 있는지에 대한 정책 마련

23) UNCED, "Agenda 21", http://sustainabledevelopment.un.org/content/documents/Agenda21.pdf, 2015년 1월 12일 접속.

24) UN, *United Nations Report of the World Summit on Sustainable Development*, Johannesburg, South Africa, 2002.

을 주문하였다. 또 하나의 성과는 유엔의 차원에서 2015~2030년 기간 동안에 추구하는 목표인 지속가능한 발전 목표(SDGs, Sustainable Development Goals)의 틀을 수립하는 데 참가국에게 동의를 구했고, 동참을 촉구했다는 사실이다. 이 목표는 2015년 이후 종료되는 새천년발전목표(MDGs, Milennium Development Goals)에 기초하며 2015년 이후의 UN의 발전 목표로서 제시된다. 특히 SDGs는 행동 지향적이며, 간편하며, 소통하기에 쉽게 만들어져서 이행가능성이 크도록 만들어졌다.[25]

2012년 리우+20 정상회의 이후 약속했던 후속조치들이 시행되고 있다. 제도적으로는 지속가능한 발전의 논의와 효율적인 시행을 위하여 2013년 고위급 정치포럼(High-level Political Forum)을 UNCSD 산하에 발족시켰다. UNEP의 지위를 강화시켰다. 광범위하면서도 투명한 정부 간의 이행과정을 구축하기로 하여, 2013년에 30명 정도의 주요 이해관계자들과 전문가들로 구성된 공개작업팀(Open Working Group)을 구성하여 지속가능한 발전 목표를 위한 제안서를 제출하도록 하였다.

유엔총회 산하의 공개 작업팀이, 2014년 17가지의 "지속가능한 발전 목표"(169개의 관련 대책들과 함께)들을 제안하였다. '우리가 원하는 미래', '유엔 경제사회이사회 및 지역위원회', '지속가능한 발전을 위한 재정보고서' 등과 같은 여러 차원에서의 제안들과 함께 공개작업팀의 이 제안서를 기초로 하여 2015년 이후의 지속가능한 발전 의제(Agenda)에 관하여 종합보고서를 유엔 사무총장이 제출하기에

---

25) UNCSD, *The Future We Want*, 2012 참조.

이른다.[26] 이는 유엔이 2000~2014년 동안 제시했던 새천년발전목표 체제가 2015년 이후에는 지속가능한 발전목표 체제로 발전적으로 전환되는 것을 뜻한다:

18항. 우리는 아직 완성되지 않은 새천년발전목표의 과업을 위해 투자를 해야 하며, 이것을 우리가 원하는 미래로의 도약의 발판으로 삼아야 한다. 이 미래는 빈곤으로부터 자유롭고 인간의 권리, 평등과 지속가능성에 기초하여야 한다.[27]

그리고 지속가능한 발전 목표체제로의 전환을 이 시대의 대명제로 삼는다:

2015년은 세계의 지도자들과 인류에게 빈곤을 퇴치하고, 자연환경을 보호하고 평화를 보장하면서 인간의 권리를 실현하는 것과 동시에 인간의 요구와 경제적 전환의 필요성을 더 잘 해결할 수 사회를 만들 수 있는 전무후무한 기회를 제공하고 있다. (...) 전환은 우리 시대의 구호이다. 이 역사적 순간에 우리는 용기를 가지고 나아가고 실천하라는 소명을 받았다. 변화를 포용하라는 시대적 요청을 받고 있다. 사회를 변화시키고, 우리 경제를 변화시키고, 유일무이한 지구와의 관계를 변화시키라는 시대적 요청을 받고 있다.[28]

---

26) UN Secretary-General, 2014, "Synthesis report of the Secretary-General on the post-2015 sustainable development agenda." 참조.

27) 앞의 책, 5쪽.

28) 앞의 책, 3쪽 1항과 4항.

의사결정 거버넌스(지배체제)의 중요성을 인식하면서, 지속가능한 발전의 세 가지 요소에 새로 추가하였다. 이 네 가지 요소들은 서로 연계되어 있으며, 상호 강화하는 순기능의 특성을 강조하면서 상호 연계시켜 동시적으로 수행하기를 제안하고 있다. 지속가능한 발전 목표들의 상호연관성과 상호강화성은 6개로 요약되는 본질적인 가치 틀에 융해되어 실현될 때 비로소 그 진정한 의미를 발휘하게 되는 점을 역설하였다. 존엄성, 사람, 번영, 지구환경, 정의, 협력이 그것이다. 6개의 인류 보편적 가치는 지속가능한 발전을 통해서 진정으로 구현될 수 있으며, 마찬가지로 지속가능한 발전은 이 본질적 가치의 정신으로 수행될 때 비로소 온전히 지속가능한 발전이 될 수 있는 것이다.[29)]

본질적 가치의 구현과 지속가능한 발전의 목표를 이루는 데 필수적인 대원칙은 보편적 접근방식으로 모든 사람이 모든 국가에서 준수해야 한다는 점이며, 지속가능성을 모든 행위나 결정에 의식적으로 연계시켜야 하며, 어떤 경제사회적 그룹도 소외되어서는 안 되며, 특히 기후변화 관련자들에게 요청해야 하며, 모든 가용할 수 있고 신뢰할 수 있는 데이터, 자료 및 증거를 공유할 것이며, 모든 이해당사자가 참여하여 글로벌 협력을 확장시키며, 무엇보다도 전 지구적 연대를 구축하는 가운데 국가의 능력 안에서 기여할 수 있는 새로운 방식의 약속을 구축하는 것이다.[30)] 새롭게 강조된 점을 짧게 요약해 보면, 첫째, 기후변화 완화와 적응을 위한 긴급한 대응을 강조하였고, 둘째, 각각의 목표들은 개별적으로 구성되어 실천되기보다는 서

---

29) 앞의 책, 20쪽 참조.
30) 앞의 책 참조. 이런 관점은 필자가 말하고 있는 새로운 사회계약의 필요성과도 일맥상통하고 있다.

로 연계되어 종합적으로 이루어지도록 설계했으며, 셋째, 모든 수준에서의 민주적 의사결정 과정과 제도를 구축할 것을 권장하였으며, 넷째, 지속가능한 발전을 효율적으로 시행하기 위해서 현실적인 방식과 방안이 제시되었다. 재정, 투자, 과학기술, 지원 등에 관한 구체적 제안들이 많이 이루어졌다. 지속가능한 발전 목표의 수행 과정 및 결과를 객관적으로 쉽게 검증 및 평가하기 위해서 측정할 수 있는 지표, 자료 및 통계의 개발과 공유를 강조한 것도 특색이라고 평가할 수 있다(글상자 8 참조).[31]

UN에서뿐 아니라 시민사회에서도 지속가능한 발전은 여러 차원에서 주요한 담론이 되었다. 영국의 지속가능한발전위원회(Sustainable Development Commission, SDC)는 경제성장과 환경의 상호관계를 인간의 Well-being(복지와 행복)의 차원으로 연계시키며 지속가능한 발전의 담론을 확장시킨다. 이 과정에서 그 나름의 지속가능한 발전의 다섯 가지 원칙을 제시하기도 한다.:

가장 핵심요소는 바로 다음과 같은 인식이다. '지속가능한 경제체계'는 그 자체가 목적이 되어서는 안 되고, '생태적 한계 범위 내'에서, '강하고, 건강하며, 공정한 사회'라는 가장 근본적인 목표를 이룰 수 있는 수단이 되어야 하는 것이다."[32]

더 나아가 복지(행복)와 경제적 성장과의 연관성에 대한 연구

31) 앞의 책, 20쪽 이하 참조.
32) T. Jackson, 2011, 185쪽.

를 통해 새로운 지평을 열기도 하였다. 전통적인 국내총생산(Gross Domestic Product)은 지속가능한 복지(행복)를 위한 적절한 측정수단이 될 수 없고, 이와 더불어 복지(행복)에 관한 전통적인 사고방식의 결함에 대해 정치적 토론의 장을 열어야 한다고 역설하였다. 잭슨은 공동으로 이러한 연구 결과를 2009년『성장 없는 번영(Prosperity Without Growth?)』라는 책으로 발간한다. 주된 내용은 1. 행복과 복지는 경제적인 측면뿐 아니라, 역사적, 심리적, 종교적인 가치와 연관되어 있다. 2. 경제적 진보와 물질적 소비는 꼭 상응해야만 하는가? 환경을 파괴하지 않는 경제적 진보는 불가능한가? 3. 지속적 경제성장을 방해하는 요소는 무엇인가? 4. 좋은 삶의 차원으로 복지, 경제성장과 행복의 연관성으로 구성되어 있다.[33]

6. 3. 새로운 사회계약의 내용, 방식, 원칙

"전환이 우리의 목적이다. 우리는 경제를, 환경을, 사회를 전환시켜야 한다. 우리는 낡은 마음을, 행동을, 파괴적인 형태를 변화시켜야 한다. 우리는 존엄성, 사람, 번영, 지구행성, 정의, 그리고 협력과 같은 서로 연계되어 있으며 본질적인 요소를—보편적인 약속 안에서 함께—끌어안아야 한다."

—2015 이후 지속가능한 발전목표에 관한
유엔사무총장 종합보고서

---

33) T. Jackson, 2011, 185~186쪽 참조.

새로운 사회계약은 무엇을 필수적으로 담아야 하는가? 무엇보다도 앞서 언급했듯이 우리는 인간의 생산 및 소비과정의 결함을 수정해야 한다. 이로써 자연과 인간사회가 직면하고 있는 위험을 줄이고, 생태친화적이며 지속가능한 발전을 할 수 있도록 해야 한다. 따라서 신사회계약의 내용을 아래와 같이 요약할 수 있을 것이다.

첫째로, 자연 생태계를 더 이상 오염시키지 않고 나아가 오염을 줄이도록 해야 한다.

둘째로, 자연 생태계의 손상을 줄이고, 생태계를 복원시켜야 한다.

셋째로, 자연 생태계의 균형과 상호작용을 유지할 수 있도록 항상 고려해야 한다. 즉 인간의 행위가 환경에 미치는 영향에 대한 평가가 항상 이루어져야 한다.

넷째로, 자연 생태계를 보전해야 한다.

다섯째로, 생물다양성을 보호하여야 한다.

여섯째로, 자연자원이 고갈되지 않도록 하고, 적정선을 유지할 수 있어야 한다.

일곱째로, 기후변화가 초래할 폐해를 완화할 수 있도록 해야 한다.

여덟째로, 이미 진행된 기후변화의 폐해에 적응할 수 있도록 해야 한다.

아홉째로, 정치경제의 친환경적 전환의 과정이 일자리를 창출하고 성장의 새로운 기회를 열어줄 수 있도록 설계되고, 빈곤퇴치 및 경제적 불평등 완화의 내용을 담고 있어야 한다. 개발도상국의 녹색 발전을 보장할 수 있도록 국제협력이 이루어져야 한다.

끝으로, 이상의 생태친화적인 내용과 방향이 기후변화 완화와 적응이라는 내용과 연계되어 현실화됨으로써 환경 보전, 경제 성장,

사회적 통합이 융합된 지속가능한 발전을 이루어야 한다.

　이러한 열 가지 내용을 견지하면서 자연에 개입을 하게 되면 지금 우리가 닥치고 있는 위험의 근원이 되는 생산성 만능주의와 소비 만능주의의 폐해를 상당히 줄일 수 있고, 새로운 방향으로 전환하게 될 것이다. 이러한 가치와 내용은 모든 영역에서 전파되고, 장려되어야 한다. 예를 들면 교육 분야에서는 시장경제와 민주주의뿐만 아니라, 기후변화로 인해 손상된 자연의 복원과 보전이 필요하다는 것을 모든 교육(교과)과정에 포함시켜야 한다. 경제 분야에서는 생태계 서비스의 가치가 제대로 평가되어져야 하고, 새로운 녹색기술들을 장려해야 한다. 문화적으로는 녹색소비, 에코관광, 그린캠퍼스 등의 자연친화적 실천이 장려되고 전파되어야 할 것이다. 이런 내용과 가치가 새로운 법과 제도로서 국내뿐 아니라 국제협력관계에서도 보장되어야 한다. 즉 전 지구적 차원에서 새로운 내용의 사회계약이 모든 영역에서 존중되며 뿌리를 내려야 한다.

　이제 새로운 사회계약의 내용을 실현시킬 수 있는 주요한 방식에 대해 살펴보자.

　첫째는 화석에너지 및 자원의 사용에 관한 것으로, 가장 보편적 방식은 자원의 절약과 효율적 사용이다. 절약과 효율증대는 자원 사용, 온실가스 배출, 폐기물을 줄일 수 있는 가장 쉽고도 강력한 방식이다. 이와 더불어 자원의 재활용과 재생할 수 있는 자원을 사용하는 것 또한 중요하다. 소위 3R로 불려지는 Reduction, Reuse, Recycling에 Renewal을 더해 표현할 수 있다. 이에 상응하여 생산에 있어서는 자원 사용을 통해 발생하는 오염과 폐기물을 최대한 줄여야 한다.

둘째, 기후변화의 영향을 완화(Mitigation)하는 방식이다. 완화에는 3R에 기초한 생산·소비 방식이 포함된다. 완화하는 방식은 거의 대부분의 영역에서 시행되어야 하는 것으로 자원의 사용과 폐기 및 순환에 전반적으로 적용되어야 한다.

셋째, 이미 발생한 기후변화 영향에 대해 적응하는 방식이다. 폐해를 최소화시키고, 그 적응과정에서 최대한 발전의 기회를 만들어가는 것이다. 기후변화에 대하여 생태계와 사회의 방어 및 예방시스템을 구축하는 것이다.

넷째, 최대한 자연(생태계)의 기반에 기초하여 자연과 사회의 폐해를 복구시키는 방식이다. 자연의 자율적 정화 능력과 회복력에 대한 신뢰를 바탕으로 자연적 방식을 통한 기후변화 완화와 적응을 시행하는 것이다. '자연에 기초한 해결책(nature-based solution)'이 바람직한 방식이다.[34]

다섯째, 환경문제를 주류화하기이다. 사회의 모든 영역에서 주요 결정들이 환경에 대한 우선적 고려를 바탕으로 이루어져야 한다.

여섯째, 모든 단위 사업체가 친환경경영시스템(Environmental Management System, EMS)을 구현하는 방식이다. 기획부터 생산과정을 거쳐 소비되고, 평가·검증하는 모든 경영 및 운영과정에 친환경경영시스템을 구축하는 것이다. 온실가스 인벤토리의 구축과 감축계획 및 평가는 필수요소로서 시행되어야 한다.

---

34) "자연 자체가 현재 세계가 닥치고 있는 기후변화나 지속가능한 에너지, 식량안보, 사회경제적 발전 등의 어려운 문제를 풀 수 있는 주요한 해결책이 된다." IUCN, "Nature+: Towards a New Era of Conservation, Sustainability and Nature-based Solutions", 2012. 「2012 제주 IUCN 세계자연보전총회의 선언문」에서 인용.

이제 새로운 사회계약의 내용과 방식을 시행함에 있어서 견지되어야 할 기본 원칙들에 대해 성찰해보자. 새로운 사회계약의 이해당사자가 많고 고려할 것이 복합적이기 때문에 어려운 문제가 많이 발생할 수 있다. 이러한 경우 일반적으로 원칙은 갖가지의 어려운 문제를 다소간 쉽게 풀 수 있게 하는 합의점과 타당한 근거를 제시해주기 때문이다.

첫째로, 생태계가 제공하는 다양한 서비스의 가치가 평가되어야 하고, 우리는 그 대가를 지불해야 한다. 여태까지 그 대가를 지불하지 않고 무임승차함으로써 자연을 오·남용하여 결국은 환경파괴라는 결과를 초래한 셈이다. Payment for Ecosystem Service(PES)는 이런 연유로 기후변화 대응 정책에서 고려되고 있는 중요한 원칙이다.[35]

둘째로, 오염자 부담의 원칙이 확립되어야 한다. 사적 편익을 위해 공공재인 자연(생태계)을 손상시킨 행위에 대해서는 부담을 지는 원칙이 세워져야 한다. 오염권리를 시장에서 비용을 치르고 구입하든, 조세나 공과금의 형태로 책임을 지든 해야 한다.

셋째로, 시민사회나 개인의 자율에만 맡기는 것보다 국가나 지방정부가 갈등을 조정하고, 규제를 통해 공공선을 추구하는 데 책임지는 자세가 요구된다. 무임승차 욕구를 자율적으로 제한하기가 어렵기 때문이다.

넷째로, 친환경적 전환을 통한 지속가능한 발전은 항상 기존의 발전과제나 주요 가치들과 연계되어 다루어지는 것을 원칙으로 해

---

35) "자연과 생태계 서비스의 가치를 평가하는 일은 자연의 관리자들에 대하여 편익, 대가 그리고 인정을 제공하는 데 매우 중요한 첫걸음이 될 것이다." IUCN, "Nature+: Towards a New Era of Conservation, Sustainability and Nature-based Solutions", 2012. (「2012 제주 IUCN 세계자연보전총회의 선언문」)에서 인용.

야 한다. 민주주의, 양성 간의 평등, 사회복지, 고용창출 등의 과제와 독립되어 다루어지는 것이 아니라, 융합되어야 지속가능한 발전이 이루어질 수 있기 때문이다. 하지만 새로운 차원에서 결합되어 자연보전을 고려한 친환경적 투자를 통해 일자리를 새롭게 창출하고, 신성장동력과 웰빙-사회복지를 만들어낼 수 있도록 해야 한다(글상자 3 참조).[36]

다섯째로, 국가, 지방정부, 현지 주민들의 협력적 거버넌스를 구축하는 것이 중요하다. 지역 환경과 생태계의 고유 특성이 반영된 대응책을 세우고 실행해야 하기 때문이다.

여섯째로, 공동의, 그러나 차별화된 책임과 협력을 하는 것이 원칙이 되어야 한다. 취약한 사회계층이나 개발도상국 국민의 기초소비는 인정되어야 하고, 인간다운 생활을 위한 경제성장은 충분히 용인되어야 하지만, 선진국가의 과도한 경제성장이나 사회적 상류층의 불필요한 소비는 여러 차원에서 제한되는 것이 합리적이고, 정당한 원칙이 되어야 한다. 이는 이미 1992년 리우 회의에서도 선언된 원칙이다.

일곱째로, 저탄소 사회로의 이행을 앞당기는 실천에 우선적으로 재정적, 정책적 지원을 해야 한다. 이 이행의 초기에는 모든 행위에서 불편함과 리스크가 있으므로 국가나 지방정부의 장려 및 지원이 이루어져야 한다. 이를 위해 충분한 예산이 확보되어야 한다.

---

36) "자연에 기반을 둔 해결책은 광범위한 사회적 편익을 가져다준다. 그것은 공공, 민간 투자를 끌어들일 수 있다. IUCN은 발전과 관련된 여러 문제들에 있어 공동체, 시민사회, 정부와 투자자들이 함께 자연의 실용적인 해결책을 협상하고 찾아가는 데 필요한 자연보전에 앞장설 것이다. 이는 다양한 발전의 기회를 찾는 데 효과적인 비용으로 놀라운 결과를 증명할 것이다." IUCN, "Nature+: Towards a New Era of Conservation, Sustainability and Nature-based Solutions", 2012. (『2012 제주 IUCN 세계자연보전총회의 선언문』)에서 인용.

글상자 3. '녹색'경제와 녹색'성장'

근래에 와서는 '녹색경제' 또는 '녹색성장'이란 개념이 자주 다양한 의미로 사용된다. 녹색기술과 녹색경제를 통한 '성장'에 더 중요점이 두어지는 경우가 허다하지만 녹색경제는 기존의 경제를 녹색으로 재장식한 것을 의미하지 않는다. 전통적인 경제구조는 환경이나 미래세대를 위해서 지속가능하지 않은 구조이자 실패한 것이다. 녹색경제는 지난 세기들 동안 선진국에서 지배적이었던 것과는 본질적으로 다른 경제구조와 우선순위의 새로운 형태이다. 심각한 환경위기를 극복하는 것은 필요불가결하며 우선되는 것이므로, 경제, 사회, 정치의 생태적(녹색) 전환이란 단지 경제성장으로서의 녹색'성장'보다 더 본질적인 것이다. 따라서 생태적 전환과정에서 새로운 발전의 동력과 계기를 찾을 수 있도록 경제, 사회, 정치에 연계되는 방식에 대한 논의가 더불어 필요한 것이다. 그리고 그것이 올바른 방향이다.[37] 하나의 예를 들어보자:

녹색기술로 에너지를 절약하는 소위 친환경자동차를 개발했다고 가정해보자. 자동차 생산에 관한 일자리가 생기고 신차의 대량소비를 위해 도로를 확장하면서도 일자리가 창출될 것이다. 이 차에 대한 수요가 급증하여 도로가 막히면 추가적 일자리 창출과 함께 또 도로

---

37) 보스턴 대학의 Frederick S. Pardee 센터는 지속가능한 '녹색경제'를 위하여 다방면에서 활동하는 전문가 연구팀을 2010년 결성한다. 이 연구팀은 2011년 *Beyond Rio+20: Governance for a Green Economy*라는 연구결과물을 책으로 출간한다. 19~24쪽 참조.

가 확장될 것이다. 하지만 이 경우 과연 전체적으로 볼 때 자원과 에너지가 절약될 수 있을까?

또 다른 방식은 자전거 이용의 확산을 위해 자전거 도로를 만드는 것이다. 기존의 교통체계에 새로운 자전거 신호체계를 도입한다. 그리고 자전거 길 중간중간에 자전거 정거장도 만들고, 서비스 센터도 만든다. 학교, 회사나 공공장소에 자전거 주(정)거장도 만든다. 이 경우에도 역시 일자리가 창출될 것이다. 출근 시간도 조정할 필요성이 생기게 될 것이다. 에너지 사용 및 온실가스 배출은 급격히 감소할 것이다. 어떤 방식이 과연 '녹색'성장의 개념에 부합하는가? 후자의 방식이 더 적합할 것이다. 코펜하겐 시의 교통·수송정책으로서 자전거와 대중 교통수단에 대한 녹색투자는 이런 관점에서 바람직한 모델을 제시해주고 있다.[38]

OECD에 따르면 녹색성장은 "경제적 성장과 발전을 촉진하면서도 자연자산들이 우리의 well-being을 지원하는 각종 자원과 환경서비스를 계속 제공할 수 있도록 하는 것"이다. OECD는 또한 "이를 위해서는 녹색성장이 투자와 혁신을 통해 지속적 성장을 받쳐주고 새로운 경제적 기회를 가져다줄 수 있도록 해야 한다"고 강조한다. UNEP와 세계은행(World Bank)은 "녹색성장은 사회정책적 요소들을 추가, 보완하여 사회통합형 녹색성장(inclusive green

---

38) www.kk.dk/climate 참조.

growth)으로 발전되어야 한다"라고 보고하고 있다.[39] 폴 와프너 (Paul Wapner)는 녹색경제의 다섯 가지 주요 요소를 간략하게 제시한다. 생태계의 훼손을 비용에 포함시키고, 모든 폐기물을 생산투입요소로 재사용하도록 생산을 설계할 것, 필수불가결한 것만 소비하고 생산할 수 있는 윤리를 강화할 것, 자원사용에 대한 과세를 강화할 것, 그리고 건강한 환경이 곧 자산이라는 가치관의 확산 등이다.[40]

여덟째, 중단 없는 지속가능한 발전의 추구이다. 정부 및 정파의 성격과 철학에 따라 환경을 우선시하는 정도의 차이는 있겠지만 지속가능성을 전제로 하는 정치가 담보되는 것이 중요하다.

아홉째, 사전예방원칙을 존중하되, 비용의 관점에서 위험과 기회를 동시에 평가하는 것이 바람직하다. 그리고 비용-편익 분석은 민주적 절차에 따라 공개토론 과정을 거쳐 이때 리스크에 대한 선별이 이루어져야 할 것이다. 모든 리스크 평가는 당시의 사회적 가치에 좌우될 수밖에 없다. 이러한 점이 중요한 것은 일반적으로 리스크를 어떻게 평가하고 거기에 대응하는가 하는 점이 지구온난화를 둘러싼 정치역학의 주요 사항이기 때문이다.[41]

열 번째, 기후변화 대응책은 시급한 만큼 빠르게 시행될수록 바

---

39) Poverty-Environment Partnership, *Building an Inclusive Green Economy for All. Opportunities and Challenges for Overcoming Poverty and Inequality*, 2012.

40) Wapner, P, "Transitioning to a Green Economy: Citizens and Civil Society", *Beyond Rio+20: Governance for a Green Economy*, 2011. 77쪽 참조.

41) 앤서니 기든스, 홍옥희 역, 『기후변화의 정치학』, 2009. 88쪽 이하.

람직하다. 경제대공황이나 역사적 위기는 시간이 지나면 극복될 수 있으나, 자연이 완전 붕괴된다면 회복이 불가능하기 때문이다(사진 1, 1-1 참조).[42]

열한 번째, 우리 모두는 어디에 있거나 공통된, 그러나 각각의 책임을 다해야 한다. 기후변화가 초래하는 위험은 국지적인 측면도 있으나, 본질적으로는 전 지구적 위험이기 때문이다. 어떤 지역에서의 무책임한 행위가 전 지구적으로 악영향을 초래하기 때문이다.

우리 사회와 자연 생태계가 처한 절박한 위험 앞에서 친환경 전환을 통한 지속가능한 발전은 시급히 시행되어야 한다. 자연이 붕괴되면 그 폐해는 상상을 넘어설 것이고, 회복이 불가능하기 때문이다. 실천이 특히 강조되는 것도 이러한 연유이다.

하지만 실천은 쉽지 않다. 우리는 다양한 욕망에 사로잡혀 있기 때문이다. 뿐만 아니라 누구나 익숙하고 편한 것을 선호하며, 무임승차를 하고 싶어 한다. 인류의 당면과제는 전 지구적 차원의 환경문제로서, 그와 얽혀 있는 영역이 환경 자체만이 아니라 세대문제, 경제사회적 불평등, 문화다양성, 인식과 가치관의 차이, 소비수준의 격차, 책임과 비용의 차별된 분담 등 매우 복합적이기 때문에 실천이 더더욱 어렵다. 따라서 다양한 영역에서 각각의 수준과 특성에

---

42) 한 예를 들어보자. 만년설이나 빙하가 모두 녹으면 다시 얼리거나, 상승한 해수면을 다시금 낮출 수도 없다. 사진 1과 1-1은 아프리카의 가장 높은 산 킬리만자로의 만년설을 시차를 두고(1938년, 1993년, 2000년) 측정해 그것이 급속히 사라지고 있는 과정을 잘 말해주고 있다. 킬리만자로의 빙하는 현재 이미 80% 이상이 녹았고, 2020년에는 다 사라져버릴 것이라는 관측도 제시되었다. 그린란드의 빙하 역시 급속히 축소되고 있으며, 지구 평균온도가 1.2도 이상만 상승하면 돌이킬 수 없을 정도로 녹기 시작할 것이라는 예측도 나오고 있다. 라이너스, 47, 101쪽 참조.

부합되는 실천이 필요하고, 동시에 이러한 실천을 위해 전 지구적 차원에서 협력하고 통합할 수 있는 협치(協治)체제(거버넌스)를 구축해야 한다.

이 장에서 제시된 새로운 사회계약의 기본 내용, 방식, 원칙을 염두에 두면서 개인, 기업, 시민사회, 지역사회, 지방정부와 국가, 그리고 글로벌 기구는 시민사회, 경제, 정치영역 등에서 구체적으로 무엇을 어떻게 실천해야 하는가를 다음 장들에서 논의해보자.

사진 1: 1938년의 킬리만자로의 눈
출처: American Geographical Society Library,
University of Wisconsin-Milwaukee Libraries, by Mary Meader

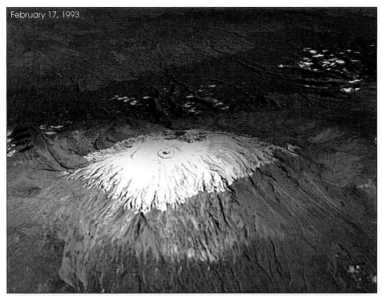

February 17, 1993

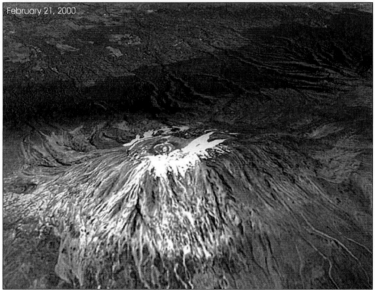

February 21, 2000

사진 1-1: 1993, 2000년의 킬리만자로의 눈
출처: Globalclimatefacts.wordpress.com

새로운 사회계약의 일상적 실천 영역

우리는 공동의 관심 속에 모든 수준에서 공동의 노력과 행동의 새로운 규범을 요청합니다. 이 보고서가 바라는 바, 우리의 태도, 사회가치나 열망의 변화는 광범위한 교육·홍보와 토론, 공중의 참여에 달려 있습니다.

— 브룬트란트 보고서 서문, 1987

새로운 것은 기존의 고정관념, 행위습관, 제도를 바꾸도록 자극한다. 더욱이 잘못된 것을 고치는 경우에는 대체로 고통과 불편도 감수해야 한다. 즉 지속가능한 발전을 위한 새로운 사회계약은 불편한 실천을 요구하고 있다. 이 장에서는 개인과 대표적인 사회조직이 일상에서 할 수 있는 실천들을 중심으로 살펴보자.

1) 우선 가정 내의 일상생활에서도 에너지를 절약, 효율적으로 사용하여 CO_2 배출을 감축하는 노력은 매우 중요하다. 한국의 경우

가정·상업영역이 온실가스 배출의 22%를 차지하고 있어, CO_2 배출을 감축할 여지가 적지 않기 때문이다. 또한 가정에서 배운 올바른 습관은 곳곳에서 긍정적 효과를 일으킬 수 있다. 지구상의 거의 모든 가정에서 배출되는 탄소를 줄일 수 있는 기술은 이미 개발되어 있다. 그저 우리 자신과 가족의 일상생활에서 몇 가지만 변화시키면 되는데, 그렇다고 해서 심각한 희생이 필요한 것도 아니다. 다양한 형태의 공회전을 줄이는 일이 무엇보다도 중요하고, 쉽게 할 수 있다(글상자 4 참조). 대기전력을 없애고, 냉·난방 온도를 1도씩 올(내)리는 등의 작은 실천을 지속적으로 하는 것도 중요하다. 단열재의 사용은 에너지 절약(효율성 증대)의 필수 요소이다.

글상자 4. 공회전, 그 우매한 소비

소비의 형태는 다양하다. 기본적 욕구를 충족하는 기초소비도 있지만, 비효율적인 소비도 있으며, 과소비도 있고, 낭비도 있다. 매우 비합리적인 소비형태도 있다. 물건을 사서 금방 쓰레기통에 버리는 행위인데, 우리는 알게 모르게 이런 우스꽝스런 행동을 자주 한다! 이 우매한 소비의 핵심이 바로 공회전이다.

공회전에도 다양한 형태가 있다. 자동차 공회전이 그 대표적 예이다. 이는 경제적·사회적 비용을 증가시킨다. 에너지를 적합하게 사용하지 않고 낭비하며 온실가스를 배출한다. 그런데 우리는 사실상 여러 면에서 이런 비합리적 행위를 한다. 쓸데없이 버리는(소비하는) 것은 사실상 전부 공회전이다. 아무도 없는 텅 빈 강의실에 붙은 켜

놓는 것, 전기코드를 꽂아두는 것, 물을 틀어놓는 것 등이다. 잔반을 많이 남기는 것 역시 사실상 공회전과 다름없다. 음식물을 많이 갖고 와서 먹은 후에 잔반으로 버리는 행위와 먼저 일부 버리고 난 후 먹는 행위가 무엇이 다른가? 두 행위는 결과적으로 똑같다. 쓰레기통에 버릴 것을 생산하기 위해 에너지를 사용하며(CO_2를 배출하고), 그 가격도 비싸게 하고(경제·사회적 손실), 쓰레기를 수거 및 소각하는 데 또 에너지를 사용하고, CO_2를 배출한. 매우 비합리적인 소비행태다.

어떻게 고칠 수 있는가? 우선은 교육을 통해서이다. 이 경우는 벌금이나 불이익을 주어서 고치기가 힘든 경우다. 잔반의 무게만큼 음식 값을 더 내라고 하기는 어렵다. 이런 경우는 자발적 실천과 교육을 통하는 방법밖에 없다. 교육을 통해서 다양한 형태의 공회전의 폐해와 비합리성을 인식하고 당사자 스스로 그렇게 하지 않는 것이다. 약간 귀찮고, 불편하고, '괜찮겠지' 하는 안일한 생각 때문에 실천이 잘 안 된다. 하지만 잠깐의 편안함을 위해 치명적 위험을 감수할 수는 없다. 안전벨트를 꼭 착용해야 하는 것과 똑같은 이치다. 잠깐은 불편하지만 습관이 되면 상해를 줄일 수 있고, 개인뿐 아니라 모두에게 좋은 일이다.

종합적으로 공회전 방식을 잘 살펴보면, 네 가지 차원에서 낭비가 생기는 것을 알 수 있다. 첫째로, 비용을 지불하고 자원(상품)을 사서 버린다. 둘째, 비싸게 돈을 주고 사서 버린다. 셋째, 버릴 것을 만드는 데 에너지를 쓰고 CO_2를 배출한다. 넷째, 버리고 폐기하는 과정에서 또 비용을 쓰고, 에너지를 쓰고, 이산화탄소를 방출한다. 매우 우매한 소비행태임에 틀림없다. 하지만 누구나 간단하게 고칠 수 있는 소비습관이다.

2) 소비자의 위치에서도 현명한 실천을 할 수 있는 곳이 많다. 글상자 4에서 지적하였듯이 넓은 의미의 공회전을 멈추는 현명한 실천이 꼭 필요하다. 이런 관점에서 보면 한국사회에서 흔히 접할 수 있는 배달문화 역시 넓은 의미의 공회전 소비로 볼 수 있다. 이는 '더 편리한, 더 빨리' 소비에 해당한다. '빨리 갖다 달라'면서 배달주문을 하는데, 이것을 환경적 시각에서 조금 들여다보면 에너지 낭비에다가 일회용 상품의 과소비임을 알 수 있다. 고속질주하는 오토바이는 연료를 낭비한다. 교통체증 및 사고 유발로 인한 사회적 비용이 증가한다. 일회용 그릇, 수저 및 비닐랩 등을 과다소비한다. 이러한 소비문화는 '식전이나 식후에는 좀 걷는 것이 사람에게도, 환경에도 좋다'는 내용의 교육과 자발적 실천으로 고칠 수 있다. 앞서 언급한 공회전의 경우보다 좀 더 불편을 감수해야 할 것이다. 지역 상인들이 '배달을 줄이자'라는 자발적 결의를 하는 경우가 가장 바람직할 텐데 투발루라는 나라는 실제 이렇게 하고 있다.

폐기물과 오염물질은 폐기절차에 따라 합법적으로 폐기하는 것이 당연하고 또한 현명하다. 홍수가 나면 무단 방기되었던 온갖 쓰레기들이 토양, 하천, 도시, 심지어 해양 깊숙한 곳까지 오염시키고, 하수처리 시설을 막아버리는 장면을 늘상 목격하고 있지 않은가?[1]

친환경 유기농산품을 소비하고, 시장바구니를 사용하여 비닐봉지 사용을 줄이는 것도 좋은 실천이다. 대중교통을 이용하고, 자전거로 출퇴근하는 모습도 여러 도시에서 자주 볼 수 있다. 중고품 쓰기, 일회용 안 쓰기 등 재활용을 실천하는 습관은 인내심과 지속성을 요구

---

1) 2011년 8월 '서울의 물난리'의 원인이 여러 가지가 있지만 빗물받이가 각종 쓰레기에 막힌 것도 한 주요한 요인이 되었다. 〈조선일보〉, 2011년 8월 12일 자.

한다. 친환경적인 건물에 대한 관심도 증가하고 있고, 태양광이 설치된 개인 주택도 자주 눈에 띈다. 녹색 소비와 녹색 문화의 확산이다.

3) 기업은 에너지원과 CO_2 배출원에 가장 가까이 있다. 에너지 및 자연자원을 가장 많이 쓰고, 오염물질도 가장 많이 배출한다. 따라서 책임도 크고, 지켜야 할 의무도 많다. 우선 기업의 모든 시설에 온실가스 인벤토리를 구축하여 오염물질을 최소화시키고, 에너지 소비를 효율화시키는 친환경 경영시스템을 구축해야 한다. 시설 및 설비를 친환경적 녹색시설로 전환시켜야 한다. 동시에 에너지원을 신재생에너지로 전환시켜야 하며, 신재생에너지 기술을 개발해야 한다. 녹색상품의 공급자로서 뿐만이 아니라, 수요자의 역할로서 가능한 한 녹색원자재를 구매해야 한다. 자원을 가장 많이 쓰는 주체로서 생태계의 보전을 위한 사업을 추진하거나 지원하는 것이 타당하다. 한 사회의 상층계층이 세금을 많이 내듯이 말이다.[2]

기업의 생존기반이 자연과 지역사회라는 사실을 잘 인식하고 있는 기업이 적지 않다. 태국의 제지 업체인 'Double A'라는 기업은 '2008년 아세안 에너지 우수상'을 수상했는데 친환경 기업이라고 칭찬받을 만하다. 나무 4억 그루를 인공 조림하여 연간 이산화탄소를 670만 톤을 흡수하였기 때문이다. 이 인공묘목을 150만 명의 지역주민들에게 저렴한 가격에 분양하고, 비싸게 사들여서 매년 1,832억 원의 소득을 지원하며, 자연림이 아니라 이 인공림으로 종이를 생산

---

2) 물을 많이 사용하는 코카콜라 회사는 세계야생동물기금협회(WWF)와 2007년 파트너십을 체결하고 물 사용의 효율성을 높이고 제조공정 전반에 걸쳐 탄소방출을 줄이기 위한 노력을 하고 있으며, 담수 유역 보전을 위한 프로젝트도 공동으로 활발히 추진하고 있다. WWF 홈페이지 참조.

한다. 생산에 사용된 공업용수의 90%를 인공묘목 용수로 재활용하고, 제조과정에서의 파생부산물로 전기를 생산하고 있다.[3] 이를 경제(고용), 사회통합, 환경보전 등의 측면에서 새로운 사회계약의 내용, 방식, 원칙 등이 모범적으로 실현된 사례로 꼽을 수 있다.

재활용과 신재생에너지 개발 등은 과학기술이 요구되는 어려운 단계로서, 쓰레기 및 폐자원 폐기 시에 친환경기술을 통해 온실가스와 CO_2(오염물질)를 줄이는 방법들이 이에 해당한다. 태양광에너지, 풍력에너지의 발전과 설치가 대표적인 예가 된다. 태양광에너지의 연구 및 생산의 대표적 도시인 독일 서남부의 중소도시 프라이부르크(Freiburg)의 녹색기업들을 들 수 있다. 그림 8의 '프라운호퍼 태양에너지시스템 연구소'는 유럽에서 가장 큰 태양에너지 연구소이며, 그림 9은 세계에서 가장 큰 태양광 모듈 생산 기업인 'SolarWorld AG'의 프라이부르크 공장이다. 브라이슈가우 산업 단지 내에는 열처리 폐기물소각장과 에너지 생산을 위한 설비시설이 있다.

4) 대학 사회를 살펴보자. 대학이 신사회계약 체결에 앞장서야 하는 이유는 충분히 많다. 한국의 경우 190개 에너지 다소비기관에 23개의 대학이 포함되어 있다는 사실이 그중 하나이다. 앞서 언급했듯이 환경영역은 학제 간 연구가 필수적이기 때문에 기후변화 대응에 있어 대학의 역할은 막중하다. 그리고 대학은 한 시대의 문제점들을 파악하고 방향을 제시하는 지성의 산실이기도 하다. 이미 많은 대학이 '그린 캠퍼스' 또는 '에코 캠퍼스'라는 이름하에 대학당국, 교직원, 학생들이 참여하는 '지속가능위원회', '녹색경영센터' 등

---

3) 〈조선일보〉, 2012년 4월 2일 자.

의 기획·실행 기구를 설치하여 대학을 친환경경영시스템으로 전환시키고 있다. 대학교 시설물을 녹색시설로 교체·신설하고 친환경 수칙을 지키며, 환경 관련 강의와 연구를 강화하고, 대학시설에 온실가스 인벤토리를[4] 구축하는 등 그린캠퍼스로 진화하고 있다(그림 10 참조). 이러한 대학 내의 변화는 지역 단위나 전국 단위로 확대되고 있다. '경기도 그린캠퍼스 협의회'가 2010년 발족되어 활발히 활동하고 있다. 영국의 경우 2004년 이후 영국고등교육기관들이 참여하는 '에코 리그'가 전국적으로 운영되고 있다. 더 나아가 대학의 범위를 뛰어넘어 지역사회와 외국대학과의 공동프로젝트를 수행하기도 한다.[5] 전 세계 대학생들의 글로벌 환경 NGO인 대자연은 '그린캠퍼스, 그린 스쿨, 그린 월드'를 주된 목표로 삼고 글로벌 차원에서 활동하고 있다.[6]

  5) 지역사회의 친환경활동은 매우 다양하다. 지역사회의 일원인 대학과의 공동사업의 한 예로서 독일의 '바이오에너지마을' 사업을 살펴보자. 독일 괴팅겐 대학교와 그 인근의 윈데마을은 바이오에너지사업을 공동으로 추진하였다. 소농촌마을인 윈데의 바이오매스[7]

---

4) 2012년 현재 온실가스·에너지 목표관리제 건물부문에 지정된 대학은 총 10개로, 서울대학교가 에너지 사용량 1위이다. 온실가스 배출원 및 배출량 등의 목록을 구축하여 2012년부터 배출량을 감축할 수 있도록 하여 2016년도에 BAU 대비 15%까지 감축할 계획이다. 이를 위해 에너지 절약, 다양한 감축기술 및 태양열 패널 설치 등을 도입하고 있다. 김수영 외, 「서울대학교 온실가스 감축 시나리오 연구」, 2012, 15~23쪽 참조.
5) 경기도 그린캠퍼스 협의회, 『경기도 그린캠퍼스 국제포럼』, 2010년, 2011년 발표문 참조.
6) www.greatnature.org 참조.
7) 동식물의 유기체 및 모든 부산물.

를 개발하고 활용하여 2005년부터 전기와 난방을 자급자족할 수 있게 되었고, 온실가스도 70% 이상 대폭 줄일 수 있게 되었다. 이 사업은 신사회계약의 모범적인 모델이라고 할 수 있는데, 독일 전역으로, 전 세계로 확산되고 있는 중이다(그림 11, 14 참조).[8)]

6) 대도시의 역할과 책임은 막중하다. 세계 온실가스의 80% 이상이 세계 육지 면적의 2%에 불과한 도시지역에서 배출되고 있기 때문이다. 2007년 미국 뉴욕에서 51개 세계 도시의 시장 및 대표들이 모여 '제2차 도시 기후정상회의'를 개최하였다. 도시 빌딩 에너지 합리화 사업을 추진하기로 했으며 기후변화 정책과 대응 경험을 상호 공유하기로 협의하였다. 앞서 보았듯이, 코펜하겐 시는 난방의 97%를 폐열(waste heat)로 공급하고 있다. 또한 코펜하겐 시민의 40%가 자전거로 출퇴근을 한다. 최근에는 '녹색 자전거 도로'를 만들고 있다. 탄소세를 부과하고, 2050년까지 탄소배출 제로 국가가 되려는 친환경 목표가 도시의 모습을 변모시키고 있다. 브라질의 경우 쿠리치바 시의 친환경 교통체계가 유명하며, 한국에서는 광주광역시의 활동이 활발한 편이다.[9)]

---

8) P. Schmuck 외, *Wege zum Bioenergiedorf. Leitfaden fuer eine eigenstaendige Waerme- und Stromversorgung auf Basis von Biomasse im laendlichen Raum*, 2008.

9) 광주광역시는 탄소은행(포인트)제도를 시행하고 있다. 광주광역시는 환경부와 협약을 체결하고, 기업 후원기관으로 탄소은행을 지정했으며, 녹색지원센터와 함께 시민교육을 하였다. 시민단체의 교육을 받은 가정의 감축량(전기, 도시가스, 상수도)만큼, 광주시(광주은행)가 포인트를 지급하면 그것을 현금화한다. 2010년의 경우 50만 세대 중 6만 세대가 참여하여 약 8억 원의 탄소 포인트를 획득하였다. 전력은 기준년도보다 5% 이상 절감하면 1킬로와트당 70원(220원 중), 5% 이하이면 50원을 돌려받는다. 효과 있는 인센티브 제도이다. 그 결과 전기 사용량을 17% 절감하였는데, 전기절약, 탄소 포인트 획득, 온실가스 감축의 효과가 있다. 그리

7) 지방자치단체의 역할도 크다. 기후변화 영향에 대해 사전예방하거나 취약한 부문을 복구하는 적응대책을 지방자치단체 차원에서 수립하는 것이 시급하다. 2011년 서울시의 우면산 사태와 홍수사태는 '이상기후 대비체제'로의 신속한 전환을 앞당기고 있다. 서울시는 많은 예산을 들여 재난·재해 방지, 건강·질병, 수자원 확보 및 경보, 취약계층 대피 등 여러 분야에서 적응을 위한 대응책을 마련하고 있다.[10] 교통체계의 혁신 등 사실상 생활의 모든 부문을 친환경적 방식으로 전환하고 있는 프라이부르크 시는 2007년에 2030년까지 1990년 대비 CO_2 방출량을 40%까지 감축시키기로 하는 환경 계획을 확정했다. 이를 위해 시는 도시개발 계획 초기부터 기후보호와 태양광 에너지의 최대 활용을 고려하여 건축물을 짓기를 권고하고 있다.[11]

8) 국제 NGO의 역할 역시 크다. 전 세계 시민들의 자율적인 공동의 노력 없이는 신사회계약이 완결될 수 없기 때문이다. '세계경제포럼'이 '환경지속가능성'을 평가하는 데(표 6 참조) 사용하는 항목들 중에 '세계자연보전연맹(IUCN)에 얼마나 많은 단체가 가입하고 있나'라는 항목이 있다. IUCN은 세계에서 가장 권위 있는 글로벌 환경시민단체로서 4년마다 '세계보전총회'도 개최하면서 기후변화 대응과 환경보호의 절박한 필요성을 환기시키고 있다.[12] '그린피스(Green Peace)'의 환경지킴이 역할은 전 세계적으로도 너무 잘 알

고 NGO 등과 거버넌스를 구축할 수 있다. 대학도 참여하기 시작했다. '2011 도시환경협약 광주정상회의'의 광주광역시 발제문 「기후변화대응 저탄소 시험도시 광주- 탄소은행을 통한 온실가스 감축」 참조.

10) 〈나눔뉴스〉, 2011월 12일 7일 자.
11) www.greencity.freiburg.de 참조.
12) www.iucn.org 참조.

려져 있다. 1999년 노벨평화상을 수상한 '국경없는 의사회'는 각종 재난과 기후변화로 인한 질병과 상처로 고통받는 현장에 전문 의료 기술진과 함께 달려가고 있다.[13]

기후변화 대응과 복지 영역을 결합시킨 형태로 다양한 실천을 전개하고 있는 '국제위러브유운동본부'의 전 지구적 활동도 큰 반향을 불러오고 있다. 사랑하는 어머니의 마음으로 인간의 생명과 자연 생태계(Mother Nature)의 생명을 살리는 것을 지향하고 있다.[14] 아래 사진 2와 2-1에서 볼 수 있듯이 각 지역에 알맞은 지원 사업은 현지인의 참여와 호응 속에 빠른 속도로 확대되고 있다. 전 세계적 규모의 '글로벌 환경정화 운동'에는 2012년도 한 해에만 125,000명의 회원과 이웃 주민이 참여하였다. 이 환경·복지 NGO는 새로운 사회계약의 특성을 모범적으로 실천한다고 평가할 수 있다. 세계 곳곳에 위치한 소규모 지부의 회원들이 각자의 재능과 노력을 기부하여 활동이 지속적으로 확대되면서, 글로벌 네트워크를 구성하고 있다. 남녀노소 모두가 참여하여 지속가능성이 실현되며, '글로벌하게 생각하고, 지역에 맞게 실천'하여 현지의 주민 및 현지 관련 기관과 협력하며 일을 진행하여 글로벌 연대정신을 잘 발현하고 있다.[15]

---

13) www.msf.org 참조.
14) 〈코리아헤럴드〉, 2012년 4월 26일 자 참조. 1995년에 확대·개편되어 2012년 현재 7만 명의 회원을 보유하고 있으며 전 세계적으로 70개 이상의 지부가 운영되고 있다. 글로벌 환경정화운동, 물 펌프 설치 등 기후변화 재난 등의 구호지원, 헌혈운동, 의료지원 사업, 글로벌 환경대학생 장학금 수여 등 다양한 환경·복지 활동을 전개하고 있다.
15) www.weloveu.org 참조. 사진 2와 2-1은 동 홈페이지에서 발췌함.

해수면 상승으로 인해 바닷물이 차 들어와서 식수 등이 점점 짜게 되어 심각한 물 부족을 호소하고 있다. 투발루의 총리 Enele Sosene Sopoaga는 담수를 저장할 수 있는 물탱크를 공급해준 WeLoveU에게 뜨거운 감사를 표하면서 지속적인 국제협력관계를 유지할 것을 희망한다고 전했다.

사진 2. 물이 부족한 투발루에 물탱크 설치(투발루 총리와 마을 주민과 함께, 2013)
출처: 국제위러브유운동본부 www.weloveu.org

2013년 11월 필리핀에 불어닥친 슈퍼태풍 하이옌의 피해는 엄청났다. 1,000만 명의 이재민이 발생하였고 67만 명이 가옥파괴로 고통을 당했다. 피해가 특히 타클로반 시에 집중되어 1만 명이 사망하고, 이 도시는 생지옥으로 변모되었다. 타클로반 시에 국제위러브유운동본부는 학생들이 공부할 수 있도록 초등 및 고등학교 5개 건물을 복구하는 지원을 하였다. 2014년 10월 '국제위러브유운동본부'와 타클로반 시장 및 주민들이 함께 학교건축 기념식을 가졌다.

사진 2-1. 2014년 필리핀 타클로반 시의 초등학교 복구 건설현장
출처: 국제위러브유운동본부 www.weloveu.org

그림 8, 9 프라운호퍼 태양에너지시스템 연구소와 SolarWorld 태양광 발전공장

출처: Wikipedia.org, 'Fraunhofer Institute for Solar Energy Systems ISE(프라운호퍼 태양에너지시스템 연구소)' Solarserver, Solar-Fabrik-Zentrale in Freiburg (SolarWorld AG) http://www.solarserver.de/solarmagazin/newsa2007m10.html

그린 캠퍼스의 의미와 구조

그림 10. 그린 캠퍼스 모델

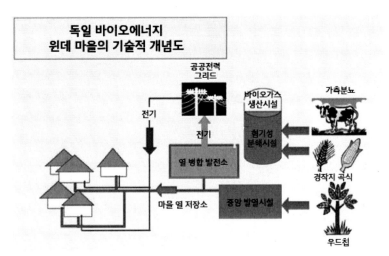

그림 11. 독일 윈데 마을의 바이오에너지 생산과정
출처: Eckhard Fangmeier and Peter Schmuck

9) 신사회계약을 구현하는 가장 강력한 방식은 법적 규제 및 국가적 강제인데 벌금, 조세부과, 제도 도입 등이 있다. 시민사회의 자율적 노력이나 인센티브 정책이 커다란 효과를 내지 못할 경우 실행할 수 있다. 직접규제(양적·질적 규제), 탄소세(환경세), 그리고 이산화탄소 배출거래권 제도를 도입하는 것이다. 에너지 및 유류세금의 인상이 한 방식이다. 조세재원을 통해 저탄소사회를 위한 정책을 효과적으로 시행하는 것이다. 국민의 생명, 안전, 재산을 지키기 위해 누구나 국방(방위)세를 납부하는 것이 당연하다. 이처럼 환경오염 및 기후재앙으로부터 국민의 생명과 유산, 그리고 환경을 지키기 위해 탄소세(환경세)를 지불하는 것은 당연하다는 생각이 든다.[16] 누가, 얼

---

16) 납세의 의무도 물론 있지만, 쾌적한 환경을 모든 국민이 누릴 환경권도 있다. 미국의 경우 1992년에 환경불평등 해소를 위한 '환경정의 법'을 제정하였다.

마나, 왜 부담을 담당하는가는 어려운 정치적 쟁점이 될 것이다.

국가는 지속가능한 발전을 위해 무엇보다 제도와 법을 통하여 구성원을 유인 또는 강제하는 고유한 역할을 갖고 있다. 노르웨이 정부는 이산화탄소 배출량 1톤당 40달러의 세금(환경세)을 부과하고 있다. 그러자 노르웨이의 석유회사와 가스회사들은 이산화탄소를 분리·포집해서 다시금 매장하는 친환경적 방식으로 전환하기 시작했다. 영국의 블레어 총리는 재생에너지원을 전체 에너지 사용의 15.4%로 확대시켰고, 조력 및 파력 등에 대한 투자를 증대시켰다. 이런 정부정책에 힘입어 영국의 2003년 이산화탄소 배출량은 1990년도에 비해 4%나 감소하였다. 한국 정부(환경부)도 '수질 및 수생태계 보전에 관한 법률'에 따라 3대강(영산강, 낙동강, 금강)의 수질오염 관리기준을 초과하여 배출한 20개 지방자치단체의 주요 개발 사업을 전면 금지하였다. 이러한 강력한 제재는 2012년도에 처음으로 이뤄진 것이었다. 2011년 일본의 후쿠시마 원자력발전소 폭발사건 이후 독일연방 정부는 2020년까지 원자력발전소의 가동을 전면 중지하기로 결정하였다. 가장 친환경적인 정당이라고 불리는 '녹색/연대90' 정당이 독일 역사상 처음으로 바덴-뷔르템베르크(Baden-Wuerttemberg) 주 지방선거에서 제1당이 되고 사회민주당과 함께 집권여당이 되어, 주 총리를 배출하여 주도적으로 친환경 지속가능한 발전을 추진할 수 있게 된 것이다. 주 총리인 빈프리트 크레치만(Winfried Kretschmann)은 총리 취임사에서 아래와 같이 말했다: "주 시민의 소리를 경청하고, 주를 친환경적으로, 그리고 사회 통합적으로 새롭게 만들 것이며, 우리 행동의 기본목표는 모든 분야에서의 지속가능성이다." 주정부 차원의 정치영역에서 지속가능성이 제1이 가치로 존중받게 되었다. '독일의 소리(Deutsche Welle)'와의 인터뷰에서도 그는 친환경 지속가능한 발전에 대한 소신을 밝혔다.

독일의 소리: 바덴-뷔르템베르크 주는 무엇보다도 벤츠와 포르쉐 자동차 산업의 고향이다. 재생에너지로의 전환을 추진하기 위해서는 공업이 집약된 이 주의 기업인에게 상당한 압력을 행사해야 될 것 같은데…?

주 총리: 그럴 필요는 없다고 생각한다. 중기적으로 보더라도 원자재 가격은 상승하고, 수요기반도 변화하고 있다. 이런 변화가 중소기업, 대기업 할 것 없이 생각을 바꾸게 하여 국제 경쟁력 확보와 함께 친환경적 상품과 생산과정을 도입하게끔 하고 있다.

'독일의 소리'와 인터뷰하는 독일 바덴-뷔르템베르크 주 총리 크레치만
출처: Deutsche Welle. "Energiewende ist kein Kinderspiel", 2013년 3월.

10) 글로벌 차원의 민간이나 국가 간의 국제협력은 사실상 지속가능한 발전을 위한 마지막 관문이다. 1972년 '인간과 환경'을 주제로 한 스톡홀름 회의 이후 수많은 환경합의서가 만들어지고 비준되었다. 오존층 보호, 수산자원 보호, 생물다양성협약, 기후변화협약

등 다양한 주제에 대한 회의와 협의가 있었다. 하지만 국제협약에 이르기까지 장애요인도 많다. 환경재앙 및 피해의 원인을 명확하게 파악하기가 어렵고, 따라서 책임소재가 불명확하여 비용부담을 공평하게 나누기 어렵기 때문이다. 또한 각 국가의 경제활동 수준, 에너지 소비구조, 인구정책, 에너지 효율성 등의 상황이 매우 다르기 때문이기도 하다. 전 세계적으로 일반적인 장애요소들도 있다. 개인들의 무관심과 도덕적 해이가 아직도 만연하다. 기존의 경제구조 및 (국제)정치적 구조에서 이득을 누리는 기득권층은 변화보다는 기존의 경로를 유지하려 한다. 자국의 이기주의도 큰 몫을 하고 있다.[17]

하지만 공동의 필수과제는 공동의 협력을 요구한다. 공동의정서라는 형식의 오존층 파괴방지대책은 기후변화에 대해 '우리가 무엇을 할 것인가, 어떻게 할 것인가?'를 잘 말해주는 국제 공동협력의 대표적인 사례이다.[18] 과학자들은 어떤 확증이 없음에도 불구하고 1970년대에 화학물질 CFC 등의 위험성을 경고하기 시작했고, 사용을 금지시킬 것을 요구하였다. 이 물질을 제조하는 프랑스의 뒤퐁사는 대대적인 반박 홍보를 하였지만, 1987년에 몬트리올에 24개국의 대표들이 모여 CFC의 생산을 금지하는 의정서에 합의하였다. 그리하여 오존층 파괴 물질로 인한 피해는 급속히 감소하였다.

---

17) T. Bigg, "Development Governance and the Green Economy", 2011, 28쪽 참조.

18) 오존층은 성층권 약 10~50킬로미터에 해당하는 매우 얇은 층이지만, 자외선을 95% 정도 차단하는 중요한 역할을 한다. 1928년에 화공학자들이 CFC와 HFC를 발명하여 에어컨 등에 사용하면서 오존분자가 파괴되고 오존층에 구멍이 나기 시작하였다. 오존층을 통과한 자외선은 우리 몸의 DNA를 분해하고, 세포활동에 치명적인 변형을 가져온다.

세계적인 환경운동가 플래너리는 "몬트리올 의정서는 전 지구적인 오염 문제에 대처해서 우리가 최초로 거둔 승리다"라고 말한다.[19]

국제협력의 또 하나의 작은 '성공'사례로서 최근에 2100년까지 '지구평균온도 2도 이내 상승 제한'을 합의한 것을 들 수 있다. 전 세계 온실가스 감축 방안을 모색하기 위한 15차 UNFCCC 당사국 총회가 2009년 코펜하겐에서 열린 후에야, 처음으로 대부분의 국가가 지구의 평균기온 상승폭을 산업화 이전 대비 2도 이내로 제한하기로 하였다(반대국도 있어 총회에서 승인된 것은 아니었다). 이에 따라 2010년 말까지 법적 구속력이 있는 전 세계적 온실가스 감축안을 마련하기로 했고, 멕시코 칸쿤에서 열린 제16차 유엔기후변화협약 당사국 총회에서 지구 온도 상승폭을 '산업화 이전 대비 섭씨 2도 이내'로 제한하기로 비로소 합의했다.[20]

국제협력에 있어서는 제도적, 국제법적 차원뿐 아니라 경험의 공유나 학술적 의사소통이 이루어지는 장을 만드는 것 역시 중요하다. 한국이 중심이 되어 호주, 덴마크, 아랍에미리트 등의 국가와 함께 2010년도에 설립한 글로벌녹색성장연구소(Global Green Growth Institute)는 개발도상국에게 '환경의 지속가능성과 경제성장'을 동시에 추구할 수 있는 '녹색 성장'의 길을 제시하는 세계적 연구기관이자 지식공유의 장(Green Growth Knowledge Platform, GGKP)으로서 활발한 활동을 펼치고 있다.[21]

---

19) 플래너리, 213쪽 인용.
20) UNFCCC, *The Cancun Agreements*, 2010 참조.
21) www.gggi.org 참조.

녹색경제: 경제영역의 신사회계약

산업혁명 이후 경제활동을 하면서 우리는 자연자원의 보전을 위한 비용을 지불하지 않고 무임승차를 한 셈이다. 이제부터는 그 비용을 지불해야 한다. 이제 자연친화적이며 지속가능한 발전을 위해 생태계 자원의 보전과 가치가 경제, 사회, 정치시스템에 연계되고 융합되어 적절하게 평가되고 새롭게 자리매김 되어야 한다. 이 과정은 경제활동 전반의 새로운 설계를 요구하고 있다. 이산화탄소 및 온실가스 배출의 대부분은 기존의 잘못된 경제활동, 즉 지속가능하지 않은 생산과 소비과정에서 기인하기 때문이다. 이 장에서는 지속가능한 녹색경제의 새로운 내용, 방식, 원칙에 대해 살펴보자.

새로운 내용과 방식에는 무엇보다도 오염으로 나타나는 각종 부정적 외부효과를 완화시키는 방법이 다루어져야 한다. 즉 오염유발자가 자신의 행동에 의해 초래된 결과에 대한 비용을 지불하는 방식이 논의되어야 한다. 산림이나 생물종 등의 생태계 자원의 가치가 새롭게 평가되고, 그것의 이용자가 비용을 지불하는 방식도 다루어져야 한다. 생물다양성협약에서도 강조되듯이 생태계자원에 대한 합리적 접근과 이익공유도 논의되어야 한다.

또한 화석에너지 경제에서 신·재생에너지 경제로 전환되어야 한다. 이를 위해 녹색에너지 기술에 대한 투자지원 방식이 제시되어야 할 것이다. 사회적 기반시설 투자에도 기후변화 적응을 고려한 방식이 적용되어야 한다. 이러한 녹색경제의 새로운 방식이 경제 본연의 과제인 일자리 창출 및 성장 동력의 기회를 만들 수 있도록 설계되어야 하며, 또한 경제적 불평등 완화의 내용을 담고 있어야 한다. 즉 경제활동 과정에 기후변화 영향의 완화, 적응, 그리고 생태계의 복원 정책이 연계되어 논의되어야 하고, 이를 위해서 충분한 예산이 배분되어야 하는 것이다. 그리고 이러한 새로운 방향은 생태계를 고려하지 않았던 기존의 '성장제일주의'가 아니라, 생태계와 사회의 지속성을 우선시하는 '지속가능한 발전'이다.(글상자 3 참조).

경제적 시각에서 보면 환경오염 및 손상의 이유는 환경자원이 사유재가 아니라, 바로 공유·공공재라는 속성을 지니고 있기 때문이다. 즉 '생태계자원을 아무런 대가 없이 무제한 사용할 수 있다', 또는 '아무런 대가 없이 사용해도 괜찮다'는 인식이 환경의 오염과 손상을 가져온다. 공유재의 하나인 하천의 물을 예로 들면, 사용자가 큰 비용 없이 끌어다 쓰고, 자신의 사유재가 아니라는 이유로 정화 비용을 줄여 오물을 방류하고, 그러고는 사회적 비용으로 정화된 물을 무임승차하면서 또 사용하는 경우를 자주 볼 수 있다. 모두가 그렇게 무임승차하면 결국 '공유재의 비극'이 시행되어 하천이 오염 되고 물 부족이 생기는 것이다. 개인의 단기적, 사적 이익이라는 추구가 결국에는 그 개인을 포함해서 사회 구성원 전체에게 막대한 사회적 손실을 불러온다. 이것이 바로 '시장실패'이고, 시장의 '부정적 외부효과'로 인한 피해이다.

이러한 피해를 줄이는 것과 이 피해에 적응하는 것이 지속가능한 경제의 핵심이라 할 수 있다. 물론 시장실패를 사회적인 자율규제와 정치적인 규제를 통해 완화하는 방식도 있지만, 이 장에서는 시장(경제)의 작동 기제를 통한 해결 방식을 찾아보자.

첫째로, 오염비용을 가격기제를 통해 내재(부)화시키는 방식이다. 바로 '이산화탄소 배출권 거래제도'가 대표적인 방법이다. 할당(허용)된 이산화탄소 배출량을 일정 수준 이하로 줄인 주체는 그 줄인 양만큼 시장에서 팔 수 있도록 하고, 할당량 수준 이상의 양을 배출하고자 하는 주체는 그 양에 해당하는 비용을 지불하고 배출할 수 있는 권리를 사는 제도이다. 녹색경제에서는 이런 비용기제를 도입하여 시장실패를 완화할 수 있는 방법을 모색한다. 이미 선진 국가에서는 도입되어 제도화되고 있다.[1]

둘째로, '긍정적 외부효과'를 생산하는 환경자원의 가치를 평가 및 계산하는 것이다. 이산화탄소를 배출하는 데에 비용을 지불해야 하는 것처럼, 훌륭한 미관을 감상하는 데도 비용을 지불하여야 한다. 아름다운 연안 갯벌은 먹을거리를 줄 뿐 아니라 생태계를 보호

---

1) 유럽에서는 배출권 거래제가 2005년부터 시작되었는데, 유럽의 이산화탄소 배출량의 약 50%를 대상으로 하며, 대(大) 사업장을 중심으로 한다. 초기에는 탄소 배출량 할당이 지나치게 관대하게 이루어질 수밖에 없었다. 각 회원국들에게 자국의 할당량을 무상으로 스스로 결정할 권한을 부여하여, 처음 가격이 1톤당 31유로까지 치솟았지만, 이후에 가격이 떨어졌다. 2008년 새로운 거래제가 시행되었는데, 유럽 중앙에서 할당량을 정해주고, 할당량의 60%를 경매에 부쳤다(즉 할당량의 일부를 유상으로 구입하게 함). 세계은행의 탄소금융팀에 의하면, 2008년 한 해 동안 탄소시장에서 3억3700만톤의 이산화탄소 배출량이 거래되었다고 한다. 이는 2007년에 비해 두 배 규모이며, 2007년 거래 규모는 640억 달러에 이른다고 추정하였다. 앤서니 기든스, 2009, 290쪽 참조; 정회성 외, 2013, 196~198쪽.

하며 미적 서비스를 제공한다. 또한 이러한 편익을 지속적으로 제공하기 위해서는 연안 갯벌을 개발하지 않고 보전하는 노력이 뒤따라야 한다. 이 보전 노력에 대해서도 대가를 지불하는 것이 옳다. 마찬가지로 삼림을 조성하여 맑고 좋은 환경을 제공하고, 이산화탄소를 흡수하는 '긍정적인 외부효과'를 발생시킨 보전노력에 대해서도 그 대가를 지불하여야 할 것이다. 생태계 서비스의 사용료와 유지비용을 지불하는 것이다. 즉, 앞서 언급했던 '생태계와 생물다양성의 경제(TEEB, The Economics of Ecosystems and Biodiversity)'로의 전환이 필요하다.

셋째로, UNCBD가 강조하듯이 생물다양성 보호를 위해서 생태계 자원에 대한 합리적 접근과 이익공유의 원칙이 정착되어야 한다. 자원에 대한 소유권과 사용권에 대한 권리와 책임이 체계화되어야 한다. 이를 통해 생물다양성 자원의 소유자는 생물다양성을 보전할 동기와 필요성을 갖게 되고, 개발자는 자원을 지속적으로 개발할 수 있게 된다. 이러한 원칙은 바로 생태계의 다양한 서비스기능의 가치를 인정해주는 PES 개념과도 일맥상통하는 것이다.

넷째로, 에너지 절약 및 효율성을 높이고, 에너지를 재생할 수 있는 녹색기술을 위한 종합적 정책이 담겨 있어야 할 것이다. 기후변화의 완화를 위한 대체에너지(신재생에너지) 기술과 에너지효율화 기술은 녹색경제의 기술적 측면을 구성하고 있다.[2] 여러 형태의 오염 및 폐기물의 처리과정에 쓰이는 친환경기술 역시 주요한 부분이 되어야 한다. 자연보호를 위한 노력에 대한 인증과 인센티브 역시 필

---

2) 최종적인 목표인 '이산화탄소-제로' 사회로 도달하기 위해서는 에너지 절약, 에너지 효율성 제고를 넘어서서 궁극적으로는 신재생에너지 기술로 완전히 전환이 이루어져야 한다.

요하다. 자연보전을 위한 투자나 노력에 대해서는 기부금에 대한 소득세혜택을 주듯이 조세혜택을 줄 수 있다. 이는 경제운영이나 정책에 있어서 일련의 근본적인 변화를 가져올 것이다. 생태계와 생물다양성을 자연자산(Natural Capital)로 간주하고, 이 자연자산에 투자하여 회복 및 보전하는 것이 오히려 효과적이고 지속가능한 경제적 방식을 보장해주는 투자라고 인식하는 것이다. 또한 이러한 새로운 방식은 경제적 긴장을 가져오기보다, 오히려 기회를 제공해줄 것이다. 즉 이 변화는 모든 경제적 결정과 운영에 있어서 환경의 중요성과 가치가 항상 총체적으로 평가, 그리고 반영되는 과정을 의미한다.[3]

다섯째로, 이러한 친환경 녹색경제 및 기술로의 전환과정에서 유발되는 심대한 변화는 새로운 성장 동력을 만들어낼 수 있도록 설계되어야 한다. 'New Technology'의 물결이 각 영역으로 파급된다면 새로운 투자기회와 일자리를 충분히 창출할 수 있을 것이다.

여섯째로, 이해관계가 상충되거나 갈등이 발생했을 경우, 원칙적으로 화석에너지 연관 부분에 대한 지원은 감축되어야 하는 반면에, 재생에너지 관련 분야는 재정적, 정책적 지원이 이루어지도록 해야 한다.

일곱째로, 녹색경제로의 전환은 경제사회적 불평등한 구조의 개혁과 함께 융합되어 이루어져야 한다.[4] 후진국가나 사회적 취약계층은 인간다운 생활을 위한 개발욕구 또한 절실하다. 그리고 기후변

---

3) TEEB, 2010년 참조.
4) 유엔대학 세계개발경제연구소(UNU-WIDER)의 2008년 한 연구를 보면 세계의 자산(소유)구조가 아주 불평등하다는 사실을 알 수 있다. 2000년 당시 상위 10%가 세계 자산의 85%를 소유한 반면에 하위 50%가 자산의 겨우 1%를 소유하고 있다. J. B. Davies et al., 2008, 7~8쪽 참조.

화의 폐해에도 가장 취약하다. 녹색경제로의 전환은 초기에는 대체로 비용이 증가하기 때문에—지금까지 무임승차한 비용을 지불해야 되기 때문에—이 계층은 새로운 부담을 안게 된다. 빈곤 및 취약계층은 생존을 위해 자연자원을 훼손하려는 유혹에 쉽게 노출되어 있다. 따라서 빈곤한 사람들에게 경제적 지원을 제공함으로써 이러한 유혹을 차단할 수 있게 해야 한다. 이런 이유로 세계 환경의제의 대다수의 목표는 기존의 경제발전의 세 가지 주요 목표 및 대상과[5] 상당히 유사하다:

1. 기본적인 욕구를 충족할 수 있는 기회와 분배의 기회의 증대
2. 생활수준 향상. 소득, 직업선택, 더 나은 교육, 문화적·인간적 가치에 대한 고려. 이것은 물질적 삶의 질 향상뿐 아니라 개인과 국가적 자긍심 유발시킴
3. 경제적, 사회적 선택의 자유와 자긍심을 위한 선택의 폭 확장

여덟째, 친환경 경제정책을 수립함에 있어서 피해를 완화시킬 수 있고, 피해에 대해 적응할 수 있는 사회간접시설의 구축은 필수적이다. 특히 방재대책은 저소득층 및 사회적 약자 층에게 꼭 필요하다. 예를 들어 사회적 복지예산을 충분히 마련하여 이들을 위한 임대주택 건설시 친환경적으로 건설할 뿐 아니라, 재난에 대비하여 안전한 주택이 될 수 있도록 대비해야 한다.[6]

아홉째, 녹색경제로의 전환은 지금까지 언급한 것을 훨씬 뛰어넘는 내용과 방식을 포괄해야 한다. 현 경제체제는 무한 성장을 기본

---

5) M. P. Todaro, 1997, 343~344쪽 참조.
6) 한 예를 들어보면 선진국인 프랑스에서도 2003년 40도를 넘는 폭염이 닥쳤을 때 폭염 사망자가 1만 5천여 명에 달하였는데, 주로 취약계층의 노인과 저소득 계층이 사망하였다. 〈동아일보〉, 2003년 9월 4일 자.

적으로 지향하고 있다는 근본적 문제가 있다. 하지만 이것은 지속가능하지 않다는 것이 증명되었다. 이미 지구의 수용능력을 초과하는 과잉소비, 과잉생산 수준에 다다른 것이다.[7] 소비를 줄이더라도 행복할 수 있고, 소비수준이 경제의 최상의 척도가 아니며, 이윤이 생산의 유일한 척도가 되지 않는 경제체제로의 질적 전환이 일어나야 한다. 이 전환은 기존의 사회구조와 가치기준의 전면적인 변화 속에서 이루어질 수 있다. 크고 멋있는 자동차의 소유자보다 작은 경차의 소유자가 친환경적이라고 칭찬을 받을 수 있는 문화로의 전환이 어렵듯이 이러한 대대적 변화는 쉽지 않다. 어렵다. 또한 이러한 전환은 전 세계적으로 이루어져야 하기 때문에 매우 지난한 과정이라고 할 수 있다. 하지만 새로운 사회계약의 내용과 방식, 그리고 원칙을 견지하면서 꾸준히 실천하면 어렵지 않게 달성될 수 있을 것이다. 무엇보다 지속가능한 발전을 위한 이 전환은 필수적이다. 이 전환은 위험하지 않고, 생산성 중독에서 벗어나고, 만족할 만한 소비수준에서 머무르고, 환경을 보호하면서 후세에게도 이 이상의 상태를 물려줄 수 있는 새로운 경제구성을 의미한다(제2부 제6장 참조). 이런 점에서 원거리 국제무역에서 벗어나는 '작은 지역경제체제들'은 녹색경제의 주요한 한 축이 되어야 할 것이다.[8]

  '녹색경제로 전환되는 과정은 새로운 성장 동력과 일자리를 창출

---

7) J. G. Speth., *The Bridge at the Edge of the World: Capitalism, the Environment, and Crossing from Crisis to Sustainability*, Yale University Press, 2008.

8) B. McKibben, *Deep Economy: The Wealth of Communities and the Durable Future*, Henry Holt and Company, 2007, 헬레나 노르베리 호지와의 인터뷰 참조. '작은 지역 경제'를 주창한 그녀는 〈행복의 경제학〉이라는 다큐멘터리 영화를 만들기도 하였고, 1991년 『오래된 미래』를 출간하였다. 〈조선일보〉, 2011년 03월 2일 자.

할 수 있을 것인가?'라는 질문은 매우 중요하면서도 우리의 관심을 끌기에 충분하다. 즉 '기후변화 뉴딜 정책은 과연 고용을 창출할 수 있을까'라는 질문에 답할 수 있어야 한다. 녹색경제로 전환하는 과 정에서는 초기 투자비용이 막대하고, 수요시장도 불투명하며, 절약 이 이 전환의 기본원리이다 보니 경제 수축을 불러올 만한 요인들이 도처에 많기 때문이다.

분명 새로운 분야나 기술영역에서 새로운 일자리가 생길 것이다. 동시에 기존 에너지 및 타 산업에서는 일자리가 상대적으로 축소될 것 이다. 더욱이 대부분의 신기술은 많은 노동력을 필요로 하지 않을 수 있다. 하지만 새로운 일자리는 생활양식과 기호의 변화 때문에 확장될 가능성이 크다. 새로운 생활양식이 시작되면 새로운 소비와 생산영역 이 생겨나고, 여기서 광범위한 일자리 창출이 발생할 수 있다. 유엔환 경계획(UNEP)에 의하면 녹색 일자리들은 농업, 제조업, 연구개발, 서비 스업의 네 가지 부문에서 '환경의 질 보전과 복원'에 크게 기여하는 직 업들이었다. 또한 공공정책의 역할이 대단히 중요하다는 점을 지적하 면서, 유해 산업에 지급하는 보조금을 에너지 효율을 제고하는 보조 금으로 전환하는 것이 일자리 창출에 중요하다고 지적하였다.[9]

앞서 언급한 독일의 윈데 마을처럼 단순한 농촌마을이 바이오에 너지마을로 전환되면서 새로운 기술자들이 필요하게 되고, 이런 변 화를 설명하고 전수할 교육자들이 필요해지며, 또한 유명 관광명소 로 탈바꿈하여 생태관광 사업을 일으킨다. 이러한 변화를 모두 겪은 윈데 마을은 새로운 일자리 창출이 충분히 가능하다는 것을 입증하

9) UNEP, *Green Jobs: Towards sustainable Work in a Low-Carbon World*, Worldwatch Institute, 2008.

는 좋은 사례이다. 또한 경제사회적 불평등구조(양성 불평등을 포함)를 완화할 수 있는 기후변화 적응대책은 기존의 사회기반시설들을 개혁·확충시켜서 친환경적 인프라로 개선함으로써 많은 일자리를 창출할 수 있다. 노인·병약자 대피시설, 산림미화시설, 생태관광시설, 자전거 타기와 자전거 길 구축, 환경교육장 및 휴양림 조성, 갯벌보존 지원기금 마련, 생태지도 구축, 온실가스 인벤토리 구축 등 새로운 분야가 사회적 취약계층 및 중산층에게 좋은 일자리를 제공할 수 있을 것이다.

UNEP는 2008년 "Green New Deal"이라는 용어를 사용하며. 정부 주도로 저탄소 에너지와 에너지 효율 증진에 투자하는 일은 기후변화에 관심이 없던 사람들을 끌어들이는 수단이 될 수 있다고 밝혔다. 로버트 폴린과 미국진보센터 등은 6개 공공부문에 정부의 과감한 재정 지원을 요청하는 대책을 발표하였는데, 건물의 에너지 효율 증진, 대중교통망과 화물수송망의 확대, 전력산업에 스마트그리드 도입, 풍력발전단지와 태양광발전소 건설, 차세대 바이오연료 생산 등이 지원 촉구 분야에 포함되어 있다. 미국 정부가 2년에 걸쳐 1,000억 달러 규모의 녹색투자(Green Investment)를 하면 200만 개의 신규 일자리가 창출될 수 있다고 한다.[10] 한국의 이명박 정부도 2008년 '저탄소 녹색성장'을 새로운 국가전략으로 제시하였다. (2부 제9장 2절 참조).

발전경제학자들은 그동안 환경에 대한 고려를 하지 않았다. 그

---

10) Pollin. R., et al., *Green Recovery - A Program to Create Good Jobs and Start Building a Low-Carbon Economy*, Department of Economics and Political Economy Research Institute & Center for American Progress, 2008.

렇기 때문에 지속가능하지 않은 생산·소비방식으로 인하여 훼손된 환경의 제(諸) 비용을 국민총소득에 산정하지 않았다. 훼손된 토양, 수자원, 산림, 대기, 생물다양성 등의 복원비용은 계산하지 않았다는 말이다. 손상된 환경은 중·장기적으로—국가적 수준뿐만 아니라 전 지구적인 차원에서도—생산성을 크게 떨어뜨리는 요인이 되고 있고, 그 복원비용(대가)을 현재, 그리고 미래에 요구하고 있다. 이에 환경경제학은 녹색경제로 전환할 필요성을 인식하고, 그 전환과정에서 발생되는 갖가지 문제점을 경제적인 방법으로 해결하고자 하는 학문으로 거듭나게 된다.[11]

환경경제학은 환경자원을 합리적으로 이용함에 있어 개인의 행위를 통제하는 적절한 수단이나 경제적 유인책이 있는지의 여부를 주로 탐구한다. 따라서 정부의 경제정책이 주요 대상이 된다. 환경정책이 효율적인지, 적절한지를 실증적으로 설명 및 예측하고, 동시에 정책방향과 내용이 적합한지, 옳은지에 대한 규범적 판단 역시 연구대상이 된다. 환경정책 평가에서도 비용편익분석뿐 아니라, 적은 비용으로 경제적 정의(계층간 형평성 고려 등) 및 도덕성의 함양에 기여하였는가, 그리고 기술 확산과 같은 긍정적 영향 여부 등이 그 기준이 되어 포괄적 평가[12]가 이루어져야 한다. 환경자원의 경우 일반적인 경

---

11) 「스턴 보고서」는 기후변화가 경제학에 독특한 과제를 부여하고 있다는 점을 잘 지적하고 있다: "기후변화는 역사상 가장 크고, 광범위한 시장의 실패이다. 따라서 경제 분석은 지구적이며, 장기간적 안목을 가지고, 중심 단계에서 리스크와 불확실성의 경제학을 포함하며, 중요한 (non-marginal) 변화의 가능성을 검토해야 한다." 동 보고서 1쪽 참고.

12) 비용편익분석(cost-benefit analysis)은 공공사업이나 정부정책에 대한 평가를 하기 위해 사용되는 가장 일반적인 분석틀로서, 정부가 정한 정책목표를 달성하기 위해 사용할 수 있는 여러 가지 정책대안을 수행하는 데 필요한 비용과 그로 인해 발생하는 편익을 측정하고, 이에 기초하여 최선의 대안을 선택하기 위해 사용되는

제적 비용편익분석을 하기가 어렵다. 환경자원의 가치 역시 평가하기가 어렵다. 이런 측면들이 환경경제학의 특수 영역이 되는 이유이다.

나아가 환경경제학은 녹색경제의 개념 정의, 녹색경제의 실현을 위한 전제조건, 그리고 녹색경제의 발전경로의 일반적 특징(경제사회적 및 정치적) 등을 앞으로의 연구과제로 안고 있다.

8. 1. 녹색기술

IEA의 'World Energy Outlook(2008)'에 의하면, 중국을 비롯하여 개발도상국의 에너지 수요가 70% 증가함으로 인하여 2030년까지 전 세계 에너지 수요가 50% 증가할 것이다. 이러한 중·장기추세에 대응하는 현재까지도 가장 저렴하며 손쉬운 기후변화 대응방식은 소비를 줄이고 효율적인 생산 공정을 통해 에너지를 적게 사용하는 에너지 절약과 효율성 제고이다. 대체에너지 수요는 증가하고 있지만 아직까지는 전 세계적으로 미미한 수준으로 이용되고 있다(표 1 참조).

수력은 2012년 세계 주요 에너지의 6.7%를 제공하고 있다(표 1 참조). 그러나 수력 댐은 생태계에 다양한 연쇄적인 영향을 미치기 때문에 치열한 논쟁의 대상이 되고 있다. 수력 댐을 건설할 경우에는 강물의 흐름, 유량, 하류 생태계의 유지 등 많은 점을 고려해야만 한다.

바이오매스 에너지는 자연생물자원을 이용하는데, 나무를 태우는 등 직접 사용하거나 생·화학적으로 변형하여 연료로 사용하기

분석기법이다. 이를 기초로 하여, 환경영향평가, 경제영향평가, 규제영향평가, 비용-효과분석, 환경피해평가 등의 종합적 평가를 통해 환경정책의 내용과 우선사항이 정해진다. 권오상, 『환경경제학』, 박영사, 2007.

도 한다. 브라질의 경우 바이오에탄올이나 바이오디젤 등을 자동차 원료로 사용하고 있다. 바이오연료 작물은 일반적으로 단일작물재배법으로 키우는데, 이러한 재배환경에서는 해충과 질병이 복합작물재배 시보다 훨씬 더 빠르게 확산될 가능성이 있으므로 근본적인 위험이 따른다는 단점이 있다.[13]

적당한 세기의 바람이 지속적으로 부는 것이 풍력발전의 주요한 조건이다. 덴마크가 풍력발전을 지원하기로 결정할 무렵 풍력발전은 화석연료로 전기를 생산하는 것보다 몇 배 이상 비쌌다. 그러나 지금은 풍력발전으로 전기를 더 값싸게 생산하는 국가가 많다. 덴마크의 경우 전력생산의 21%를 풍력발전이 담당한다. 풍력발전의 비용은 점차 내려갈 것이다. 유지비용은 훨씬 싸다. 하지만 조류의 충돌이나 소음, 경관훼손 등은 개선되어야 할 점이다.

태양열발전은 가장 간단한 대체에너지 생산방식이다. 태양열발전에는 저장 기술과 태양전지기술이 있는데, 태양열 발전소는 소형 집열판에 태양광을 집중시켜 발전한다. 태양전지로서의 광전기는 햇빛으로 직접 전기를 만드는 장치이다. 단점으로는 대규모 면적을 필요로 하고, 흐린 날씨의 경우 에너지 공급이 일정치 않은 점이 있다.

조력·파력 발전에서는 파도와 조수간만의 차의 힘을 통해 엄청난 양의 에너지를 생산한다. 영국이 가장 앞선 투자국인데, 조·파력 발전으로 자국의 전력 수용의 5%를 생산한다. 하지만 이 발전방식이 지역 내 습지와 조류보호에 미치는 영향 역시 잘 평가해야 한다. 세계 최대 규모의 조력 발전소는 한국의 시화호 조력 발전소인데,

---

13) 따라서 대규모 단위의 단일재배보다 근교의 생태자원을 활용하는 소규모 단위의 바이오매스에너지 사업이 적절하다.

연간 최대 5억 5,270만kWh를 생산할 수 있다.[14]

수소에너지는 주로 수소연료전지를 통해 생산되는데, 효율성은 매우 높으나 저장·이동 시 위험하고, 전기분해 시 고비용이 문제가 된다.

지열에너지발전은 지상과 온도차를 유지하는 지하수 및 지하의 열을 이용하여 냉·난방에 활용하는 기술이다. 태양열의 약 47%가 지표면을 통해 지하에 저장되는데, 지표면 가까운 땅속의 온도는 대략 10~20도 정도를 유지하고 있다. 겨울에는 지상보다 따뜻한 지열을, 여름에는 지상보다 차가운 지하의 냉기를 열(히터)펌프를 이용해 냉난방 시스템에 사용하는 것이다(그림 12 참조).

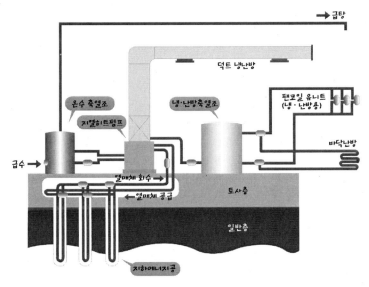

그림 12. 지열 냉난방 시스템
출처: www.countryhome.co.kr

---

14) 가동한 지 약 7개월, 2012년 현재 전력을 1억 kWh를 생산했다. 이는 13만 가구(4인 가족 기준)가 1년간 쓸 수 있는 전력량이다. 썰물을 이용한 발전 방식도 있지만 시와오 발전소는 밀물 발전 방식으로, 밀물 때 바닷물을 2m 이상 높이에서 아래로 낙하시켜 발전용 수차를 돌린다. 〈조선일보〉, 2012년 2월 24일 자.

또 하나의 중요한 저탄소 녹색기술은 각종 폐기물을 변환시켜 다양한 연료 및 에너지를 생산하는 에너지 전환기술인데, 이것은 자원순환형 시스템을 가능하게 하는 주요한 기술이다. 종이 등 가연성 폐기물의 소각열 회수에 의해 스팀생산 및 발전하는 '쓰레기 회수자원' 시설이 대표적인 예이다.

기술의 녹색화 또는 녹색기술은 위와 같이 (신)재생에너지원을 발굴하여 화석연료를 대체하는 탄소-제로 에너지 생산 기술에만 국한되는 것이 아니라, 에너지 절약기술, 저탄소 기술 및 생태계를 살리는 모든 영역의 기술과 공법을 포괄한다.

주택이나 건축물 시공에서 에너지의 효율을 제고하고, 절약할 수 있는 기술을 사용한 '패시브 하우스'(Passive House) 건축기술 역시 대표적인 녹색기술이다. 단열재사용 또는 단열시공, 지열을 사용한 냉난방 시스템인 '쿨-튜브(cool-tube)' 기술 역시 여기에 포함된다.[15]

오염 및 폐기물 처리과정에서의 친환경 정화기술[16]이나 자원순환형 체계 또한 주요한 녹색기술이라 할 수 있다. 이산화탄소를 지하 동굴이나 깊은 바다 밑으로 포집하고 저장하는(carbon capture

---

15) 단열재와 창호(2~3중 창호)만 에너지 절감형으로 시공해도 현재 주택의 냉·난방 에너지 사용량을 최고 50~60% 정도 줄일 수 있다. '쿨-튜브(cool-tube)' 기술이란 지열에너지 사용처럼 땅속의 냉·온기를 이용해 겨울엔 공기를 따뜻하게, 여름엔 공기를 시원하게 바꾼 뒤 실내로 공급하는 지하 환기 시스템을 말한다. 〈조선일보〉, 2012년 4월 12일 자.

16) 물 부족 사태에 직면하여 오·폐수를 정화 및 재활용하는 공법(Bioremediation Recycling Technology)도 중요한 녹색기술인데, 이 과정에서 미생물을 사용하여 재활용하는 친환경공법을 시행하기도 한다. www.wooram-eng.com 참조.

storage, CCS) 기술 및 공법이 대표적이다.[17)]

각종 재해방지 분야에 필요한 녹색기술도 많다. 생태하천의 조성, 사전영향평가기술, 빗물지하탱크 설치 등 기후변화 적응 및 손상된 자연을 복원시키는 기술 역시 장려되어야 한다.

기후변화에 대한 적응은 우리에게 새로운 녹색기술개발의 가능성을 활짝 열어주고 있다. 보호종 서식처 복원 등 생물다양성을 보전하려는 노력은 자연과학 및 의학계에 새로운 연구와 개발을 요구하고 있다. 물, 산림, 토양, 해양 등 생태계의 보호와 인간사회의 지속가능한 발전을 위해서도 수많은 녹색기술이 필요하다. 도심의 식물공장을 통해 증대하는 식량수요에 적응하는 기술도 그 하나가 될 것이다. 이는 화학비료를 쓰지 않고, 기후변화에 덜 영향을 받으며 식량을 안정적으로 공급할 수 있는 것이 장점이다.[18)] 점점 심각해지는 '물 부족' 사태를 해결하기 위한 물 산업도 대표적인 예이다. 호주연방과학원에 따르면, '기온이 1도 올라가면 모든 물의 8%가 공기 중에 흡수되어' 사용가능한 물의 양이 줄어든다. 2025년 세계 인구의 20%가 물 부족을 겪을 수 있다는 전망 하에 물 산업은[19)] 상수

17) 독일의 한 화력발전소에서는 CCS 장치를 통해 이산화탄소를 포집하여 이를 액화시켜 지하에 저장하고 있다. 미국에서는 유전에서 기름을 뽑아낸 후에 포집한 이산화탄소를 주입해서 저장하기도 한다. 이 기술에는 여러 가지 해결할 문제가 있지만, 지구의 식물과 토양 등 자연생태계는 완벽한 이산화탄소의 저장고라는 점을 활용하고 있다. 김도연, 『기후, 에너지 그리고 녹색이야기』, 2011, 166쪽 이하 참조.
18) 도심의 건물 내에서 농산물을 재배하는 것을 말한다. 일정한 시설에서 빛, 온·습도, 수분, 이산화탄소 농도 등을 인공 제어해 계절과 장소에 관계없이 각종 작물을 재배할 수 있는 방식이다. 에너지도 비닐하우스 방식보다 훨씬 절약된다. 〈조선일보〉, 2012년 4월 20일 자.
19) 전 세계적으로 물 시장이 성장하고 있는 근본적인 이유도 물 부족 때문이다. 지구

원개발, 하수정화 및 재활용, 재이용수, 공업용수·하수, 해수담수화 등 다양한 영역에서 녹색기술발전을 이루고 있다.

이러한 녹색기술은 환경오염과 온실가스 배출을 저감시키고, 에너지의 효율화 및 절약을 가능하게 하고, 생태계의 자연회복력을 복원시켜 기후변화 적응능력을 키우며, '저탄소 지속가능한 사회'로 가는 데 주요한 역할을 할 것이다.

참으로 다행스러운 것은 이러한 녹색기술과 신재생 대체에너지 기술이 기술·과학적인 측면에서 실현가능하고, 생산에 충분히 적용될 수 있다는 사실이다. 물론 개선의 여지는 많지만,[20] 경제적인 비용과 경쟁력 측면에서도 기존의 기술에 비해 뒤지지 않는다. Neij 에 의하면, 신재생에너지 투자비용은 학습효과에 따라서 점차로 줄어들게 된다. 1kWh 전기 생산비용은 새로운 시설투자가 이루어질 때마다 줄어드는데, 예를 들어 전 세계 전기수요의 10~30% 정도만 신재생에너지로 대체하여도, 기존의 화석연료로 전기를 생산하

상에 존재하는 물 총량은 14억km^3다. 이 중 담수는 2.5%에 불과하며 빙하 등을 제외하고 현실적으로 쉽게 이용할 수 있는 양은 0.01% 수준이다. 이마저도 지구온난화에 따른 가뭄현상 심화로 더 줄어들고 있다. 게다가 소득증가와 도시화 및 산업화로 인해 한 사람이 사용하는 물 사용량은 점점 늘어나고 있다. 유엔에 따르면 인구가 늘어나는 양에 비해 물의 소비량은 1.6배 더 빠르게 증가하고 있다. 2025년이 되면 세계 취수량은 2000년과 비교해 30% 정도 늘어날 것으로 예상되고 있으며 이에 따라 전 세계 인구의 20% 수준이 심각한 물 부족을 겪을 수 있다는 우려가 나오고 있다. 〈매일경제〉, 2012년 3월 16일 자. 대표적 물 부족 국가인 이스라엘은 하수의 75%를 재활용하여 현재 물 공급의 20%를 충당하고 있다. 〈조선일보〉, 2012년 6월 20일 자. 빗물 총 이용량이 40%인 선진국에 비해 한국은 26%에 불과하다. 빗물 재활용 시설이 많이 건설되어야 한다. 〈조선일보〉, 2012년 5월 16일 자.
20) WBGU, 2011, 125~129쪽 참조.

는 경우와 비교해서, 그 비용이 비슷해서 경쟁력을 가질 수 있다고 한다. 30%를 넘기 시작하면 그 비용이 더 적게 들게 된다. 이 점을 고려하면 특히 풍력, 태양열, 바이오에너지 등은 충분히 승산이 있다.[21]

녹색기술 및 신재생에너지의 도입은 이제 과학·기술적으로 충분히 가능하고, 경제적으로도 중·장기적으로 충분히 효율적이며, 경쟁력이 있음이 증명되고 있다.[22] 따라서 국가가 초기에 과감한 재정적, 기술적, 정책적 지원을 하는 것이 매우 필요하다. 새로운 투자에 항시 동반하는 초기의 리스크 및 투자비용 부담요인을 줄여주기 위해서이다. 시간이 흐를수록 초기의 국가적 지원은 필요하지 않게 될 것이다. 왜냐하면 화석연료 사용으로 인한 심각한 기후변화의 폐해가 줄어들수록—신재생에너지 투자가 확대되면 될수록—기후변화 대응비용이 절약될 것이고, 이 절약된 비용은 신재생에너지 투자에 자연스레 사용될 수 있을 것이기 때문이다.

---

21) WBGU, 2011, 163~168쪽 참조.
22) 재생가능에너지 투자액이 전 세계적으로 1995년 70억 달러에서 2010년에는 2,430억 달러로 급증하고 있다. 풍력에 960억 달러, 태양력에 890억 달러에 달한다. 바이오매스 재생에너지에 대한 투자도 증가하고 있다. 마이크 레너, 「모두를 위한 녹색경제 만들기」, 『지속가능한 개발에서 지속가능한 번영으로: 2012 지구환경보고서』, 환경재단 도요새, 56쪽 이하 참조.

새로운 사회계약과 정치의 생태적 전환

데이빗 이스턴(D. Easton)은 '정치는 모든 제(諸) 가치의 권위적 배분의 과정'이라고 하였다. 물질적 가치나 이념, 가치관 등의 정신적 가치를 포함하여 한 사회의 중요한 자원들을 그 사회 구성원들이 받아들일 수 있게끔 권위를 행사하여 배분하는 총체적 과정으로 이해할 수 있다. 오늘날 '제 가치'에는 '환경'이라는 가치와 '자연과 사회의 지속가능성'이 반드시 포함될 것이다. 어떤 순위로, 얼마만큼, 어디에, 왜, 어떤 방식으로 정치과정에서 다루어지는가는 각 사회와 국가의 의사결정에 달린 것이다.

정치과정은 종국에는 국가권력에 의해서 결정된다. 국가권력은 권위적 강제성을 통해 정책집행과정을 최종적으로 보장하는 것이기 때문이다. 따라서 모든 정치과정에 새로운 사회계약의 내용, 방식, 원칙이, 즉 '생태계의 보전과 지속가능한 발전'이란 가치가 융합되어 충분히 토론되고 정책결정과정에 반영되어야 한다. 국제협력이나 국제정치과정에서도 이는 마찬가지이다. 국제사회는 개별 국가와 달리 강제력을 충분히 담보할 수 없는 한계가 있지만 말이다.

기후변화의 정치는 새로운 내용으로 자연보전을 담고 있어야 한다. 온실가스 및 오염폐기물을 감축하는 완화의 대응책과 이미 진행된, 그리고 앞으로 진행될 기후변화에 대한 적응 대책이 포함되어야 한다. 기후변화 완화와 적응은 서로 보완하는 관계에 있다. 새로운 방식에 있어서는 기후변화 영향을 완화하도록 유인 또는 강제해야 하고, 적응을 잘 하도록 지원해야 한다. 그리고 기초자치단체에서 주(도) 정부차원을 거쳐 국가적 수준에서 탄력적이며, 체계적이면서 일관성 있게 대응할 수 있는 지속가능한 녹색 시스템이 구축되어야 한다. 목표는 생태계 위험 수준의 저감이다. 생태계가 정상적으로 복원되고, 지속가능한 사회 및 세계가 되도록 해야 한다.

일보전진과 일보후퇴를 반복하는 기존의 정치행태를 보여서는 안 되고, 정치권력의 성향에 따라 새로운 이 가치가 단절되거나 퇴행해서도 안 된다. 앞서 지적하였듯이 우리가 더 이상 뒤로 물러설 곳이 없을 정도로 기후변화의 영향이 심대하고 위험한 수준에 다다랐고, 지구생태계의 부양한계점이 우리 눈앞에 놓여 있기 때문이다. 정권의 변화에 따라 기후변화에 대한 대응 정도의 차이는 있을지언정 지속가능한 발전을 위한, 즉 새로운 사회계약과 부합하는 새로운 정치가 이루어져야 한다. 사실상 국가권력은 무엇보다도 구성원의 생명, 안전, 재산, 인간다운 생활을 보호하는 것을 최고 우선으로 하지 않는가? 지금 우리가 처한 위험 수준에서는 이런 주요 가치들이 지속적으로 보장받지 못하고 있다. 정치에 있어서 생태학적 전환이 변함없이 우선순위로 다루어져야 하는 이유이다.

모든 영역이 환경과 여관되어 있기 때문에, 모든 분야가 정치적으로 재검토되고, 재조정되어야 한다. 한 예를 들어보면, 이제 교육은

'생태계의 보호와 지속가능한 사회'라는 가치를 가르칠 수 있도록 재조정되어야 한다.[1] 바로 이러한 교육의 생태적 전환과정이 정치과정에서 담보될 수 있어야 한다. '생태'문화관광이 문화관광의 생태적 전환을 의미하듯이 말이다.

시민이 공동으로 참여할 수 있는 거버넌스(Governance)도 구축되어야 한다. 왜냐하면 환경보전은 전 국민의 새로운 사회계약을 필요로 하고 있고, 전 국민이 참여해야만 의미 있는 결과를 가져올 수 있기 때문이다. 계약은 어느 한 쪽이 실천하지 않으면 파기되는 것이다. 환경보전을 온전히 달성하기 위해서는 국민이 세계시민으로서의 위치를 자각해야 한다. 즉 근대민주주의 국가의 "국민의, 국민에 의한, 국민을 위한"이라는 저 유명한 선언이 글로벌 세계시민사회의 "세계시민의, 세계시민에 의한, 세계시민을 위한"이라는 새로운 선언으로 전환되어야 한다. 10%의 낮은 투표율로 선택된 대표자의 권위가 낮듯이, 소수의 세계시민이 참여한 환경보전은 그 추진력을 곧 상실할 것이다. 따라서 글로벌 시민단체의 공동참여를 보장할 수 있고, 국제협약이 실질적 구속성을 가질 수 있는 새로운 거버넌스가 전 지구적 차원에서 시급히 요청되고 있다.

---

1) 독일 문학인들은 문화영역에서 이러한 전환을 촉구했다. "진실한 녹색문학은 내용과 단어 선택에 있어서도 저 모든 조급함, 소비욕구, 속도 중독, 과도한 소비주의에 대항해야 한다. 이것들로 인해 우리 모두는 스스로를 점점 더 가까이 다가오고 있는 환경 파국의 공범자로 만들고 있기 때문이다. 녹색문학은 이들 기준 대신에 우리에게 좀 더 소박한 삶의 형태와 만족에 이르는 길을 가능한 한 매력적으로 그려주어야 할 것이다." 김용민, 『생태문학』, 책세상, 2003, 136쪽에서 재인용.

9. 1. 온실가스 및 오염물질의 완화정책

기후변화 완화 대응책의 핵심이 되는 온실가스 및 오염물질의 완화정책을 살펴보자. 국가가 환경오염을 규제하는 대표적인 세 가지 방식으로서 직접규제, 배출권거래제, 배출부과금·보조금제도 및 환경세(탄소세)가 있다.[2]

직접규제는 정책당국이 설정한 환경규제를 오염제공자들이 의무적으로 지키도록 강제하는 감축정책수단이다. 배출량 기준, 오염도 기준, 기술 기준을 강제적으로 부과하는 방식이다. 따라서 이 정책은 정책당국에게는 많은 재량권을 부여하지만, 오염자 입장에서는 비효율적이고 획일적이라고 평가한다.

반면 배출부과금·보조금제도(emission charge or subsidy)와 배출권거래제는 모두 오염원에게 어떤 경제적 유인을 제공하여 오염원 스스로 배출량이나 배출방법을 선택하게 하는 제도이다. 배출권거래제에서 할당 배출량을 전부 소진하지 않은 기업은 그만큼 배출권을 시장에서 팔 수 있으므로 효율적이고, 시장에서 거래가 이루어지므로 정부의 규제비용이 줄어들 수 있다. 이 제도는 배출부과금 제

---

2) 경제적 유인을 통해 사람의 행위를 변화시켜 환경오염물질 배출을 줄이는 것을 목적으로 하는 간접규제 방식을 말하는 것으로, 그 형태는 세금이나 각종 부과(담)금으로 나타난다. 세금과 부과금(부담금)을 구별할 수 있도록 예를 들자면, 한국의 부담금·지원금에는 환경개선부담금(160제곱미터 이상의 시설물에 모두 적용)이 있다. 수질 및 대기오염과 관련하여 부과하는 것으로, 사용량(오염량)에 일정오염계수를 곱하여 부과한다. 경유 차량에도 적용된다. 배출부과금은 기본 + 초과부과금으로 이루어져 있고 오염원 모두에게 적용된다. 이 밖에 재활용부과금, 폐기물부담금, 수질개선부담금(지하수개발업자) 등이 있다. 하지만 온실가스에 대해서는 아직 적용이 되지 않고 있다. 에너지 사용 및 탄소배출에 대한 전면적이고, 일반적인 조세의 형태로는 부과되지 않고 있다. 이전의 부담금 제도 역시 환경보호와 저탄소사회로의 전환을 위한 확실한 목적하에 시행된 것은 아니었다.

도와 유사하지만 정책목표의 달성여부를 확인하기에 용이하다. 사전에 오염물질 배출량의 한계를 설정하기 때문에 정책목표의 달성여부에 대한 불확실성이 없다. 단기적 비용 대비 효과도 크고, 장기적 기술혁신을 가져올 수 있어서 매우 혁신적 환경규제라고 할 수 있다.[3]

탄소세(환경세)는 오염원이 에너지투입량(이산화탄소 배출량)만큼 세금을 지불하는 제도인데, 비용 효과적으로 저감할 수 있는 가격 인센티브를 제공함으로써 이산화탄소 배출량의 저감 및 억제를 위한 기술개발에 대한 강한 유인을 제공한다. 또한 징수된 세금은 같은 목적에 사용할 수 있다. 탄소세(환경세)의 도입은 기존의 조세구조와 체계의 개혁 속에 종합적으로 다루어져야 하고, 기존의 에너지 가격체계의 왜곡도 사전에 시정되어야 도입 취지를 살릴 수 있다.[4] 조세제도는 혁신을 촉진하는 데 중요한 역할을 할 뿐만 아니라 어느 정도는 혁신의 방향까지도 결정한다.

탄소시장(배출권거래제도)을 선호하는 진영과 탄소세 제도를 선호하는 집단 사이의 논쟁이 있는데, 당연히 두 방식 모두 공존할 수 있다. 탄소 배출권거래제도는 이산화탄소 배출을 일정 수준의 범위 안에서 완화 또는 감축을 하기 위한 효율적인 제도인 반면에, 탄소세는 이산화탄소 배출 자체에 대한 근원적인 책임을 물어 세금을 부과하는 보다 강력한 방법이다. 탄소세 부과의 경우에 국민 전체를 대상으로 할 것인지, 기업에만 부과할 것인지 검토하고, 어떤 행동 습

---

3) 박호정, 「배출권 거래제의 경제적 영향분석」, 『새로운 경제전략 녹색성장: 성공을 위한 핵심과제』, 2011.

4) 김승래, 「Carbon Taxation for Green Growth in Korea: The Design of Carbon Tax Scheme」, 『새로운 경제전략 녹색성장: 성공을 위한 핵심과제』, 2011.

관을 바꾸기 위한 것인지를 분명히 해야 한다. 가급적이면 벌과금 형식보다 인센티브 형식이 더 바람직하다. 탄소세는 전체 재정전략의 한 부분으로 구성되는 것이 중요하며, 환경적 효과는 반드시 공개되어 가시화되어야 한다.

이산화탄소 배출권거래제도는 1997년 교토의정서에서 체결된 조약으로 현재로서는 기후변화에 대처할 수 있는 유일한 국제협정이다.[5] 유럽에서는 2005년부터 시장에서 거래되었으며, 진화과정을 겪고 있다. 2010년부터는 항공 부문, 2012년부터는 해양 수송 및 삼림 부문도 포함시키기로 하였다(2부 제10장 참조).

탄소세는 경제적 관점에서만 보면 환경에 관한 외부효과(비용)를 완전히 내재(부)화하려는 목적이 있고, 조세지출용도는 크게 두 가지이다. 첫째는 세금으로 거둔 수입의 전체나 일부를 환경보전을 위해 사용하는 경우인데, 예를 들어 신재생에너지 개발에 필요한 재원을 마련하는 것이다. 둘째, 사람들의 행동과 습관을 변화시키고자 하는 수단으로 활용하는 지원금으로 지출된다. 예를 들어 소형자동차 구매자에게 각종 인센티브를 주기 위해서 걷는 세금이다. 탄소세는 간접소비세처럼 납세자가 자기가 화석연료를 사용한 만큼만 세금을 지불한다. 이러한 점은 에너지와 관련된 각종 세금의 탄소세로의 대체(세금 스와프)를 가능케 한다.

탄소세는 1990년대 초에 덴마크, 핀란드 등에서 도입하기 시작하여, 산업계, 교통부문, 그리고 가정에까지 점차 확대되었다. 배출량이 저감되거나 배출량 증가속도가 완화되는 정도의 결과를 보여주고 있는데, 아직도 가야 할 길이 멀다는 것을 알 수 있다.

---

5) 〈조선일보〉, 2009년 1월 28일, 2011년 2월 18일 자.

탄소세 도입에 관한 기존 연구를 잠시 살펴보자.[6] 미국의 한 연구는 소득세 기초공제액을 인상하고, 그 공제부분을 탄소세로 대체하는데, 연료의 탄소량에 근거하여 탄소세를 탄소 1톤당 55달러 부과하라고 권고하였다. 시행되면 탄소세 부과로 인한 조세수입 증가, 소득세 감소, 장차 연료소비량 감소로 인한 탄소세 감소가 예상된다. 그러면 부족한 부분을 소득세 면세점 인하로써 보충하고, 이를 통해 저소득층을 배려하여 조세공평성도 개선할 수 있다.

한 걸음 더 나아가 영국의 라운트리 재단은 탄소세 도입으로 인한—탄소세의 역진적 성격으로 인해서—저소득층의 손해를 최소화하는 연구를 진행했는데, 이 연구의 결과물은 아래와 같이 정리될 수 있다: 1) 현재의 환경세금제도에서는 가난한 가정들이 가장 큰 피해를 입는다. 2) 빈곤가정이 에너지관련 세금을 많이 내고 있기 때문에 일률적인 탄소세 부과는 역진적일 수 있다. 3) 그래서 보조금을 제공하면서 에너지 효율을 개선하게 하는 것이 방책일 수 있다. 먼저 부자들이 고효율 장비를 설치하고 설치하지 않을 경우 추징금을 걷어 이를 저소득층이 설치비용으로 쓸 수 있도록 저금리로 대출해준다. 4) 이런 제도가 시행되면 향후 10년 동안 각 가정에서 최소한 10% 이상을 줄일 수 있다. 그리고 에너지 사용절감으로 인한 순이익이 차후 발생한다.[7]

이런 연구를 통해서 알 수 있는 것은 탄소세의 도입에는 조세제도의 총체적인 개혁이 요구된다는 점이다. 이 과정은 기존 조세제도와 관련된 조세의 공평성, 형평성, 소득재분배 정책의 유지, 기존

---

6) 앤서니 기든스, 2009, 219쪽 이하.
7) 앤서니 기든스, 2009, 222쪽 이하.

의 왜곡된 에너지 가격(지원)제도 개혁, 화석연료산업에 대한 지원 삭감, (신)재생에너지 지원확대, 탄소세(환경세) 도입에 따라 기존 조세의 기본구조(소득세, 간접세 등)의 전환, 더욱 더 사회취약계층을 배려하는[8] 제도로의 개혁이 동반되어야하는 복잡하고 어려운 과제이다.

한국의 경우는 2012년부터 '온실가스·에너지 목표관리 제도'를 실시하여 감축에 나서, 점차 그 대상과 관리목표를 강화하고 있다.[9] 하지만 배출권거래제도 실시는 기업의 반대로 2015년으로 연기되었고,[10] 탄소세 제도는 아직 구체적인 논의도 이루어지지 않고 있다.[11] 이뿐만 아니라 에너지 가격체제의 왜곡을 바로잡아 가격을 시급히 정상화시켜서 위의 새로운 제도를 실시할 경우 그 효과들이

---

8) 최근 캐나다의 앨버타 주 지역을 대상으로 한 조사에서도 '소득과 에너지 사용량' 간의 정비례적 상관성이 여실히 나타났다. 상위 1% 고소득 가구는 연평균 58톤을, 중산층 가구는 12톤, 하위 20% 저소득 가구는 8.2톤의 온실가스를 배출하였다. 이런 측면은 기후변화 완화 및 적응정책을 입안하는 데 여러 면에서 고려되어야 할 것이다. 전다래, "온실가스 줄이려면 고소득 가구 상위 5%의 배출량에 주목해야", 2013년 4월 23일, http://climateaction.re.kr/index.php?mid=news01&document_srl=34366.

9) 정부는 온실가스·에너지 목표관리제도의 규제 대상을 2012년의 경우 온실가스배출량이 25,000tCO$_2$ 이상인 사업장으로 삼았으나 2014년에는 15,000tCO$_2$이상을 방출하는 사업장으로 확대함으로써 규제를 강화하여 목표를 달성하고자 한다.

10) 2014년 5월 환경부 주관으로 '국가 온실가스 배출권 할당계획(안)'을 제시하였는데, 또다시 기업을 중심으로 재검토를 요구하고 나섰다. 과도한 비용과 산업경쟁력 약화 등을 이유로 들고 있다. 환경부 보도자료 2014년 5월 26일 자; 〈뉴데일리 경제〉, 2014년 6월 1일 자.

11) 그나마 2015년 이후 저탄소협력금제도가 부분적으로 시행될 예정이지만 자동차업계의 반발이 심하다. 이 제도는 1킬로미터 주행 시 이산화탄소 배출량이 110그램 이하인 자동차를 구매할 경우 보조금을 지급하고 145그램 이상을 배출하는 자동차를 구매할 경우 부담금을 부과하는 제도이다. 〈매일경제〉, 2014년 6월 10일 자.

제대로 나타날 수 있도록 해야 한다.[12] 2011년 이후 대(大)정전 등의 전기비상사태가 빈번이 발생함으로써 전기비용의 인상 등이 활발히 논의되고 있다.

특히 지구온난화의 주된 원인이 되는 온실가스의 감축은 전 지구적으로 필수적인 약속사항이 되어, 온실가스 감축을 목표로 하는 각종 제도나 정책은 그 실효성과 지속가능성을 담보하기 위해 많은 경우에 법으로 제정되고 있다.[13] 온실가스 및 오염물질 저감정책 외에도 주요한 기후변화 완화정책이 적지 않다. 신재생에너지 공급확대 정책과 지원책은 매우 주요한 축으로, 이미 많은 국가들이 이 역시 법으로 규정하고 있다.[14] 기후변화 완화정책의 범위는 자원과 폐

---

12) 박광수, 「녹색성장 시대의 에너지 가격 정책」, 『새로운 경제전략 녹색성장: 성공을 위한 핵심과제』, 2011.

13) 영국은 2008년 기후변화법을(Climate Change Act 2008) 제정하여 법적 구속력이 있는 목표를 명문화하였다. 주된 내용과 목적은 다음과 같다. 1) 2050년까지 영국 내외 활동을 통해 온실가스 배출량을 1990년 대비 80% 저감하며 이산화탄소 배출을 2020년까지 최소한 26% 줄인다. 2) 탄소예산시스템을(carbon budgeting system) 도입하여 2050년까지 배출 경로를 설정한다. 이를 위해 5년 단위의 배출량 상한선과 2050년까지의 세 개 기간(15년)에 대한 탄소예산을 설정한다. 첫 세 개 탄소예산 적용 기간은 2008~2012, 2013~2017, 2018~22년이며, 각 기간에 대한 탄소예산은 2009년 6월 1일까지 확정되어야 한다. 정부는 탄소예산을 수립한 후 가능한 조속히 이를 달성하기 위해 실행 가능한 정책과 제안을 국회에 보고해야 한다. 3) 기후변화위원회를 설립한다. 이 위원회는 탄소예산의 수준과 비용효율적인 절감 방안에 대해 정부에 제언할 수 있는 독립적이고 전문적인 위원회이다. 위원회는 매년 영국의 목표 달성 여부와 정부가 시행하는 예산에 대한 '연간 보고서'를 국회에 제출하여 투명성과 책임소재를 확보하도록 한다. 4) 소관 국가기관은 규칙에 따라 온실가스의 배출과 관련되는 거래 제도를 정할 수 있다. DECC(Department of Energy and Climate Change, UK). "Memorandum to the Energy and Climate Change Committee Post-legislative Scrutiny of the Climate Change Act 2008", 2013 참조.

14) 영국의 경우 2008년 '에너지법(Energy Act)'을 제정하여 신재생에너지에 대한 의무를 강화하였다. 소규모 및 지역사회 규모의 저탄소 발전을 위한 발전차액지원제

기물의 생산, 기술, 유통, 처리 및 소비과정 전반에 관련되는 매우 넓은 영역이다. 바이오에너지를 활용한 친환경농촌마을을 조성하거나, 폐기물 없는 자원순환 도시를 조성하는 정책이 좋은 예다. 또한 시행된 모든 완화정책의 사전 및 사후의 환경영향평가와도 연관이 된다. 즉 기후변화 완화정책은 자원의 절약 및 효율성 증대, 재활용, 재생산을 실현하고, 생태계 자원을 보전하는 모든 행위와 관련하여 규정, 평가, 유인 및 지원체계, 규제하는 법과 제도를 모두 포괄한다고 할 수 있다.

9. 2. 기후변화 적응정책

기후변화 대응책은 주로 온실가스 배출의 완화(저감)에 집중되어 온 것이 사실이다. 최근에 이르러서야 적응에 관한 연구가 시작되었는데, 2001년 IPCC의 기후변화의 영향, 취약성, 적응간의 관계에 대한 분석에 이어, 2005년 유엔개발계획(UN Development Programme, UNDP)이 기후변화 적응능력의 취약성을 분석하였고, 2007년 12월, 제14차 UNFCCC 당사국 총회에서 '기후변화 영향, 취약성, 적응에 관한 나이로비 작업 프로그램'이 확정되어진다. 이 프로그램은 기후변화 취약성 평가 방법론 개발, 기후변화 영향 자료의 축적 및 관찰, 기후 모델링, 기후변화에 대한 적응능력과 관련된 사회경제적 정보의 통합, 구체적 적응계획 및 조치의 실행, 적응기술의 개발과 전파

도(Feed in Tariffs)를 도입하고, 모든 규모의 신재생 열에너지 프로젝트 지원을 위한 신재생 열에너지 인센티브 제도(Renewable Heat Incentive)를 도입했다. 탄소 포집 및 저장을 장려하고, 스마트 그리드 제도를 확대하여 2020년에 전력공급의 30% 이상을 신재생에너지로 충당한다는 목표를 세웠다.

등의 내용을 담고 있다. 2006년 '스턴보고서'는 기후변화로 인한 경제적 피해가 막심할 것이며, 적응을 위한 투자를 빨리 하면 할수록 예상되는 피해비용을 훨씬 감축시킬 것이라고 밝혔다.

적응의 필요성과 방식에 대한 이 같은 연구결과를 아래와 같이 요약할 수 있다.

1) 인류의 기후변화 적응 수준이 향후 기후변화가 가져올 부정적 영향의 크기를 결정짓게 될 것이다.
2) 기존 정치의 정책묶음에 기후변화 내용을 흡수 반영시키는 전략이 주요한데, 이를 통해 효율적인 정책추진이 이루어질 수 있을 것이다.
3) 완화정책과 적응정책을 통합하여 연계 추진해야 한다.
4) 적응행동의 내용에 맞는 적절한 적응주체의 파악이 중요하다.[15]

기후변화를 완화·억제하고자 하는 정책도 매우 중요하지만, 그것을 미리 예측하고 예방하는 일도 중요하다. 기후변화의 영향이 미칠 수 있는 수많은 분야에—예상을 초월할 만큼 다양한 영역이 될 것인데, 기후난민으로 인한 외래전염병의 전이 등이 한 예이다—대해서 제각각 영향 평가가 먼저 이루어져야 한다는 점을 생각하면, 가히 사안의 복잡성을 짐작할 수 있다. 반응적(사후) 적응도 필요하고, 또한 능동적(사전) 적응도 필요하다. 사실상 모든 리스크에 대한 정책이 적응 정책에 해당된다. 기존의 삶의 방식을 시급히 변경시켜야 할 필요가 있을 때에는 능동적으로 대처해야 한다. 예를 들어, 농

---

15) 유가영, 「기후변화 취약성 평가 및 적응」, 『물리학과 첨단기술』, 2009, 32-36 쪽.

부들이 위험을 줄이기 위해서 어느 한 작물 품종만을 재배하기보다는 다품종 소량재배로 전환해야 한다. 한국처럼 서해지방에 폭설이 빈번이 발생할 경우 비상체계의 수립과 대비훈련이 필요하다.

적응정책을 입안할 때 고려할 사항과 원칙들은 다음과 같다.

1) 지역적, 국가적 차원에서 위험과 취약성의 정도를 분석 및 평가해야 한다. 이와 함께 기후변화 적응 지도를 만들어야 한다.

2) 주민들에게 가장 밀착된 형태로 이루어져야 한다. 즉 상위 단위의 개입을 최소화하고 지역사회나 지방자치단체와 같은 최소 단위 정치 공동체의 의사결정권을 존중한다는 원칙을 준수해야 한다. 일차적으로 기초자치단체에서 현실에 알맞게 만들어 시행해야 한다.

3) 지방과 중앙정부는 위험과 취약성의 수준에 따라 탄력적이며, 동시에 체계적인 실천방식과 매뉴얼에 따라 행동해야 한다.[16]

4) 빈곤한 사람들이 더 취약하기에 그들을 보호할 체계적인 정책 마련이 시급하다.

5) 개발도상국에서의 적응 문제는 매우 중요하다. 빈국에 대한 지원은 예전보다도 기후변화 적응에 좀 더 초점을 맞추어야 한다.[17] 그리고 적응계획과 기존의 빈곤 완화 프로그램을 서로 연

---

16) 채여라, 「우리나라 기후변화의 경제학적 분석」, 제3차 기후변화적응 국제심포지엄, 2011.

17) 후진국은 개방자원의 관리문제, 인구감소를 위한 정책, 오염물질 저감규제 등의 정책을 자체적으로 시행하도록 노력해야 하며, 동시에 선진국은 기술이전을 과감히 하고, 후진국의 외화부채를 탕감해주는 대신에 후진국가는 자연을 보호하는 데 그 금액을 투자하는 이른바 부채-자연 스왑(debt-for-nature swap) 정책을 확대 시행하고, 국제기구 활동에서 환경측면을 더욱 고려해야 할 것이다. Grossman과 Krueger(1995)는 경제발전과 환경 간의 관계의 일반적 경로에 대한 연구결과를 발표했는데, 초기에는 경제발전의 대가로 환경수준이 악화되다가 경제성장이 이루

계하려는 시도를 강화해야 한다.[18]

이제 각 국가들의 기후변화 적응정책의 방향과 내용을 간략히 살펴보자.

유럽연합의 경우 EC(European Commission)는 2008년에 회원국이 폭넓게 공유하는 문제들에 적용할 수 있는 일련의 적응프로그램을 개발하였다. 전염성 질병의 전이 경로, 수자원 관리 기본지침, 생물다양성 보전과 회복, 삼림 집중 프로그램, 지속가능한 소비 및 생산 행동계획, 연안관리 종합프로그램, 재난 리스크 감소 프로그램, 유럽사회기금을 통한 사회적 인식제고, 지구기후변화동맹(개발도상국과의 대화와 협력 도모) 등 다양하다.[19]

영국에서는 국가단위의 적응체계로서 1997년 영국기후영향프로그램(United Kingdom Climate Impacts Programme, UKCIP)를 가동시켰다. 기후변화 영향 프로그램으로 과학적 이해를 돕고, 과학적 지식과 공공기관의 결정을 연결하고자 하는 기획이었다. '기후변화 예측 시나리오'를 발간하여 주요한 정보를 제공하고 있다. 이어서 2008년에는 기후변화법(Climate Change Act)을 제정하였다. 국가 온실가스

어질수록 환경의 질이 좋아지는 일명 '환경쿠츠네츠곡선(Environmental Kuznets Curve)'을 제시하였다. 이런 경우는 선진국의 일반적 경로를 나타낼 뿐 후진국가에는 적용되지 않을 수도 있으며 오히려 경제성장도 후퇴되고 환경의 질도 악화되는 위험한 경우가 있을 것이라 지적하였다. 따라서 선진국은 기술이전 및 환경분야의 지원을 아끼지 말아야 할 것이다.

18) 추장민 외, 「저소득계층의 기후변화 적응역량강화를 위한 정책방안 연구 I」, 『한국환경정책·평가연구원』, 2010.

19) http://ec.europa/eu/clima/policies/adaptation 참조.

감축목표를 설정하여, 이의 실천을 지원하는 예산과 법령을 마련하고 제도적 기반확충을 제시하고 있으며, 적응력 향상을 도모하고자 하는 기본법을 세계 최초로 제정하였다. 이에 발맞추어 2008년 10월 새로운 정부부처 '에너지 및 기후변화부'를 창설하였다. 2008년 기후변화 적응프로그램(Adapting to Climate Change Programme)을 실행하면서 국가행동프로그램(NAP)으로 기능하게끔 하였다. 또한 국가 기후변화 위험평가를 토대로 기후변화 영향과 적응에 관한 평가를 한다.[20] 이처럼 영국에서는 기후변화 완화와 적응을 위한 다양한 정책과 체계가 관련 분야의 법률제정을 통해 뒷받침되고 있는 것이 특징이다. 이는 2000년 제정된 '주택난방 및 에너지 보존법'을 통해 영국 사회의 취약계층인 '에너지 빈곤층'을 지원하려 했던 영국의 사회 · 통합적 노력에서도 잘 알 수 있다.[21]

일본은 적응정책의 하나로 '지역사회의 저탄소 순환사회로의 전환'이라는 프로그램을 실행하고 있다. 이 프로그램의 일환으로 기타큐슈 지방은 에코타운으로 전환되었다.[22]
- 녹색 사회간접자본: 친환경 학교, 도시교통(저탄소집약형 도시재구축, 상하수도정비 등), 국토청결, 아름다운 자연과 수질보전(온실가스감축, 목재사용), 삼림정비 및 보존(재생/창조), 자연재해 대응

---

20) www.nap.or.uk 참조.
21) 저탄소사회로의 전환은 초기에는 에너지 비용을 높일 가능성이 크기 때문에 에너지 빈곤계층의 부담이 높아진다. 이러한 곤란을 상쇄하기 위하여 이 법을 제정하여 이들 계층에게 각종 지원을 보장하고자 하였다. 현물보조 외에도 단열공사 등 에너지 효율향상 수단 제공, 생계지원을 포함한 소득향상 방안 강구, 세제혜택 등을 약속하고 있다. 이준서 외, 2013, 17쪽 이하 참조.
22) UNEP, *Eco-Towns in Japan*, 2005.

책 구축

- 녹색 지역 커뮤니티로의 변혁: 환경보전형 지방공공단체 지원, 지역 커뮤니티에 의한 지원(환경 인재양성, NPO 지원, 환경산업육성), 순환형 커뮤니티형성(식품재활용, 건설재활용, 물 순환 등)
- 녹색소비로의 전환: 에너지절약 가전제품 사용, 그린 빌딩(단열 에너지), 자동차(연비 고효율)
- 녹색투자: 배출거래권, 에너지세제, 인센티브확대, 무이자 금융 지원, 기업환경정보 공개제도, 그린정보화, 순환 산업육성(폐기물 처리시스템, 폐기물의 에너지화),
- 녹색기술혁신: 국가적 목표하에 환경과 경제를 접목한 기술에 대한 투자촉진, 기술실용화 및 보급

한국의 기후변화 적응(완화)정책의 형성, 방향, 내용에 관해 살펴보자. 한국은 국무총리 산하에 '기후변화종합대책'을 마련하여 1999년 이후 3차에 걸쳐서 이를 실시하고 있었다. 이 연장선에서 '기후변화대책기획단'은 저탄소 녹색성장의 국가비전을 반영하여 2008년 9월 '기후변화종합기본계획'을 발표하였다. 이 계획은 글로벌 환경변화—친환경 경제, 사회, 기술, 정치로 전환하고 있는 과정—에 적응하고자 하는 적극적 노력을 담았고, '저탄소녹색성장'은 이명박 정부의 새로운 발전전략이자 패러다임으로 자리매김을 하였다. 이러한 정책의 수립과 실시는 공급, 수요, 기술적 관점에서의 일대 전환을 의미하며 녹색경제, 기술, 사회로의 전환을 통해 새로운 일자리를 창출하는 것을 하나의 목표로 설정한다. 즉 탈석유와 에너지 자립율 제고와 함께, '저탄소 자원순환형 사회'를 이루면서 신재생에너지와 녹색기술을 기반으로 한 녹색성장을 하나의 새로운 발전전

략으로 제시하고 있다. 또한 '국민의 삶의 질 향상'과 '환경개선'이라는 목표 아래 기후변화 완화 및 적응대책 추진으로 안전사회 구축이라는 추진 과제도 설정하고 있다.

기후변화대책기획단은 이를 위해 국가차원의 종합적·부문별 기후변화 영향평가 및 적응종합계획을 수립하여 생태계, 대기, 건강, 농업·수산, 산림, 해양, 산업, 물 관리, 도시, 방재, 금융 등의 부문에 대한 장단기 적응대책을 수립해야 한다고 명시하고 있다. 이와 함께 기후변화 취약성 지도를 작성하여 위기관리 체계 구축을 강화하고 지자체별 기후변화 적응에 대한 가이드라인을 수립·보급하는 등 적응을 위한 국가기반을 확충할 계획을 수립하였다(글상자 5 참조). 이러한 기본 방향과 개념은 이후의 녹색성장위원회의 비전제시와 '저탄소 녹색성장 기본법'에 반영된다. 2009년 2월에는 녹색성장위원회가 대통령 직속기관으로 출범하였고, 7월에 '녹색성장 국가전략 및 녹색성장 5개년 계획'을 수립, 시행하고 있다. 국가전략은 대한민국을 2020년까지 세계 7대, 그리고 2050년까지 세계 5대 녹색강국으로 변모시키려는 목표를 두고 있다. 이를 위해 '기후변화 적응 및 에너지 자립, 신성장 동력 창출, 삶의 질 개선과 국가위상 강화'를 3대 전략으로 삼고, 기후변화 적응역량 강화 등 열 개의 정책을 중점적으로 추진하는 것을 목표로 한다. 이러한 비전, 방향, 정책들은 2010년 4월의 '저탄소 녹색성장 기본법'에 반영된다. 2010년 6월에는 글로벌녹색성장연구소(GGGI)가 출범된다. 2009년 11월 이명박 대통령은 2020년까지 2005년 기준 BAU 대비 30%의 온실가스 감축 목표를 천명하였다. 하지만 아직도 '저탄소 녹색성장 기본법'은 성장에 비중을 더 두고 있어서 완화 및 적응에 관하여 더 보완되

어야 할 점이 많다.[23]

분산되어 실행되던 기후변화적응정책을 체계적 · 과학적 국가 전략으로 도약시키기 위해 환경부와 한국 환경정책평가연구원이 2009년 7월 '국가기후변화적응센터'를 설립했다(글상자 5 참조). 다른 선진 국가의 유사 기관과 마찬가지로 적응정책 수립 지원, 적응전략, 이행 도구를 개발하고, 연구수행을 하며, 협력 및 지원 체계를 구축하였고, 국내외 협력체계, 중앙 · 지역 간 적응협력체계, 정보공유 및 대국민 홍보 등 적응프로그램을 가동시키고 있다. 또한 2010년 6월에 '국가온실가스종합정보센터'도 창설하여 기후변화 완화를 위한 국내외 종합시스템을 마련하였다(글상자 6 참조).

아프리카의 가봉의 경우 기후변화의 위험과 심각한 영향을 충분히 인식하는 가운데 '녹색 가봉(Gabon Vert, Green Gabon)' 전략을 제시하면서 기후변화 대응을 우선순위에 두고 있는 '새로운 경제 모델'을 발전시킬 것을 약속하였다. 수력발전의 전폭적 확대, 수많은 국립공원지역 보존, 산림 보호 및 토양침식 방지 노력, 에코관광 지향, 바이오에너지 산업 육성, 농촌 · 어촌 · 산촌 · 광산과 도시의 균형적 발전 등을 주요 내용으로 하고 있다(그림 22~25 참조).[24] 이와

---

23) 한국은 앞서 언급한 영국의 경우와는 다르게 온실가스 감축에 관한 장기 목표가 설정되어 있지 않고, 따라서 목표를 달성할 구체적 방식과 수단을 제시하지 못하고 있다. 또한 중기 계획의 이행 상황을 점검 및 평가할 수 있는 구속력 있는 기관도 규정하지 못한 상태다. 기후변화 적응에 대한 정책과 시행 수단도 상당히 미비하다. 이런 점을 보충하기 위하여 2014년 7월 국회지속가능발전특별위원회와 빅애스크네트워크는 새로운 '기후변화법' 제정을 위해 입법공청회를 가졌다. 「새로운 기후변화 제정의 방향과 과제」 발표문 참조.

24) 가봉 대통령의 제17차 UNFCCC 당사국회의에서의 연설문 참고. "President Ali Bongo Ondimba speaks in Durban to present the key steps of an ambitious

더불어 산업의 다각화와 서비스 산업의 육성도 주요 목표로 두고
있다.

적응에 있어서 빠질 수 없는 부문은 피해보상과 관련된 보험이
다. 앞서 언급했듯이 1950년대 이후 대규모 자연재해의 피해 건수와
피해액 규모가 급증하고 있다. 미국의 경우 허리케인 앤드류 발생
이후에는 피해 규모가 기하급수적으로 급상승하였다. 재해 발생의
빈도와 강도가 계속해서, 그것도 가파르게 증가하는 상황에서, 민영
보험회사들과 정부의 역할이 시급히 재검토되어야 한다. 2005년 허
리케인 카트리나로 인해서 미 연방정부가 단독으로 지불해야 했던
비용은 직접 지원과 세금감면 혜택 등을 합쳐 1,000억 달러에 이르
렀다. 그 액수로도 피해 보상은 일부에 그쳤다. 보험 부문에서의 변
혁이 시급히 필요하다. 2011년에 발생했던 구제역 매몰사태 등 한국
의 수많은 재해, 일본의 후쿠시마 원전폭발사고, 태국 홍수의 대규
모 피해는[25] 보험 부문 변혁의 시급성을 강력히 말해주고 있다.[26]

---

　　national climate plan", LeGabon.org, 2011년 12월 6일 자. 특히 가봉 대통령
　　의 지속가능한 발전에 대한 의지가 매우 강한 점이 고무적이다. Businessweek,
　　"Emerging Gabon", 2011년 12월 12일 자 참조.
25) 이재민 250만 명, 공장폐쇄에 따른 실직자 66만 명, GDP 성장 2%p 하락, 복구·치
　　수사업 32조원 규모의 피해를 입었다. 〈연합뉴스〉, 2011년 10월 31일 자.
26) 앤서니 기든스, 2009, 261쪽 이하.

글상자 5. 국가기후변화적응센터의 기본 적응대책

비전   기후변화 적응을 통한 안전사회 구축 및 녹색성장 지원

부문별 적응대책

건강	폭염·대기오염 등으로부터 국민 생명 보호
재난·재해	방재·사회기반 강화를 통한 피해 최소화
농업	기후 친화형 농업생산체재로 전환
산림	산림 건강성 향상 및 산림재해 저감
해양·수산업	안정적 수산식량자원 확보 및 피해 최소화
물 관리	기후변화로부터 안전한 물 관리 체계 구축
생태계	보호·복원을 통한 생물다양성 확보

적응기반 대책

기후변화 감시 및 예측	적응 기초자료 제공 및 불확실성 최소화
적응산업·에너지	기후변화 적응 신사업·유망사업 발굴
교육·홍보 및 국제협력	대내외 적응 소통강화

출처: 국가기후변화적응센터, http://kaccc.kei.re.kr

글상자 6. 국가온실가스종합정보센터의 5대 핵심기능

저탄소 녹색성장을 위한 글로벌 온실가스 감축

1. 국가 및 부문별 온실가스 감축목표 설정의 지원

2. 국제 기준에 따른 국가 온실가스 종합정보관리체계 운영

3. 온실가스 · 에너지 목표관리제 업무지원

4. 국내외 온실가스 감축 지원을 위한 조사 · 연구

5. 저탄소 녹색성장 관련 국제기구 · 단체 및 개발도상국과의 협력
   추진

출처: www.gir.go.kr

신사회계약의 글로벌 차원

1987년, 국제사회는 몬트리올 의정서를 조인하였다. 국제협력을 통해 오존층파괴 방지대책을 수립한 것이다. 이는 기후변화 영향에 대하여 전 지구적으로 협력할 수 있는 가능성을 열어 놓았다. 전 지구적 국제협력과 이행이 필수사항이지만, 이산화탄소 배출량 감축 목표에 대해서는 2014년 현 시점까지도 쉽게 국제공조에 이르지 못하고 있다. 다양한 이해집단 간의 갈등이 특정 분야에서, 지역차원, 국가 차원, 전 지구적 차원에서 국제공조를 어렵게 하고 있다. 선진국과 개발도상국의 입장 차이도 국제협력을 더디게 하고 있지만, 진전된 측면도 나타나고 있다.

10. 1. 흔들리는 교토협정체제: 글로벌 기후협약의 현 주소

이산화탄소 배출량 감축에 관한 첫 국제회의를 살펴보자. 1992년 155개국이 리우정상회담에서 '유엔 기후변화 협약(UNFCCC)'에 서

명했다. 2000년까지 이산화탄소 배출량을 1990년 수준으로 감축하는 것을 목표로 했다. 최종적으로 1997년 교토에서 새로운 협정을 맺어서 2012년까지 1990년 수준보다 5.2% 감축하도록 목표를 정했다. 그리고 이산화탄소 배출권제도를 도입하기로 결정하였다.[1] 하지만 1990년 온실가스 배출량(350ppm) 대비 70% 이상을 감축해야만 2050년도에는 온실가스의 대기 중 농도가 450ppm에 머무를 수 있다고 '스턴보고서'는 밝히고 있다. 이것이 2005년도의 진단이다. 2050년도에는 인구 및 도시증가와 함께 1990년에 비해 세계경제규모가 3~4배 정도 확대된 상태가 될 것이라는 예측을 고려한다면 상황은 더더욱 심각하다. 이러한 심각한 상황임에도 2001년 미국 및 호주 등이 여러 가지 이유로 교토협정체제를 탈퇴하기도 했다. 다행히 2004년 러시아 등이 비준하여서 교토의정서는 2005년 3월에 가까스로 발효가 되었다.

　미국을 비롯한 선진국가의 에너지 기업들은 대체에너지 시장이 확대되어 기존 에너지 시장을 잠식해 들어오는 것을 꺼리기 때문에 대체로 위의 협정에 반대하고 있다. 1990년대에 피바디 에너지 회사의 부사장인 파머는 '지구 대기에 이산화탄소가 부족하다. 영원한 여름을 유지할 수 있게 하면 좋지 않은가' 등의 홍보를 하면서 반대논리를 폈다. 전 미국 대통령 부시는 1992년 리우 정상회의에서 '미국적인 생활 방식은 절대로 타협할 수 없다'고 선언한 바 있다.[2] 후진타오 주석은 '중국의 인구 1인당 온실가스 배출량은 상대적으로 낮고 또 현재 중국의 핵심과제는 경제를 발전시켜서 인민의 삶을 더

---

1)　www.untccc.int/kyoto_protocol 참조.
2)　앤서니 기든스, 2009, 273쪽 재인용.

나아지게 만드는데 있다'라고 하면서 온실가스 감축의무를 받아들이지 않겠다고 공언하였다.[3]

이러한 반대와 저항을 거치면서 몇 차례의 수정과 협상 끝에 2008~2012년까지 선진국들이 1990년 대비 온실가스를 평균 5.2% 감축하기로 의결하였다. 각 국가의 여건에 따라 감축 범위가 -8%에서 10%까지 차등화되어 있다. 유럽의 감축노력이 제일 두드러진다. 교토의정서는 세 개의 주요 체제로 구성되는데 이는 공동이행제도, 배출권 거래제도(제2부 8장 참조), 청정개발체제(CDM)이다. CDM은 선진 국가가(부속서 1 국가)[4] 교토 의정서의 온실가스 감축 목표 달성을 위해 개발도상국들의 청정에너지 사업을 지원해서 온실가스 감축 분을 확보하도록 하는 제도다.

CDM체제는 유럽의 체면을 세워주기 위한 방편에 불과하다는 비판이 있지만, 세계은행은 '현실적인 원조형태이며, 외국투자를 끌어오는 수단이 되고 있다'고 보고하고 있다. 데이빗 빅터(David Victor)는 네 가지 이유를 들며 교토의정서 방식은 국제협력을 끌어내기가 사실상 어렵다고 지적하였다. 모든 참가국의 참여, 구속력 있는 온실가스 감축 목표 설정, 통합적 탄소 배출권 거래제 도입, 빈국들의 협력을 이끌어내기 위한 경제적 보상 등이 풀어야 할 과제로 남아 있다는 것이다.[5]

3) 앤서니 기든스, 2009, 319쪽 이하.
4) 세계의 국가들을 세 가지로 분류하여, 부속서 1 국가는 선진국들과 동구 유럽 국가들, 2부류에는 OECD 선진국가, 3부류 국가에는 주로 개발도상국들로 (이 국가들은 감축의무가 아직은 없으며, 한국은 3부류 국가에 포함되어 있다) 구성되어 있다.
5) D. Victor, *Collapse of the Kyoto Protocol and the Struggle to Slow Golbal Warming*.

2011년 11월 남아프리카공화국 더반에서 개최된 제17차 UNFCCC 당사국 총회(COP 17)에서도 이러한 과제는 타결을 보지 못한 채 또 미루어졌다. 겨우 교토의정서 체제를 2013~2017년까 지 5년간 더 연장하는 선에서 협상을 마쳤다. 그것도 선진국의 감축 목표는 확정하지 못한 채로 말이다. 2013년 바르샤바에서 열린 제 19차 당사국 총회에서는 2020년 이후 모든 당사국에 적용가능한 단일 의정서를 채택할 수 있도록 2015년까지 협상을 마무리 짓고, 2020년까지 후진국을 위해 1000억 달러 규모의 녹색기후기금(Green Climate Fund)을 조성하자는 데에 합의하였다. 아직 많은 과제가 미 해결 상태로 남겨져 있는 것이다.

미국의 피바디 에너지 회사와 달리 영국의 BP회사는 광전지 생 산회사로서의 전환을 모색하면서 이산화탄소 배출량 감소에 성공 하였다. 2010년까지 2000년 대비 동 회사의 온실가스 배출을 10% 감축할 것을 약속하면서 탄소거래를 시작했는데 1년 만에 그 목 표를 달성하였다.[6] 민간 차원의 이 같은 성공적인 전환처럼 성공 적인 국제공조도 늘어가고 있다. 기후변화협약을 이끌어낸 국제기 구인 UNFCCC를 지원하는 국제기구인 '유엔정부간기후변화패널 (International Panel on Climate Change, IPCC)'은 1988년 UNEP(United Nations Environmental Programme)와 WMO(World Meteolorogical Organization)이 함께 조직한 것으로 인간과 생태계에 대한 기후변화 의 영향을 분석, 이해, 평가하는 것을 목적으로 발족되었다.[7] IPCC

Princeton: Princeton University Press, 2001.

6) 앤서니 기든스, 2009, 287쪽 이하.

7) IPCC는 기후변화로 인한 위험을 측정하고, 그것의 영향 및 대응에 관한 프로그램

의 평가보고서는 온실효과가 지구온난화를 야기했을 가능성이 크다고 규명하였고, 생태계와 인간의 보건에 악영향을 미쳤다고 평가하였다.

　기후변화의 영향에 대해 완화정책과 적응정책을 적극적으로 추진하는 국가들이 있다. 바로 유럽연합(EU) 가입국들이다. 고무적인 현상이다. 이러한 국가들의 노력은 국제협력을 이끄는 데 기여할 것이기 때문이다. 2007년 유럽위원회는 한 단계 더 강화된 전략을 발표하였다. 산업혁명 이전 수준에서 전 세계 평균기온이 2도를 넘지 않는 수준으로 묶어두기 위해, 선진 국가들이 2020년까지 1990년 온실가스배출량 대비 평균 30%를 감축해야 한다는 데 동의한 것이다. 그때까지 재생에너지 사용비율이 전체 에너지사용의 20%가 되도록 노력하기로 결정하였다(2010년에는 약 8.5% 였다). 2008년에는 좀 더 현실적인 새로운 지침을 제안했는데, 1990년 대비 독일은 배출량을 14% 감축, 불가리아는 20% 더 늘릴 수 있도록 하였다. 바이오 연료는 10% 이상으로 유지한다는 목표는 똑같이 적용하였다. '전략 에너지 리뷰'라는 협의회를 만들기도 했는데, 각 국가는 에너지 효율 향상 행동계획을 수립해야 하고, 최종에너지 소비량을 2016년까지 9% 감축하도록 제시했다. 앞서 언급했듯이 이산화탄소 배출권 거래제도 역시 유럽연합에서 처음으로 시행되었다. 유럽연합의 이러한 적극적인 노력에도 불구하고,[8] 2012년에 열

을 실행하고 있다. 기후변화의 과학적인 이해를 돕고, 취약성과 대응책의 제시, 그리고 다양한 정책들을 하는 것을 주된 임무로 삼고 있다. IPCC의 평가보고서는 정부 간 기후변화협상의 근거자료로서 활용된다.
8)　앤서니 기든스, 2009, 279쪽 이하.

린 제18차 UNFCCC 총회의 결과는 매우 실망스러웠다. 미국을 비롯한 온실가스 상위 1~5위 배출국들이 2기 교토의정서(2013~2020) 기간에서 모두 이탈하였다. 그나마 다행인 것은 EU를 비롯한 38개 국가가 '2020년까지 온실가스를 1990년 대비 최대 20%까지 감축하겠다'고 선언한 정도이다. 이 총회에서는 개도국 지원규모도 결정되지 못했다.[9]

10. 2. 지속가능한 발전과 선·후진국의 협력관계

수많은 딜레마 속에서 앞으로 해야 할 것들이 많다. 지구환경기금(GEF)은 생물다양성협약의 지원을 받아 1990년에 주요 글로벌 환경기금으로 탄생하였다. 이 기금은 1991~2006년 사이 155개 국가에 생물다양성 관련 프로젝트에 공동자금으로 약 52억 달러를 제공했지만, 전 세계의 효과적인 보전을 위해서는 훨씬 더 많은 재정적 지원이 필요하다고 한다. 세계은행의 보고서에 따르면, 개발도상국의 기후변화 완화 비용만도 연간 1,400~1,700억 달러가 소요되며, 이와 관련된 초기 투자비용은 연간 2,460~5,650억 달러가 필요하다고 한다. 적응비용은 2030년까지 300~1,000억 달러가 필요하다고 추산하고 있다. 하지만 연간 90억 달러 미만이 조달되고 있어, 턱없이 부족한 실정이다.[10]

공적개발원조(ODA)는 기존에 주로 경제 및 인적 개발에 사용되었지만, 이제 친환경 프로젝트에 투입될 수 있게 되었다. 최근

---

9) 〈조선일보〉, 2012년 12월 10일 자.
10) 노희진, 김규림, 『녹색기후기금(GCF)의 특성과 향후 정책방안』, 자본시장 연구원, 2013, 15~17쪽 참조.

OECD 개발원조위원회는 생태계 서비스에 대한 취약계층의 의존도
가 높다는 점을 감안하여 "친빈곤형 성장(pro-poor growth)" 속의 지
속가능한 자연자원 관리의 역할을 강조하였고, "자연자원관리의 개
선을 위한 개발협력 지원"을 제안하였다.[11] 효율적인 지원을 위해서
는 ODA의 비율이 선진 국가들의 GDP의 0.3% 수준에 머물고 있는
현실은 조속히 시정되어야 될 것이다.

보스턴 대학의 Frederick S. Pardee 센터 역시 OECD 개발원조
위원회의 방침과 유사한 선·후진국 협력관계의 세 가지 주요 요소
를 제시하고 있다: 1) 개발원조로부터 공공재의 보전을 위한 지원으
로의 전환, 2) 친환경적이고 사회통합적인 실천이 보상을 받도록 유
인, 그리고 3) 현지(지역사회)의 다양성과 특수성을 적극적으로 고려
하는 지원이다.[12]

또한 국제정치의 지정학적 측면에서 특히 중국과 미국은 분명
히 서로 협력할 필요가 있다. 첫째로, 개도국과 선진국의 갈등을
조정하는 역할을 할 것이다. 둘째로, 군사대국으로서의 합의는 그
구속력을 발휘할 수 있을 것이다. 중국도 이전의 성장지향적인 태
도를 일부 바꾸었는데, 2006년 발표한 '기후변화 계획'은 2020년
까지 재생에너지를 통한 전력 생산 비율을 16%까지 점진적으로
늘리겠다는 내용을 담고 있다. 미국과 중국이 에너지 정상회담을
매년 개최하여 기후변화와 관련된 중요한 협정을 맺는 것도 효과

---

11) OECD, "Natural Resources and Pro-Poor Growth: the Economics and
   Politics", *DAC Guidelines and Reference Series*, 2008.
12) 자연자산이 국부를 산출하는데 기여하는 정도는 OECD 국가에서는 2% 정도에 불
   과하나 후진국의 경우는 26%에 달한다. 또한 빈곤층일수록 그들의 소득은 자연자
   산에 더 많이 의존하고 있다. 이러한 사실에 기초하여 Pardee 센터는 선·후진국
   협력관계의 세 가지 주요 요소를 제시하고 있다. T. Bigg, 2011, 29쪽 이하 참조.

가 클 것이다.[13)]

그 외에도 협력해야 할 영역이 너무 많지만, 생물다양성 보전 및 온실가스 감축을 위해 전 세계의 열대우림 손실을 막는 것이 급선무이다. 지역적, 쌍무적 정책개발이 매우 중요하다. 삼림파괴의 경우도 원인이 다양해서 해법도 다양하지만, 생존의 경계인들에게는 일자리를 제공하는 것이 옳고, 브라질과 인도네시아는 삼림벌목을 중단해야 한다. 앞서 언급한 가봉의 발전전략은 좋은 모델을 제시하고 있다.

수많은 딜레마와 갈등 속에서 글로벌 환경위기를 극복하기 위해 선진국과 후진국이 상호 협력해야 하는 부문을 열대우림의 예를 통해 알아보고, 일반화하여 요약해보자.[14)]

대기와 마찬가지로 열대우림은 글로벌 공공재이다. 숲은 방출된 이산화탄소의 25% 정도를 흡수하는 저장고이자 산소 제공원이다. 숲을 통하여 생태계가 재생산된다고 해도 과언이 아니다. 열대우림은 중소농민들에 의해서 경작되는데, 생산성이 낮은 토양이 대부분이어서 곧 대지주에게 매각하고, 이렇게 해서 농지는 곧 거대한 목축장으로 변모된다. 따라서 정부차원의 보전정책이 시행되어야 한다. 후진국가나 중소농민이 열대우림과 숲을 보존하기 위해서는 비용이 많이 필요하다. 기회비용 역시 어마어마한데, 주요한 연료를

---

13) 21세기에 들어와서 중국은 세계 경제, 정치, 군사·안보, 에너지 및 환경보전 측면에서 미국과 함께 주요한 영향력을 행사하는 세계의 한 축으로 급부상하였다. 이 점은 미국과 함께 중국이 국제 협력 거버넌스 구축에 대한 실질적인 책임 역시 공유해야 된다는 것을 말해주고 있다. 앤서니 기든스, 2009, 316쪽 이하.

14) M. P. Todaro, 1997, 366쪽 이하 참조.

포기한다든지, 목재나 쇠고기 수출을 통한 외화수입을 포기해야 하는 등, 여러 형태의 기회를 포기하여 생기는 손실은 실로 측정하기 어렵다. 숲이나 열대우림과 같은 글로벌 공공재를 보전하기 위해 이러한 불이익을 홀로 감당하는 것은 비현실적으로 여겨진다. 따라서 글로벌 사회는 공동체로서 이러한 보전 노력을 지원해야 한다. 제 3세계의 막중한 외채를 경감시키거나 무역 장벽을 낮출 수도 있고, GEF의 기금을 확대하거나 아니면 Green Climate Fund(GCF) 등의 다양한 '환경보전기금(가칭)'을 마련해서 열대우림을 보전할 수 있도록 도와야 한다. 과중한 외채원리금 상환의 압박은 오히려 열대우림 등의 자연자원의 훼손을 부추긴다. 이는 다시금 자연자산을 갉아먹어서 외채원리금 상환을 더욱더 어렵게 한다. 이런 점을 직시하여 세계은행과 아시아개발은행도 환경 부서를 신설하였다.

우선 저발전 국가는 무엇을 할 수 있는가? 세계은행이 저발전 국가에 제언하는 정책적 선택은 아래와 같다.[15]

1. 열대우림의 예에서 봤듯이 후진 국가의 빈곤층을 위한 경제적 대안을 진흥한다. 이는 농·어·산촌의 주민들이 자연자산을 훼손할 동기를 억제하여 자연자산을 보전할 수 있게 한다. 그뿐 아니라 다른 경제적 기회를 줌으로써 도시로의 이주 현상도 경감시킬 수 있다.
2. 지역공동체의 참여를 이끌어 낸다. 지역의 노하우를 활용할 수 있어 효율적일 뿐만 아니라 지역에 일자리를 창출할 수 있다.
3. 명확한 재산권과 소유관계 설정이 중요하다. 소작인의 경우는

---

15) M. P. Todaro, 1997, 368쪽 이하 참조.

소유권과 재산구분이 분명하지 않을 때 토양의 생산성을 높이는 투자를 하기 어렵다. 따라서 경작하는 농민이 직접 토지를 소유하고 투자를 할 수 있게 하는 토지개혁이 필요하다. 토지개혁은 대체로 소득불평등을 완화시키고, 토지 생산성을 올리는 경향이 크기 때문이다.

4. 자원에 대한 적절한 가격책정이다. 에너지, 물, 자연자원의 가격을 정상화시켜야 한다. 왜곡된 가격정책은 부자에게 그 혜택이 돌아가게끔 하고, 결과적으로 낭비적이고 지속가능하지 않은 생산 및 소비양식을 유지시키게 된다.

5. 여성의 경제적 위상 제고가 필요하다.

6. 산업 오염배출 경감정책을 강화해야 한다.

선진 국가는 어떻게 도울 수 있는가? 후진국의 빈곤은 생존을 이유로 쉽게 자연자산을 훼손하게끔 한다. 이는 장기적으로는 생산기반 수준과 생산성을 떨어뜨려 후진국을 다시금 빈곤에 빠지게 한다. 이 빈곤과 환경의 악순환의 고리를 끊을 수 있도록 도와주어야 하는 것이다. 그 방식의 예는 다음과 같다.

1. 제3세계에 부과한 무역장벽들을 경감시키는 것이다. 그리고 선진국의 농업분야의 보조금을 삭감하여, 후진국가의 주된 수출품인 농·임·수산물이 수출될 수 있는 공정한 기회를 보장하여야 한다.

2. 외채 경감이다. 외채 경감 없이는 빈곤에서 벗어나기 어렵다는 것이 이미 증명되었다. 외채를 탕감하는 방식뿐만 아니라 앞서 언급했듯이, '부채-자연스왑'으로 전환하여 경감시키는 방식을 활용할 수 있다.

3. 재정 및 기술지원이다. 표 7에서 보듯이 잠비아의 소비수준은 겨우 미국의 3%이다. 이는 후진국의 기본적 욕구를 해결하는 데 필요한 경제 성장은 넉넉하게 용인되어야 함을 말해준다. 이를 위해 선진국의 공적개발지원(ODA) 비중을 GDP의 1% 수준까지 확대할 필요가 있다. 노르웨이와 인도네시아 간의 양해협정은(글상자 7) 기후변화 완화를 위한 재정 및 기술지원의 좋은 협력사례를 보여준다.[16]

글상자 7. 노르웨이와 인도네시아 간의 양해협정

Letter of Intent
between the Government of the Kingdom of Norway
and the Government of the Republic of Indonesia
on "Cooperation on reducing greenhouse gas emissions
from deforestation and forest degradation"

I. PREAMBLE

The Government of the Republic of Indonesia (Indonesia)
and the Government of the Kingdom of Norway (Norway),

---

16) 여기에서 제시하는 선진국과 후진국 간의 역할분담에 기초한 국제적 협력 사업이 전개되고 있다는 사실은 매우 고무적이다. 특히 인도네시아의 국가적인 새로운 발전전략의 하나인 REDD+(탈 산림과 산림훼손으로 인한 온실가스 배출 감축) 사업을 노르웨이 정부가 2010년 10억 달러를 기금으로 제공함으로써 촉진시킨 것이 아주 좋은 사례이다. 글상자 7의 양해각서의 내용에서 알 수 있듯이 양국 간의 협력의 목적, 방식, 원칙, 의무, 결과 등은 저발전국가와 선진국, 그리고 국제기구의 협력의 내용과 방식에 합치하는 아주 좋은 모범사례라고 할 수 있다. Giorgio Budi Indrarto et al., "The context of REDD+ in Indonesia", 2012 참조.

(hereinafter referred to as the "Participants"):

recognizing that poverty reduction and economic development are overall goals for human welfare;

bearing in mind that climate change is among the greatest challenges facing the world today;

recalling that Indonesia and Norway are Parties to the United Nations Framework Convention on Climate Change (UNFCCC), the Kyoto Protocol, and the Convention on Biological Diversity;

considering that the Preamble to the UNFCCC acknowledges that the global nature of climate change calls for the widest possible cooperation between all countries;

recognizing the relevance of Indonesia's Mid-Term Development Strategy (RPJM);

noting that the main goal of Indonesia's and Norway's climate policy is to limit the average rise in global temperature below 2°C compared to the pre-industrial mean temperature, and to establish national policies that ensure that they contribute beyond their fair share to achieve this goal;

hereby establish a climate change partnership, focusing on REDD+ (hereinafter known as 'the Partnership')

II. PURPOSE AND FOCUS OF THE PARTNERSHIP

The purpose of the Partnership is to contribute to significant reductions in greenhouse gas emissions from deforestation, forest degradation and peatland conversion through:

    a. Conducting a policy dialogue on international climate change policy, in particular international policy on REDD+.

    b. Collaboration in supporting the development and implementation of Indonesia's REDD+ strategy.

III. GENERAL APPROACH AND PRINCIPLES

In their cooperation, both Participants intend to:

    a. Ensure that this Partnership be based on, and that nothing in this Partnership is or shall be in conflict with, the UNFCCC and the Global REDD+ Partnership.

    b. Give all relevant stakeholders, including indigenous peoples, local communities and civil society, subject to national legislation, and, where applicable, international instruments, the opportunity of full and effective participation in REDD+ planning and implementation.

    c. Seek a proportional and progressive scaling up of financing, actions and results over time, based on the principle of contributions-for-delivery.

    d. Be fully transparent regarding financing, actions and results.

    e. Encourage the participation of other development partners.

    f. Ensure coordination with all other REDD+ initiatives,

including the UN-REDD Programme, the Forest Carbon Partnership Facility, the Forest Investment Program and other bi- and multilateral REDD+ initiatives taking place in Indonesia.

g. Seek to ensure the economic, social and environmental sustainability and integrity of our REDD+ efforts.

IX. NORWEGIAN FINANCIAL CONTRIBUTIONS

Norway has the intention to contribute funds to Indonesia's REDD+ efforts in the order of magnitude of one billion USD (given an exchange rate of six Norwegian kroners per USD). Such a contribution will be subject to the establishment of a financial mechanism as described in this Letter of Intent and agreed by the Parties, as well as adequate deliverables as described in this Letter of Intent. The detailed terms and conditions for such support will be set forth in the contribution agreement to be entered into between Norway and the fund manager. The concrete annual amounts will be subject to appropriations from the Norwegian Parliament.

Done in duplicate in Oslo on the 26th of May 2010, in the English language

'산림벌목과 산림침식에 의한 온실가스 배출 저감에 관한 협력 (REDD+)'에 관한 노르웨이 정부와 인도네시아 정부 간의 양해협정*

I. 전문

인도네시아 정부와 노르웨이 정부는(이후 '당사자들'): 인간의 복지를 위해서는 빈곤퇴치와 경제발전이 공통적인 목표임을 인정하며; 기후변화는 오늘날 세계가 마주하는 가장 큰 도전 중의 하나임을 명심하면서; 인도네시아와 노르웨이는 UNFCCC, 교토의정서, 생물다양성협약의 당사자임을 상기하며; 글로벌 속성을 가진 기후변화는 모든 국가들 간의 광범위하고 가능한 모든 협력을 필요로 한다는 UNFCCC의 서문을 염두에 두면서; 인도네시아의 중기 발전전략(RPJM)과의 연관성을 인정하며; 인도네시아와 노르웨이의 기후정책의 주된 목적이 산업화 이전의 평균 기온과 비교하여 기온상승을 2도 이하로 억제하는 것이며, 더불어서 양국은 이 목표를 달성하기 위한 양국의 공정한 책임을 넘어서서 더 기여할 수 있는 국가 정책들을 수립할 것을 약속하면서; 이 자리에서 REDD+ 정책에 중점을 두는 기후변화 상호 협력관계를 체결하고자 한다.

II. 양국 협력관계의 목적과 중점사항

상호파트너십의 목적은 산림벌목, 산림침식, 이탄지대의 전환으로 인해서 발생하는 온실가스 배출을 아래의 노력을 통해 상당한 정도로 감축하는 데 기여하고자 하는 것이다:

a. 국제적 기후변화 정책 — 특히 REDD+에 관한 국제적 정책

— 에 관한 논의를 앞장서 수행

b. 인도네시아의 REDD+ 전략의 달성과 진보를 지원하는 데
  공동 협력

III. 전반적 접근방식과 원칙들

양 당사자는 공동 협력을 다음과 같이 추진하고자 한다:

a. 양국의 협력관계는 UNFCCC와 글로벌 REDD+ 협력관계의
  원칙에 기초하며, 이들 협력관계와 앞으로도 긴장을 유발시
  키지 않을 것을 확약한다.

b. 원주민, 지역공동체, 시민사회와 같이 국내법의 영향 아래에
  있는 이들과, 연관성이 있는 경우, 국제단체를 포함하는 모
  든 이해당사자들에게 REDD+을 기획하고 완수하는 데 완전
  하고 효과적인 참여의 기회를 보장할 것이다.

c. 결과에 대한 기여의 원칙에 기초하여, 재정부담, 사업, 결과
  들을 비례적이며 진보적인 관계로 추구할 것이다.

d. 재정, 사업, 결과들에 관하여 완전히 투명하게 한다.

e. 타 기관들의 참여를 고무할 것이다.

f. 인도네시아에서 진행되는 UN-REDD 계획, 산림탄소 협력
  관계, 산림투자계획과 양국 및 다국적 REDD+ 계획을 포함
  한 다른 REDD+ 이니셔티브와의 공동협력을 보장할 것이다.

g. 양국의 REDD+ 사업이 경제적, 사회적, 환경적인 지속성과
  사회통합성을 가지도록 노력한다.

IX. 노르웨이의 재정적 기여

노르웨이는 인도네시아의 REDD+ 사업을 위해 10억 미국 달러(1 달러 = 6노르웨이 크론) 상당의 펀드를 조성하는 데 기여하고자 한다. 이러한 기여금은 양국 양해협정문대로 재정기구를 수립하는 데 사용될 것이고, 양국 간의 동의를 거친다. 세부사항 및 조건은 노르웨이와 기금 운영자 간의 공헌협정에 따라 정해질 것이다. 구체적인 연간 지출규모는 노르웨이 의회의 승인을 얻어야 한다.

2010년 5월 26일, 오슬로에서 영어로 두 통이 작성됨

* 필자가 원문의 필요한 부문만을 발췌하여 번역함.

출처: http://www.norway.or.id/PageFiles/404362/Letter_of_Intent_Norway_
Indonesia_26_May_2010.pdf

표 7. 국가 간 1인당 소비수준의 격차

국가	총 개인 소비* (1997)	생선 (kg) (1997)	육류 (kg) (1998)	곡물 (kg) (1997)	종이 (kg) (1998)	화석연료 (석유환산량) (kg)(1997)	승용차 (1000명 당) (1996)
미국	21,680	21.0	122.0	975.0	293.0	6,902	489.0
싱가폴	16,340	34.0	77.0	159.0	168.0	7,825	120.0
일본	15,554	66.0	42.0	334.0	239.0	3,277	373.0
독일	15,229	13.0	87.0	496.0	205.0	3,625	500.0
폴란드	5,087	12.0	73.0	696.0	54.0	2,585	209.0

트리니다드/토바고	4,864	12.0	28.0	237.0	41.0	6,394	94.0
터키	4,377	7.2	19.0	502.0	32.0	952	55.0
인도네시아	1,808	18.1	9.0	311.0	17.0	450	12.2
중국	1,410	26.0	47.0	360.0	30.0	700	3.2
인도	1,166	4.7	4.3	234.0	3.7	268	4.4
방글라데시	780	11.0	3.4	250.0	1.3	67	0.5
나이지리아	692	5.8	12.0	228.0	1.9	186	6.7
잠비아	625	8.2	12.0	144.0	1.6	77	17.0

* 환율과 생계비 차이 등을 반영한 실질구매력 지수로 조정함.
출처: 「World Resources Institute」, 2001 World Resources Report, 27pp.

끝으로 선진 국가는 글로벌 환경을 위해 무엇을 할 수 있나?

1. 온실가스를 감축하고, 유해한 배출을 줄인다.

2. 청정기술과 기후변화 적응기술을 발전시키고, 이를 후진국에 게 제공하면 크게 도움이 될 것이다.[17] 사실 선진국이 환경문제 에 대한 책임이 크지 않은가?[18]

---

17) 개발도상국의 경우는 선진국에 비해 재정적으로나 인식에 있어서나 예방적, 그리고 반응적 적응력이 훨씬 약하다. 또한 개발도상국 간에도 차이가 극명하게 나타난다. 2004년 허리케인 지니가 미국, 도미니카공화국, 그리고 아이티를 덮쳤을 때, 미국에서는 시민들이 집을 잃었고, 도미니카공화국에서는 25명이 사망했으며, 아이티에서는 1,500명이 사망하고 전염병이 돌았다. 지난 몇십 년 동안 방글라데시에서는 6,200만 명, 중국에서는 5,000만 명이 자연재해로 인해 살 집을 잃었다. 플래너리, 2006, 261쪽.

18) UNCTAD(유엔무역개발회의)는 최근 한 보고서에서 "아프리카 국가들은 풍부한 자연자원들을 효과적으로 '녹색'방식으로 사용하면서 근대화를 이루는 것을 필요로 한다"는 점을 밝히면서 선진 국가들이 발전해온 방식, 즉 '선 성장, 후 청정'을 뛰어넘을 수 있는 새로운 개발방식을 제시하였다. UNCTAD의 *The Economic Development in Africa 2012*, 2012. Jun. 13일 자 참조. 반면에 새로운 차세대 자원으

3. 친환경적인 수요(소비)양식으로서 전환하여야 한다. 표 7에서
   볼 수 있듯이 선진국이 생산 및 소비방식에 있어서 획기적 변화
   를 하지 않으면, 1인당 소비가 훨씬 적은(따라서 오염기여도가 훨
   씬 낮은) 제3세계 국가에게 감축을 요구할 명분을 잃게 될 것이
   다.
4. 반환경적 제품에 대한 수입제한조치도 필요하다. 소비자 주권
   을 행사하여 반환경적 상품에 대한 불매운동을 전개하면 더욱
   효과적일 것이다.

다시 한 번 묻고자 한다. 왜 이렇게 기후변화 완화와 적응을 위해
많은 비용을 들여가며 국가적 차원에서 그리고 국제적 협력을 통해
서 노력해야 하는가?

최근 학술지『네이처(Nature)』의 연구결과에 따르면 2100년까지
지구의 평균온도를 2도 이내로 억제하기 위해서 가장 시급한 것은
국제적 수준의 행동과 실천이다. 온실가스 감축노력 시점을 가능한
한 앞당기려는 글로벌한 노력이 무엇보다도 가장 강조되고 있다. 시
기를 늦출수록 그 가능성은 점점 더 줄어든다.[19)]

폴 콜리어는 2007년『밑바닥 10억 명』이란 책에서 빈곤한 이들은

로 각광받고 있는 화석연료인 셰일가스를 어떻게 활용할 것인가가 매우 중요하다.
셰일가스는 채굴과정에서 환경오염 문제를 발생시킬 뿐만 아니라, 또한 화석연료
이기 때문이다. 이것은 앞으로의 에너지 시장에 큰 방향을 결정할 수 있으므로 선
진국들의 선택에 귀추가 주목된다.〈조선일보〉, 2012년 9월 13일; 2012년 7월 21
일 자 참조.

19) 기후변화와 그 결과들에 영향을 미치는 5대 주요 요인으로 기후변화에 대한 물리
적 기후체계의 반응, 온실가스 감축 기술의 발전, 글로벌 에너지 수요, 글로벌 탄
소가격, 그리고 온실가스 감축에 대한 국제적 행동시기를 들 수 있다. S. Hatfield-
Dobbs, "All in the timing". Nature, No. 3, Vol. 493, 2013.

네 가지 덫에 걸려 있다고 썼다. 내전의 고통, 소수의 지배계층만 살찌우는 풍부한 자원, 나쁜 이웃, 나쁜 거버넌스가 네 가지 덫이다. 기후변화로 인한 생존의 어려움과 에너지 희소성 문제는 이러한 덫에 걸려 신음하는 '밑바닥 10억 명'을 더욱더 전 세계로 흩어지게 만드는 동인이 된다. 경제(기후)난민이 되거나, 테러리스트가 되거나 해적을 만들기도 하고, 마약상이 되게 하기도 할 것이다.[20] 테러리스트나 해적들만 국경을 넘는 것은 아니다. 해류, 대기 스모그, 황사, 온실가스, 병원균도 국경을 자유롭게 넘고 있다. 따라서 지속가능한 발전은 지구촌 어떤 한 곳만의 노력과 성과로 이루어질 수 없고, 글로벌 공조차원에서만 달성될 수 있다. 즉 전 지구적 협력과 글로벌 시민연대가 필요한 것이다.

미국과 오스트레일리아 정부는 교토의정서의 비준을 거부하는 이유로 거액의 투입비용을 들었다. 하지만 가시적 투입비용을 지불하지 않았을 경우 예상되는 잠재적 피해비용은 훨씬 크다. 허리케인 카트리나는 미국의 루이지애나 주에 어마어마한 피해를 입히지 않았는가? 지난 몇 년 간 호주에는 끔찍한 기후재난이 연이어 발생하지 않았는가? 「스턴 보고서」도 갈파하듯이, 기후변화에 대해 아무것도 하지 않을 때 치러야 할 피해비용은 엄청나다. 실제로 1998년에 발생한 엘니뇨의 피해액은 890억 달러에 이르렀고, 사망자 3만 2,000명, 이재민이 무려 3억 명 발생하여, 1980년대 10년 동안의 기상재해 피해를 모두 합친 것보다 많은 피해가 집계되었다.[21] 기후 이재민의 숫자는 2009년 현재 연 2억 5,000만 명에서 2015년에는 연 3

---

20) P. Collier, *The Bottom Billion*, Oxford, 2007.
21) 팀 플래너리, 2006, 223쪽.

억 7,500만 명으로 증가할 추세라고 전망되고 있다. '인터내셔널 얼러트(International Alert)'라는 한 국제 비영리 평화단체에 따르면 56개 국가의 27억 명이 기후재난과 전통적 분쟁요인이 결합한 폭력적 분쟁 발생 위험에 노출되어 있다고 한다.[22]

이제는 기후변화의 책임소재에 관한 재판도 일어나고 있고, 앞으로 더욱 빈번할 것이다. 북극지방의 이누이트족 약 15만 명이 미주인권위원회에 그들의 피해에 대한 심의를 요청하였다. 알래스카의 '시시마레프' 마을은 한 명당 10만 달러가 넘는 이사비용을 들여 이주계획을 세우고 있는 실정이다.[23]

아름다운 산호초의 국가인 투발루나 키리바시는 해수면 상승과 기후변화로 인해서—국제적인 지원을 호소하면서—자국민을 다른 국가로 이주시키는 비극적인 일을 시작하였다. 어디로, 얼마나 비용을 치르면서 이주를 해야 하는가? 해야 될 일을 하지 않은 것에 대한 책임을 묻고 있다.

22) 〈조선일보〉, 2009년 4월 23일 자.
23) 팀 플래너리, 2006, 223쪽.

달라진 일상, 달라진 세계:
신사회계약을 통한 지속가능한 발전모델

기존의 삶의 양식은 더 이상 지속가능하지 않게 되었다. 기존의 생산과 소비양식은 위험을 초래했다. 특히 화석연료의 과잉 소비는 온실가스를 대량으로 방출하여 대기 및 생태계를 심히 오염시켜 지구를 온난하게 만들었다. 이는 생태계의 오랜 균형을 깨뜨려, 생태계에 손상을 가져오고 기후변화를 초래하였다. 자연과 생태계는 더 이상 지속가능하지 않게 되었다.

기후변화는 이렇게 손상된 자연과 상호작용하는 인류 사회에도 이미 엄청난 피해를 주고 있으며, 가까운 미래—기존의 삶의 양식을 전환하지 않으면—에 돌이킬 수 없는 재앙과 고통을 불러올 것이다. 즉 인간과 사회도 더 이상 지속가능하지 않게 되었다. 기존의 삶의 양식은 '더 많이, 더 빨리, 더 쉽게' 생산하고, 소비하기 위해 과학·기술의 맹목적 신뢰에 기반하여 자연생태계를 개발(착취)하는 인간중심의 방식이었다.

이제 지속가능하지 않은 기존의 삶의 양식을 지속가능한 삶의 방식으로 전환해야만 한다. 자연생태계도 인류사회도 지속가능한 새로운 삶의 방식으로 전환이 시급하다. 이를 위한 새로운 사회계약이 삶의 모든 영역에서 맺어져야 하고, 전 지구적 차원에서 체결되어야 한다. 다양한 차원의 신사회계약은 원칙적으로 서로 연계되어 공통적 지향점을 향해 실행되어야 한다. 새로운 사회계약의 기본방향과 목적은 기후변화의 위험을 줄이고, 친환경적 전환을 통해서 지속가능한 발전을 이루는 것이다. 이를 위해 새로운 내용, 방식, 그리고 원칙들이 모든 영역에서 공유되고 시행될 수 있도록 개인, 기업, 시민사회, 지방정부, 국가, 그리고 세계는 계약을 맺고 실천해야만 한다.

이 글에서 제시한 새로운 사회계약은 더디지만 도처에서 맺어지고 있으며, 우리의 삶의 일상과 세계는 그만큼 달라지고 있다. 이 장에서는 이러한 고무적인 전환의 생생한 과정과 모습을 농촌, 도시, 사회복지, 교육, 지방자치단체, 국가 및 국제협력 등 몇 가지 영역과 차원에서 대강 그려보고자 한다. 이 그림이 종합적으로 완성될 때 우리의 일상과 세계는 지속가능하게 변해 있을 것이다.

농촌의 경우를 먼저 살펴보자. 농업은 식량안정과 생산성 증대를 통해 점증하는 식량수요를 충족시켜야 하는 엄청난 과제를 안고 있다. 앞선 장에서 언급하였듯이 다양한 이유로 곡물수요는 폭증하는데, 물이나 농토 등 공급자원은 부족하거나 질이 악화되거나 감소하고 있기 때문에 농업의 과제는 더욱 달성하기 어렵다. 부족한 공급자원을 기존 생산방식의 양적 확대를 통해서 해결하려는 방식은 농촌을 더욱더 환경적으로 붕괴시킬 것이다. 그리고 이제 그렇게 할 수도 없다. 친환경적인 농촌으로 전환되어야 하는데, 그 과정이 몹시 어려울 것이다. 제4장의 4, 5절에서 논의하였듯이, 단일작물보다

다양한 작물을 경작하도록 전환되어야 한다. 다양한 종자가 개발되어야 하며, 이를 위해 일자리를 창출하는 농촌기술센터가 건립되어야 한다. 화학비료 사용을 제한하여 토양침식을 막아야 하며, 유기농 방식으로 전환되어야 한다. 질 좋은 농업용수가 제공되어야 한다. 질 좋은 물을 얻기 위해 투자가 늘어나야 할 것이다. 농산물 가격은 비싸질 것이다. 따라서 이 과도기 기간에 정부의 지원금은 확대되어야 한다. 소비자 입장에서는 농촌이 제공하는 다양한 생태계의 서비스에 대한 비싼(비싸져 버린) 가격을 지불할 용의가 있어야 한다. 농촌거주민의 자발적인 노력 역시 필수적이다.

우간다는 기존의 농업방식에서 유기(생태)농업으로 전환하고 있으며, 경제적, 환경적, 사회적인 측면 모두에서 놀라운 성과를 거두고 있다. 생물다양성과 토양의 생산성을 증진시키며 생태계순환을 존중하는 친환경 농업방식으로 전환하여 화학비료나 살충제 사용은 금하고 있다. 화학비료를 가장 적게 쓰는 국가 중 하나다. 인구의 85%가 농업에 종사하고 있고, 농산품은 수출의 80%를 담당하고 있다. 유기농업 면적이 세계에서 13위일 정도로 넓은 편이고, 유기농 농민의 수도 급속히 증가하고 있다. 유기농산품의 수출은 2003년도 370만 달러에서 2007년 2,280만 달러로 불과 4년 만에 6배로 급증하였다. 환경적인 측면에서도 괄목할 성과를 나타냈는데, 전통농업 방식보다 온실가스가 헥타르당 무려 64% 적게 배출되었다. 이런 성공적인 전환을 위해 우간다 정부는 다양한 정책—농업, 환경, 경제, 수출, 기술, 교육, 그리고 사회정책—을 집행하였고 적절한 예산 할당으로도 지원하였다. 이 과정에서 특히 소농, 여성, 청년, 그리고 취약한 사회계층의 참여와 7들의 이익을 증대시키고자 노력하였다.

그림 13. 우간다의 유기농업
출처: Ministry Of Agriculture, Animal Industry and Fisheries of Uganda, Draft Uganda Organic Agriculture Policy, July 2009. UNEP, Global Green New Deal: Policy Brief, 2009.

　앞서 언급하였듯이 독일의 소농촌 '윈데마을' 역시 이런 전환을 잘 보여주고 있다. 마을의 바이오원료를 활용하여 온실가스도 대폭 줄일 수 있었고, 신재생에너지 자립마을로 탈바꿈하였다. '새로운 에너지 센터'도 설립되어 작은 농촌마을이 가장 현대적인 에너지 연구단지로 변모하고 있다. 이 과정에서 새로운 일자리를 제공하고, 이런 변화를 교육하고 전수할 전문가와 교육자들을 고용했으며, 지속가능한 새로운 농촌의 발전모델로 거듭났다. 점차 유명한 생태관광마을로, 첨단과학단지로 탈바꿈하면서 친환경 관광 및 교육 사업을 일으키고 있다. 지역주민에게 일자리를 제공할 뿐 아니라 소득증대에도 크게 기여하고 있다. 윈데마을은 하나의 모범적인 발전모델이 되어 독일 전역으로 빠르게 확산되어서, '바이오에너지 마을'은 2013년 현재 무려 21개 지역, 136곳에서 시행 내지 기획되고 있다.

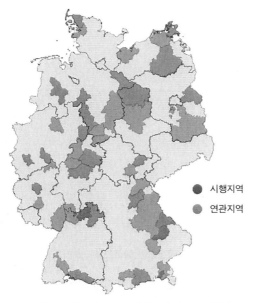

시행지역

연관지역

그림 14. 독일의 바이오에너지 추진 농촌지역
출처: 연방독일공화국 식량·농업·소비자보호부 (www.bmelv.de) 참조.

　또 하나의 좋은 사례를 프랑스 농촌 마을 라가시에서 찾을 수 있
다. 라가시는 40년 전만 해도 전형적인 가난한 농촌 마을이었다. 생
활이 어려워지자 주민들은 하나둘 떠나기 시작했다. 1950년대에
1,200여 명이던 인구는 60년대로 접어들면서 1,000명 이하로 줄었
다. 쇠락하던 라가시는 친환경 화장품 회사인 이브로셰가 기업 활
동 근거지로 삼으면서 활기를 띠기 시작했다. 이브로셰는 라가시 인
근에 공장을 세 곳 지었다. 그 결과 라가시 인구는 30년 동안 세 배
늘어 2,500명을 웃돌게 됐다. 식물 연구가·공장 노동자·조경 전문
가·운송업자 등 직원이 1,500명이나 필요하게 되면서 외부 유입 인
구가 많아진 것이다. 화장품 제조에 필요한 식물 재료를 공급하기
위해 마을에 정원을 가꿨다. 자연 친화 마을이란 이미지가 알려지면

서 관광객이 크게 늘었다. 라가시 주변 마을에도 호텔과 음식점이 늘고 있다. 호텔 내 식당 메뉴는 80% 이상이 유기농이다. 호텔에 딸린 정원에 호박·파·당근·가지 등을 직접 심어 비료나 농약 없이 키운 재료로 음식을 만든다. 유제품·주스·와인도 모두 유기농이다.[1]

농촌이 이렇게 생태친화적인 마을로 전환되고, 동시에 일자리를 창출할 수 있다면, 도시로의 이주현상이 억제되어, 도시 이주민의 급증과 거대 소비도시 및 오염도시로 변모된 기존 도시들의 발전 패턴과 달리 거대도시의 인구집중과 환경문제를 완화시키는 데 적지 않은 기여를 할 것이다.

곳곳의 도시도 친환경적으로 변모하고 있다. 도시는 가용자원은 그리 많지 않으면서 인구가 밀집되어 사는 곳이다. 이로 인해 교통체증, 폐기물 처리, 상·하수도 시설 등 사회간접자본 시설미비, 대기오염 및 온실가스 배출 등 많은 문제를 안고 있다. 하지만 앞서 보았듯이 이제는 코펜하겐 시민의 40%가 자전거로 출퇴근을 한다. 독일의 생태도시 프라이부르크는 경제면에서나 환경면에서나 누구나 살고 싶을 정도로 생태도시의 모범을 보여주고 있다.

26만 명 정도가 사는 프라이부르크보다 인구 규모가 훨씬 큰 200만 명의 중·대도시에서도 친환경적 전환의 성공사례를 찾아볼 수 있다. 브라질의 파라나(Parana) 주 수도인 쿠리치바 시의 제이미 러너 시장은 "도시는 골칫거리가 아니라 오히려 해결책"[2]이라는 모토

---

1) 〈중앙일보〉, 2009년 7월 16일 자.
2) Jaime Lerner, "A song of the city", 2007, www.ted.com 참조.

로 생태도시로 전환시키는 데 성공하여 '달라진 일상, 달라진 세계'의 본보기로 만들었다.

쿠리치바는 40년 전만 하더라도 여타의 도시처럼 인구밀집, 슬럼가 확장, 외곽도시 확대로 인한 개인승용차량의 증가 등의 문제를 안고 있었다. 이를 해결하기 위해 시장은 이동성 증대와 지속가능한 도시를 목표로 하여 교통체계 등의 부문에서 혁신적 도시계획을 세우고 시행하였다. 이 결과 도시인구는 1960년대 36만 명에서 2008년 183만 상주인구로 증가하였지만 시민의 공공영역은 감소되지도 않았고, 오히려 녹색지대는 1인당 $1km^2$에서 $50km^2$로 확대되었다. 교통체계 혁신의 핵심은 '버스를 지상의 지하철'로 이용하자는 것이었고, 바로 중앙 버스차로 제도를 실시하였다. 전용차로로 버스의 안정적인 속도를 확보하고, 또한 급행 버스, 지역 버스, 직통 버스 등을 각기 다른 색으로 구분하였으며, 완벽한 환승 시스템을 마련하여 불편함 없이 버스를 이용할 수 있게 하였다(그림 15). 지금은 흔히 볼 수 있는 모습이지만 40년 전인 1970년대에는 획기적인 생각이었다. 그 결과 대기오염, 교통체증이 감소하고, 이동시간도 줄일 수 있게 되었다. 쿠리치바에서는 90초 마다 버스가 도착하는데, 이는 상파울루 시의 버스 배차간격의 1/10 수준이다. 이런 이유로 시민들의 대중교통 이용률이 70~80%에 이르고 있다.

그림 15.
쿠리치바 시의 대중교통 환
승체계
출처: World Bank (Ed.),
ECO_2 *Cities: Ecological
Cities as Economic ities*,
2010, 174쪽

그림 16.
쿠리치바 시 홍수방지용 인
공호수, Barigui Park
출처: World Bank (Ed.),
ECO_2 *Cities: Ecological
Cities as Economic Cities*,
2010, 175쪽

세계 최고의 생태도시로 칭송받는 쿠리치바의 전환은 일자리 창
출에도 기여하고 있다. '쿠리치바산업도시(CIC)'라는 공단에서는
700개 정도의 기업이 환승버스를 생산하는데, 직·간접적으로 약 20
만 개의 일자리를 만들어내고 있다. 쿠리치바는 모든 면에서 친환경
적 전환을 이루어내고 있는데, 홍수피해가 심한 저지대에 사는 취약
계층을 이주시키고, 자연에 기초한 방식인 나무심기와 인공호수 형
성으로 홍수피해를 줄여, 시민공원으로 탈바꿈시킨 것도 커다란 자
랑거리라고 할 수 있다(그림 16).

사회복지영역의 패러다임 역시 새로운 사회계약을 요구하고 있다.
사회복지의 기본이념이나 방향은 항상 변화되어 왔다. 물질적 복지
에서 비물질적 복지로의 이행, 수동적 복지에서 적극적 복지 또는 사

회투자 복지로의 전환 등이 이루어졌다. 그리고 이제는 환경복지라는 새로운 측면이 융합되어 설계되어야 한다. 사회구성원 누구에게나 최소한의 인간다운 삶, 건강한 삶, 행복한 삶을 보장하는 것이 복지의 목표라고 볼 때, 건강과 행복한 삶을 위협하는 기후변화나 환경오염에 대한 복지 방책을 마련하는 것이 당연하다. 그 위협과 위험 수준은 사회적 계층이나 지역적 격차에 따라 상이하게 나타나며, 특히 사회적 취약계층이나 취약지역에 훨씬 크게 다가오기 때문이다.

건강, 재해, 거주환경, 녹지시설, 물 및 에너지사용, 폐기물 처리 등의 많은 영역에서 취약계층은 기후변화의 위험에 대응할 수 있는 능력이 매우 낮다. 그리고 현재의 여건도 매우 열악한 상태이다.[3] 기존의 위험들은 기후변화로 인해 보다 증폭된 차원으로 닥쳐오기 때문에 더더욱 철저한 대비를 필요로 한다. 따라서 복지를 위한 투자도 재해방지와 환경훼손의 복원을 고려해야 하며, 환경오염에 의한 질병을 완화시키는 방향이 강조되어야 할 것이다. 기존의 복지(주택)시설 역시 친환경 복지(주택)시설로 개조되어야 하며, 상·하수도 접근성에 대한 차별도 신속히 제거되어야 한다.

각종 재난에 대한 예방적, 적극적 복지의 측면이 더욱 강화되어야 한다. 지역의 자원자산이나 환경여건에 따라 적합한 생태마을로의 발전적 전환이 요구되고 있다. 생태계가 제공하는 4대 서비스기능은 인간의 주요한 복지 요소인 안전, 기본 욕구 충족, 건강, 좋은 사회적 관계 등에 커다란 영향을 미치기 때문에 생태계의 보전 역시 사회복지에서 충분히 고려되어야 한다.[4] 요약하면 복지정책의 '녹

---

3) 추장민 외, 「저소득계층의 기후변화 적응역량 강화를 위한 정책방안 연구 II」, 2011.

4) Millennium Ecosystem Assessment, Ecosystems and Human Well-being:

색화'와 환경정책의 '복지적' 접근이 강력히 요청되고 있다.[5]

환경과 사회복지의 이러한 결합방식은 유엔의 지속가능한 발전의 헌장이라고 할 수 있는 '어젠다 21(Agenda 21)'의 제7장 '지속가능한 인간 주거지 발전을 촉진함'에 잘 구현되어 있고, 전 세계적으로 실현되고 있다. 삶과 일터의 환경으로써 주거 및 거주의 사회적, 경제적, 환경적 질을 증진시키는 데 노력하고 있다. 거주지, 인구집중지역 관리, 물, 위생, 폐기물관리, 위험관리, 상하수도 처리 등이 그 대상이 된다. 특히 여성, 장애인, 도시와 농촌의 빈민 등 사회적 취약계층의 편익을 고려하여 집중적으로 이루어지고 있다.

인도의 '2005 국영농촌고용보장사업'도 고용, 사회복지, 그리고 기후변화 적응정책을 결합시킨 사례로 잘 알려져 있다.[6] 그림 17, 18에서 볼 수 있듯이, 이 사업은 3년 동안 농촌의 취약계층 3,000만 가구, 특히 여성에게 일자리를 제공하고, 농촌의 자연자원—산림, 저수지, 관개운하 수자원, 토양 등—을 복원 및 관리하도록 하였다. 인도과학연구소(Indian Institute of Science)는 '이러한 인도 중앙정부와 지방정부의 노력이 환경변화에 대한 민감성을 완화시키며, 특히 저수지 개발, 관개수로 개선 사업 등은 지하수 수위를 높이는 등의 긍정적 효과를 가져왔다'고 평가하고 있다.[7]

Biodiversity Synthesis, Washington, DC: World Resources Institute, 2005 참조.

5) 고재경, 「환경복지 패러다임의 필요성과 정책방향」, 『환경복지, 방향과 과제는?』, 2012.

6) Ministry of Rural Development, Government of India, 2005, "National Rural Employment Guarantee Act 2005".

7) India Environment Portal, "Environmental Benefits and Vulnerability Reduction through Mahatma Gandhi National Rural Employment Guarantee Scheme", 2005 참조.

그림 17. 티루반나말라이(Tiruvannamalai) 지역의 저수지 및 관개사업
출처: http://maoxiandao.asia/nrega/nrega-mahatma-gandhi-national-rural-employment-gurantee-act.html

그림 18. 인도의 국영농촌고용보장사업
출처: http://www.indiaenvironmentportal.org.in/content/374864/environmental-benefits-and-vulnerability-reduction-through-mahatma-gandhi-national-rural-employment-guarantee-scheme/

그림 19, 20, 21은 방글라데시에서 일어나고 있는 놀라운 변화를 보여준다. 빈곤, 열악한 주거·환경문제, 일자리 문제 등을 태양광에너지 발전, 설치 및 교육을 통하여 일거에 해결하고 있다. 사회적 기

업 그라민 샥티(Grameen Shakti, 지역의 힘)가 이 엄청난 일을 하고 있다. 태양광 발전을 통해 농촌 마을의 에너지 부족을 해결하고, 시설을 가정에 설치하고, 저소득 계층의 여성들을 첨단산업 기술자로 교육·훈련시켜 일자리를 제공하고 있다. 2015년까지 친환경 여성 일자리를 10만 개 정도 창출하는 것이 목표라고 한다.[8]

그림 19. 그라민샥티의 태양광 패널을 들고 선 방글라데시 농촌 주민들

그림 20. 태양광 패널 설치 여성 기술자를 교육하는 학습과정

---

8) 그림 자료는 지속가능경영포럼, www.csr-korea.net, www.rightlivelihood.org 에서 발췌.

그림 21. 태양광 가정시스템에 대해 교육하는 방글라데시 여성기술자

교육영역에서는 그린 캠퍼스(green campus)로의 전환을 볼 수 있다. 하나의 대표적인 사례로 하버드 대학교 그린캠퍼스를 들 수 있다. '하버드그린캠퍼스이니셔티브(Harvard Green Campus Initiative, HGCI)'의 핵심동력은 두 요소로 되어 있다. 첫째는 '무이자환경대출기금(Harvard Green Campus Initiative Environmental Loan Fund)'이다. 2002년에 300만 달러의 기금으로 시작되었는데, 대학구성원 누구나가 대출할 수 있는 소위 '녹색대출펀드'로서 5년 이내의 상환기한을 지켜야 한다. 이미 1993~1998년에 작동된 적이 있었는데 매우 성공적이었다. 그 기간 동안 240만 달러의 기금이 32개의 녹색프로젝트에 운용되었는데, 매년 88만 달러가 절약되어서 매년 투자금의 34%가 상환되는 놀라운 성과를 달성했다. 동시에 880만 파운드의 온실가스도 감축할 수 있었다. 이 대출기금은 2002년 300만 달러에서 성공적인 업적으로 인해서 2005년에는 600만 달러로 늘어났고, 2007

년에는 1200만 달러로 또 한번 확충되었다. 둘째 요소는 행정적 기관으로서 기금조성의 마련부터 전략적 의사소통, 교육, 훈련 정보의 체계적 발전 등을 할 수 있는 체계적 기구이다.[9] HGCI는 2008년 '2016년까지 하버드의 연간 온실가스 배출량을 2006년 대비 30% 감축하겠다'는 야심찬 계획을 발표하면서 기존의 체계를 하버드지속가능성사무소(The Harvard Office for Sustainability)로 확대 개편한다. 하버드 대학의 그린캠퍼스 전환과정을 통해 학생들은 직접 참여하여, 산 경험을 쌓고 있다. 수십 명의 학생이 '지속가능성사무소'에서 일하고 있다. 무려 145개의 '그린오피스'가 있으며, 2,670명의 직원이 고용되어 있다.

정치영역이 이러한 생태적 전환을 통한 새로운 지속가능한 발전 전략을 앞장서서 추진하는 것이 가장 빠른 길일 수 있다. 앞서 언급했듯이 '녹색·연대90' 정당이 독일 정치역사상 처음으로 바덴-뷔르템베르크(Baden-Wuerttemberg) 주 지방선거에서 제1당이 되어 주도적으로 친환경 지속가능한 발전을 추진하고 있다.

아프리카 가봉의 경우는 기후변화의 위험과 심각한 영향을 충분히 인식하는 가운데 국가가 앞장서서 '그린가봉(Green Gabon)' 전략을 제시하면서 기후변화 대응을 최우선순위에 두고 모범적으로 '새로운 경제 모델'을 추진하고 있다. 신재생에너지, 특히 수력발전의 전폭적 확대, 국립공원지역 보존, 산림 및 토양침식 방지 노력, 에코

---

9) Leith Sharp, *Green Campuses: The Road from Little Victories to Systemic Transformation.*, Harvard university, 2007/8.

관광 지향을 비롯해 농촌, 어촌, 산촌, 광산, 도시의 균형적 발전 등을 주요 내용으로 하고 있다.[10]

그림 22. 가봉의 해안과 숲
출처: Official Portal of the Gabonese Republic, Green Gabon

그림 23. 가봉의 숲과 생물 다양성
출처: Official Portal of the Gabones Republic

그림 22는 아름답고 풍부한 가봉의 생태계 자원을 잘 보여준다. 2,200만 ha에 달하는 숲, 농업지대, 그리고 800km에 달하는 해안가,

---

10) 가봉 대통령의 제17차 UNFCCC 당사국회의에서의 연설문. "President Ali Bongo Ondimba speaks in Durban to present the key steps of an ambitious national climate plan", http://www.en.legabon.org, 2015년 1월 7일 접속.

생물다양성 등을 봉고 옴딤바 가봉 대통령은 '녹색 석유'라고 부르며 잘 보전하고 활용하고 있다.

그림 23은 가봉 지표면의 85%를 덮고 있는 숲과 산림을 보여준다. 다양한 수종을 포함하는 생물다양성은 기후변화 완화에도 기여를 하고 있다. 산림에서의 목재산업은 일자리와 소득증대에도 큰 몫을 하고 있다. 13개의 국립공원은 특히 생태관광자원으로 잘 활용되고 있다.

그림 24가 보여주듯이 가봉의 수자원은 6,000MW의 수력발전을 할 수 있는 잠재력을 갖고 있다고 평가된다. 화석연료 대신 수력에너지로 에너지 수요를 충족시키고 있다. 급속한 개발은 생태계를 훼손할 수 있으므로 친환경 방식으로 수자원을 활용하고자 한다. 그림 25은 시간당 160MW를 발전할 수 있는 가봉의 대표적인 수력 발전소이다.

그림 24. 가봉의 풍부한 수자원
출처: Gabonnews, Desirey Minkoh's Green Gabon

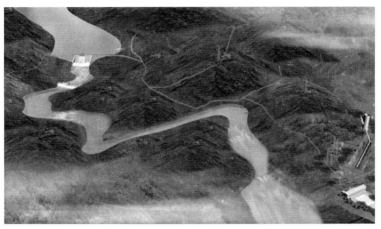

그림 25. 가봉의 그랑푸바라(Grand Poubara) 수력발전소
출처: www.sinohydro.com

　새로운 발전모델이 요구되고 있는 범위는 국내적인 차원을 넘어
서서 전 지구적 차원의 공조를 통해 시행되어야 의미가 완결될 수
있다. 이를 위한 노력들이 현재 민간, 국제기구, 국가 간의 협조로 실
행되고 있는 점이 매우 고무적이다. 전 세계의 빈곤국가와 빈곤·취
약 계층의 빈곤을 경감시키면서, 생태계의 훼손과 기후변화를 완화
시키고, 경제발전(일자리창출)을 동시에 추구할 수 있는 새로운 발전
전략이 전 세계적으로 주목을 받고 있다. '빈곤·환경상호파트너쉽
(Poverty-Environment Partnership, PEP)'이 2012년 리우 정상회의에서
제시한 '사회통합형 녹색경제(Inclusive Green Economy)' 전략이 그 대
표적인 예가 되겠다.[11] 이는 지속가능성의 '세 가지 기본 축'이라고

---

11) "빈곤·환경 상호파트너십 공동문건은 개발도상국 정책입안자, 개발 파트너, 기타
　　이해관계자들이 포괄적 녹색경제를 구축하는 국가적 노력을 효율적으로 지원할
　　수 있도록 논의의 장을 활성화시키는 것을 목표로 하고 있다. 모두를 위한 녹색경
　　제의 기본 틀을 구축할 수 있는 공유된 약속을 통하여, 빈곤과 불평등의 극복과 지

불리는 경제성장(고용창출), 환경보호, 그리고 사회적 통합을 동시에 이룰 수 있는 내용과 방식을 제시하고 있으며, 이를 위해 이해당사자들이 공유하고 촉진시켜야 하는 다섯 가지 구성요소 및 기본 틀(Building Blocks)을 아래와 같이 제시하고 있다:

1. 국가적 경제사회정책의 수립: 국가는 생태계의 지속가능한 사용과 저탄소사회 및 기후복원에 대한 투자가 경제적 성취를 이룰 수 있고, 친환경투자와 투자수익은 빈곤경감과 사회통합형 성장에 기여할 수 있는 정책을 수립하고 보장해야 하는 방향을 제시한다. 기존의 농촌과 도시의 발전, 빈곤경감을 위한 재정정책, 조세 정책, 중소기업육성 정책을 사회통합형 녹색경제에 초점을 맞추어 재조정하는 것을 포함하고 있다.

2. 지역주민의 권리와 능력: 빈곤한 여성과 남성에게 그들 소유의 자연자원과 친환경경영을 통한 편익과 인센티브에 대한 권리를 보장해야 한다. 여기에는 정보, 참여, 의사결정 과정에의 접근에 대한 권리가 포함되도록 권고하고 있다.

3. 사회통합형 녹색시장의 조성: 취약한 사회계층이 녹색 시장과 공급망에 쉽게 접근할 수 있도록 하는 것으로, 생태계자원을 지속가능하게 하고, 복원시키는 데 참여하며, 안전한 생계를 꾸릴 수 있도록 방향을 제시하고 있다.

4. 조화로운 국제정책과 협력: 선진국은 개발도상국들이 사회통합형 녹색경제로 전환하는 데 모든 영역에서 도와주고 지원하

속적인 인간 개발을 지향하는 실현가능하고 지속적인 진보가 이루어질 수 있다." Poverty-Environment Partnership, *Building an Inclusive Green Economy for All, Opportunities and Challenges for Overcoming Poverty and Inequality*, Washiongton DC: World Resources Institute, 2012, 1쪽.

도록 권고하고 있다.

5. 새로운 측정방법과 지표개발: 좁은 의미의 경제적 국민총생산 개념에서 탈피하여 자연자원과 국민행복 등이 산정되는 방식으로 전환되어야 함을 요청하고 있다. 이런 노력이 사회통합형 녹색경제로의 이행을 보장해주는 것이다.[12]

앞서 소개한 노르웨이-인도네시아 간의 국제협력은 위의 다섯 가지 구성 요소 및 기본 틀을 잘 갖춘 좋은 사례이다. PEP 기구에는 핀란드, 독일 정부, UNEP나 OECD, 세계자원기구, IUCN 등 정부, 국제 및 민간기구들이 다양하게 참여하고 있어서 무엇보다 필요한 국제공조의 가능성을 보여주고 있다.

긴급한 기후변화 대응을 포함한 이 다섯 가지 구성요소는 국가적 경제사회적 발전전략과 정책, 지역주민의 권리와 안정성 보장, 사회통합형 녹색시장의 조성과 지원, 조화로운 국제적 정책공조와 지원, 측정과 지표의 새로운 개발이다. 이러한 새로운 발전모델이 유엔이 2015년 이후에 제시할 지속가능한 발전목표체제와도 거의 일치하는 점이 놀랍다. (글상자 8 참조)

---

12) 유엔통계위원회는 기존의 GDP 대신에 새로운 측정수단과 지표로서 환경경제(통합)계정(System of Environment-Economic Accounts, SEEA)를 개발하여 사용하고 있다. 멕시코의 경우도 이와 유사한 OECD 지표를 사용하는데, 물의 생산성, 환경재의 가치 등을 포함한다. 나아가 부탄의 경우는 환경과 문화적 항목도 포함된 '국민총행복'지표를—'삶의 질은 경제성장으로 높아지지 않는다'라는 이념으로 —독자적으로 사용한다. 앞서 언급하였듯이, 영국의 '지속발전위원회(SDC)'도 '번영(복지)의 재정의'라는 프로젝트를 수행하고 있는데, 여기에서도 복지(번영)를 정의할 때 경제적인 요소뿐 아니라 환경적, 심리적, 종교적, 역사적인 측면을 동시에 고려하고 있다. 즉 행복한 삶에 대한 환경적, 정신적, 감성적 차원을 모두 헤아리는 것이다. T. Jackson, 184쪽 이하 참조; www.sd-commission.org.uk.

글상자 8. UN의 지속가능한 발전 목표, 2015~2030

이 종합보고서의 가장 핵심적인 제안은 공개 작업팀이 '지속가능한 발전 목표'라는 보고서로 UN에 2014년 제출하였다. 이 보고서는 2015년 유엔총회에서 다룰 지속가능한 발전 목표 내용과 방식을 17개의 목표와 이와 관련된 169개의 대상과 대책으로 알기 쉽게 집약하여 제시하였다.[13] 행동 지향적이며 쉽게 적용될 수 있도록 하였다. 시간표를 제시하였고, 대상도 좀 더 구체화 하였다. 목표달성과 이행의 수준을 쉽게 점검하고 평가하기 위해서 결과들을 측정할 수 있도록 지표개발에도 지속적인 노력을 약속하였다.

17개의 목표를 살펴보면 빈곤퇴치, 기아퇴치, 식량안보 및 지속가능한 농업촉진, 건강과 행복 증진, 공평한 수준의 교육 및 평생 학습 기회 보장, 사회적 양성 평등 및 여성지위 향상 보장, 물과 위생시설에 대한 이용 및 지속가능한 관리의 보장, 적절하고 지속가능한 에너지원 접근 보장, 사회통합적이며 지속가능한 경제적 성장 및 정규적이며 괜찮은 일자리 보장, 복원력 있는 인프라 구축 및 지속가능한 산업화와 혁신, 국내와 국가 간의 불평등 완화, 안전하고 지속가능한 도시와 인간 거주지 조성, 지속가능한 소비와 생산형태 보장, 기후변화 대응을 위한 긴급 행동 촉구, 지속가능한 발전을 위한 해양, 대양 및 수자원의 보호 및 지속가능한 이용, 육상생태계의 보호, 복원 및 지속가능한 사용의 촉진 (삼림관리, 사막화방지, 토양 및 생물다양성손실 방지), 지속가능한 발전을 위한 평화적이며 사회통합적 사회의 촉

---

13) Open Working Group, "Sustainable Development Goals", 2014 참조.

진(정의롭고 신뢰할 수 있는 모든 층위에서의 제도 보장), 이행수단의 강화 및 지속가능한 발전을 위한 글로벌 파트너십의 재활성화이다.

이 보고서의 대원칙과 핵심 내용을 요약해보면, 빈곤퇴치를 가장 큰 문제인 동시에 지속가능한 발전을 위하여 해결해야 할 필수적인 과제라고 간주하였다. 빈곤퇴치, 지속가능하지 않은 소비 및 생산형태의 변화, 경제 및 사회발전의 기초가 되는 자연자원의 보호 및 관리는 지속가능한 발전을 위해 무엇보다도 중요한 과업이자, 핵심적인 요구사항이라고 규정하였다. 지속가능한 발전의 중심에는 인간이 놓여 있기 때문에, 정의롭고 공평하며, 사회통합적인 사회를 만드는 데 힘써야 할 것이며, 경제적 성장, 사회적 발전, 환경보호를 함께 추진하는 약속이나 협정은 모두의 편익을 위해서, 특히 어린이, 청년, 미래세대를 위해 남녀노소, 국적이나 인종 등의 어떤 차별도 없이 이루어져야 한다는 점을 명시하였다. 환경과 발전에 관한 리우 선언의 모든 원칙이, 특히 '공동의, 그러나 차별적인 책임의 원칙'이 재확인 되었다.[14]

기존의 지속가능한 발전의 내용, 방식과 원칙을 재확인하면서, 이 보고서에서 새롭게 강조된 점을 찾아보면,

1. 기후변화를 주요한 우선 의제로 자리매김하였다. 기후변화 완화와 적응을 위한 긴급한 대응을 강조하였다. 지구평균기온 상승을 2도 이내로 억제하도록 요청하였으며, 기후변화에 대한 교육확산 및 관심을 촉구하였으며, 생태계의 가치와 함께 국가발전 전략이나 정책수립에 융합시키는 노력을 강화하도록 하였다. 환경적 차원이 지속가능한 발전 의제를 가로지르는 요소로서 고려되었다.

---

14) 앞의 글 서론의 1~6항을 참조.

2. 목표들이 제각각 구성되어 실천되기보다는 서로 연계되어 종합적으로 이루어지도록 설계했다는 점을 들 수 있다. 빈곤퇴치를 위한 목표로써 식량생산 증산대책은 생산성의 증가뿐 아니라 생태계의 유지와 자연회복력을 증가시킬 수 있는 지속가능한 농업방식으로 가능하도록 주문하였으며, 아울러 기후변화로 인한 극한의 기후 상태에 적응할 수 있는 방식으로 수행되도록 하였다. 이러한 수행과정은 국내 및 글로벌 투자의 유치와 함께 농촌의 인프라 확충, 농업분야에 대한 연구와 개발증진, 생물다양성 보전을 위한 유전자 은행의 확충 등과 어우러져서 함께 이루어지도록 하였다.

3. 지속가능한 발전을 위하여 시민사회나 정부차원의 거버넌스 구축을 중요한 목표로 강화시켰다. 국내뿐 아니라 국제적인 차원에서도 투명하고, 신뢰할 수 있는, 공정하며, 모든 계층이 참여하는 민주적 의사결정 과정과 제도를 구축할 것을 강조하였다.

4. 객관적으로 검증하고 평가할 수 있는 자료, 통계 및 정량적 방법을 개선하도록 요청하였다. 목표는 분명한 대책이나 측정 가능한 지표들에 의해 구체화되어 실현되거나 적용되는 데 쉬워야 한다는 점이 특별히 강조되었다. 예를 들면, 선진국은 공적 개발 원조(ODA)를 국내총생산의 0.7%까지 제공해야 하며, 특히 최빈국가에게 0.2%까지 공여되어야 한다는 점도 명시하였다. 나아가 지속가능한 발전의 진보를 측정할 수 있도록 기존의 국내총생산 지표를 보완하는 측정방식 및 통계수단을 개선하도록 권고하였다.[15]

---

15) Open Working Group, "Sustainable Development goals", 2014, 서문 8항과 목표 13번, 목표 1번과 2번, 서문 11과 목표 16번, 목표 17번 등 참조.

누군가는 이렇게 말했다:

"우리가 앞으로 나아가지 못하게 발목을 잡는 가장 큰 장애물은 돈을 벌기 위해 환경을 계속 오염시키길 원하는 사람들이 야기하는 비관론과 혼란이다."[16]

그런데 우리의 발목을 잡는 것이 정말 '돈'이라면, 조금은 희망적이다. 인류는 돈보다 더 귀한 것들도 많다는 것을 알고 있다. 란더스도 희망을 말하고 있고[17], 마티센도 희망의 근거를 말하고 있다.[18] 우리는 적지 않은 새로운 발전의 현장과 희망을 보았다. 필자도 희망을 하나 말해 보고자 한다. 대한민국과 북한 간의 비무장지대가 평화 그린벨트로 전환되기를 바란다. 그리고 아시아-글로벌 그린벨트로 확장되기를 바란다. 마치 동·서독 통일 후에 군사경계선이 평화 독일 그린벨트로 전환되고, 나아가 '유럽 그린벨트'로 확장된 것처럼(그림 26 참조).

---

16) 플래너리, 20쪽 재인용.

17) J. Randers, *2052. Der neue Bericht an den Club of Rome*, 2013, 404쪽. 란더스는 2052년까지의 인류 사회의 미래에 대한 비관적 전망을 하면서도 이 책의 끝부분에서 짧은 조언을 한다. "이 위협적인 재앙과 함께, 그러나 희망을 잃지 말고 잘 살기를 바란다."

18) K. Mathiesen, "10 reasons to be hopeful that we will overcome climate change", The Guardian, 2014년 7월 30일 자. 저술가 마티센은 기후변화 대응에 대한 미국과 중국의 최근의 단호한 의지표현, 재생에너지 투자 및 전기자동차 수요의 급속한 증가, 방글라데시 여성들의 태양광 기술 교육 참여, 현명한 기업들의 친환경 투자증대 등 열 가지의 변화에 기초하여 희망을 전하고 있다.

그림 26. 독일-유럽 그린벨트
출처: A. Terry, "The green belt of Europe: from vision to reality",
Geneva: IUCN, 2006, p4.

◆
저자후기

    탈고 후 이 원고의 교정·보완 작업이 진행되는 동안에 기후변화와 연관된 새롭고 중요한 정보들이 쏟아져 나오고 있다. 최근의 중요한 이슈들을 요약하여 독자에게 전달하는 것이 필자의 최소한의 도리라고 생각하여 꼭 필요한 사항만 압축하여 저자후기로 묶기로 하였다. 현재진행형인 기후변화에 직·간접적인 영향을 끼치는 중요한 정보들에 대한 관심이 뜨겁기 때문이다.

    세계시민의 관심을 끄는 것으로는 무엇보다도 2015년 12월 파리에서 개최되는 제 21차 유엔기후변화협약 당사국 총회일 것이다. 이 글로벌 정상회의의 성격이 매우 특별하기 때문이다. 지구 평균기온 상승을 "2도" 이내로 억제하기 위해—선진국만 감축의무를 이행하는 교토 기후체제와는 다르게—선진국과 개발도상국을 포함하여 거의 대부분의 국가들이 정상회의 전에 '자발적 국가 온실가스 감축계획(INDC, Intended Nationally Determined Contribution)'을 제출해야 하며, 논의 후에 글로벌 합의를 도출하는 것을 목표로 하고 있기 때문이다. 이는 기후변화 대응 및 '2도' 목표를 위한 글로벌 차원의 최초의 약속이다. "2도"라는 한계치는 자연이 설정해주었지만, 그 목표를 실현하는 것은 고스란히 (국제)정치, 사회, 경제 및 기술, 즉 인류사회의 몫이다. 생태계, 기후변화 및 '2도', (국제)정치, 경제, 사회의 다차원을 아우르는 복합 고차방정식을 풀어내기 위한 글로벌 차원의 새로운 내용, 방식과 원칙을 논의하는 이 정상회의의 합의에 따라

2020년 이후의 새로운 기후체제가 성립될 것이다. 이 신기후체제는 '2도' 목표 달성과 인류사회의 방향에 결정적인 역할을 할 것이다. 세계사의 한 획을 긋는 매우 중대한 회의이기에 벌써부터 논쟁이 뜨겁다. 이미 한국의 INDC 제안서를 두고 다양한 국내외의 의견이 표출되었고, 이후에 수정된 최종 INDC가 제출된 바 있다.

'2도' 목표는 2014년 발간된 「IPCC 제 5차 종합평가보고서」에서 과학적인 근거를 가지고 재확인되었다. '2도' 목표 달성을 위해서 앞으로 배출할 수 있는 온실가스 양도 이미 정해져 있다. 2012년 이후로 인류가 배출할 수 있는 온실가스 양은 이제 1조 톤만 남았다. 온실가스 농도는 430~480ppm에 머물러야 한다. 이를 위해 2050년까지 전 세계 온실가스 배출량을 2010년 대비 40~70% 감축해야 하며, 수송, 건물, 산업 등 주요 에너지 최종 소비 부문의 수요관리 권고안도 구체적으로 제시되었다.

한편 생태계의 붕괴 속도는 생각보다 빠르다. 한 미국 대학의 연구 결과에 따르면 지구가 '여섯 번째 대멸종' 시기에 접어들면서 100년 안에 다양한 종(種)의 동물이 멸종할 가능성이 높고, 멸종 대상에는 인간도 포함돼 있다고 한다. 2015년 5월 인도 남부를 58년 만에 섭씨 50도에 육박하는 최악의 폭염이 강타하면서 2천 명 이상이 사망했다는 소식도 전해진다. 스페인의 수은주도 47도를 가리키고 있다. 이러한 기후변화의 심각성이 '2016~2030년 유엔 지속가능한 발전 목표(SDGs)'를 새롭게 논의하는 올해 9월의 유엔 총회에서도 엄중히 반영되기를 기대해 본다.

온실가스 배출량 1위, 2위 국가인 중국과 미국의 정상이 2014년 11월에 만나 현실성 있는 온실가스 감축에 합의한 것은 희망적인 소식이다. 1990~2012년 동안 유럽연합은 온실가스를 21.4%나 감축하는 데 성공했으며, 동시에 GDP 성장도 44%를 이루었다. 온실가스 감축과 경제성장이 탈동조화하는 이런 결과는 저탄소 녹색경제로의 이행을 촉진하는 데 긍정적인 신호를 보내줄 것이다. 서울시가 '원전 하나 줄이기, 200만 TOE 감축' 계획을 조기에 달성한 것은 고무적인 소식이다. 제주 특별자치도의 '탄소 제로 섬' 선언 역시 획기적이다. 신재생에너지 기술 분야에서도 혁신이 계속되고 있다. 2014년 IEA의 「기술 로드맵보고서」에 의하면 2020년경에는 지붕 위에 설치된 소규모 태양광 발전소에서 생산하는 전력의 경우에도 화석연료를 사용하여 생산한 전력과 비교하여 충분히 가격경쟁력을 갖출 수 있다고 전망하고 있다.

2015년 9월에 '유엔 지속가능한 발전 목표'를 논의하는 유엔총회가 개최되고, 12월에는 '유엔 기후변화협약 당사국 총회'가 개최된다. 안전하고 지속가능한 발전과 '2도' 목표를 달성하기 위한 글로벌 만남이 될 것이다. 매우 다양한 층위의 이해당사자들이 참여하는 이 지극히 논쟁적이고 복합적인, 동시에 미래를 결정짓는 주요한 과정을 관전하는 데 필요한 안목을 본서가 제공할 수 있기를 바라며 저자 후기를 감사한 마음으로 맺는다.

참고문헌

국내 문헌

경기도그린캠퍼스 협의회, www.ggreencampus.or.kr

국가기후변화적응센터, http://kaccc.kei.re.kr

국가온실가스종합정보센터, www.gir.go.kr

국제 위러브유 운동본부, www.weloveu.or.kr

글로벌 녹색성장연구소, www.gggi.org

기상청, www.kma.go.kr

기후변화 행동연구소, www.climateaction.re.kr

대자연, www.greatnature.org

에너지 관리공단 홈페이지, www.kemco.or.kr

에너지 관리공단의 http://CO$_2$.kemco.or.kr/directory/toe.asp

지속가능경영포럼, www.csr-korea.net

(주) 우람, www.wooram-eng.com.

한국환경정책 · 평가연구원, www.kei.re.kr

한국환경정책 · 평가연구원의 사이버 환경교육원, http://cyberedu.kei.re.kr

고재경, 「환경복지 패러다임의 필요성과 정책방향」, 『환경복지, 방향과 과
    제는?』, 2012. 한국환경정책 · 평가연구원, 2012년 7월 13일 세미나 발
    표문.
광주광역시, 「기후변화대응 저탄소 시험도시 광주 - 탄소은행을 통한 온
    실가스 감축-」, 2011. 『2011 도시환경협약 광주정상회의』 광주광역시
    발제문.

경기도그린캠퍼스협의회, 『경기도 그린캠퍼스 국제포럼』, 2010년 발표문.

경기도그린캠퍼스협의회, 『경기도 그린캠퍼스 국제포럼』, 2011년 발표문.

국립기상연구소, 『기후변화 이해하기I, II, III』, 2009.

국립환경과학원, 『2050 기후 친화적 안전사회 모형개발을 위한 기초연구』, 2012.

국토연구원, 『세계의 도시』, 한울, 2002.

국회지속가능발전특별위원회 외, "새로운 기후변화법 제정의 방향과 과제" 발제문, 2014.

권오상, 『환경경제학』, 박영사, 2007.

기든스, 앤서니, 김현옥 역, 『좌파와 우파를 넘어서』, 한울, 1997.

_____, 김미숙 외 역, 『현대사회학』5판, 을유문화사, 2006.

_____, 홍욱희 역, 『기후변화의 정치학』, 에코 리브르, 2009.

김귀곤·조동길, 『자연환경·생태복원학원론』, 아카데미, 2004.

김도연, 『기후, 에너지 그리고 녹색 이야기』, 생각의 나무, 2010.

김수암, 「기후변화와 해양생태계」, 『기후변화교과서』, 환경재단 도요새, 2011, 225~240쪽.

김수영 외, 「서울대학교 온실가스 감축 시나리오 연구」, 『한국퍼실리티메니지먼트 학회지』, 2012, 제7권 1호, 15~23쪽.

김승래, 「Carbon Taxation for Green Growth in Korea: The Design of Carbon Tax Scheme」, 『새로운 경제전략 녹색성장: 성공을 위한 핵심과제』, 발표논문(mimeo), 2011, 59~116쪽.

김용민, 『생태문학』, 책세상, 2003.

김종민, 「기후변화와 외래동식물의 침입」, 『기후변화 교과서』, 2011, 293~316쪽.

김한우, 『포스트 2012 기후변화 협상, 발리에서 코펜하겐까지』, 에코리브르, 2010.

김해창, 『환경수도, 프라이부르크에서 배운다』, 이후, 2003.

노희진, 김규림, 『녹색기후기금(GCF)의 특성과 향후 정책방안』, 자본시장 연구원, 2013.

대자연, 「지구온난화에 대한 글로벌 환경 리더 대학생들의 역할 모색」, 발 표논문(mimeo), 2010.

드라이젝, 존, 정승진 역, 『지구환경정치학 담론』, 에코리브르, 2005.

라이너스, 마크, 이한중 역, 『6도의 악몽』, 세종서적, 2013.

레너, 마이클, 월드워치연구소 엮음, 박준식 외 역, 「모두를 위한 녹색경제 만들기」, 『지속가능한 개발에서 지속가능한 번영으로: 2012 지구환경보 고서』, 환경재단 도요새, 2012.

라트카우, 요하임, 이영희 역, 『자연과 권력』, 사이언스북스, 2012.

루소, 장자크, 이재형 역, 『사회계약론』, 문예출판사, 2013.

레어드, 고든, 박병수 역, 『가격파괴의 저주』, 민음사, 2011.

한국보호지역포럼, 조도순 외 역, 「새로운 시대의 자연보전 Conservation for nature in new era」, IUCN, 2009.

미카일, 모니크, 박준식 역, 「지속가능한 미래 농업 만들기」, 『지속가능한 개발에서 지속가능한 번영으로: 2012 지구환경보고서』, 환경재단 도요 새, 2012.

박광수, 「녹색성장 시대의 에너지 가격 정책」, 『새로운 경제전략 녹색성장: 성공을 위한 핵심과제』, 발표논문(mimeo), 2011, 33~58쪽.

박호정, 「배출권 거래제의 경제적 영향분석」, 『새로운 경제전략 녹색성장: 성공을 위한 핵심과제』, 발표논문(mimeo), 2011, 117~140쪽.

변찬우, 『생태하천』, 나무도시, 2011.

브라운, 도널드, 「코펜하겐 협상 대비를 위해 필요한 기후 변화 체제의 윤 리적 측면」, 『기후변화와 윤리 – 기후변화가 왜 윤리적 문제인가?』, 발표 논문(mimeo), 2009.

서울시, "원전하나줄이기 성공에 이어 '에너지살림도시' 만든다", 2014년 8 월 21일, http://energy.seoul.go.kr/seoul/comm/reports.jsp?mode=view&article_ no=2014&board_wrapper=%2Fseoul%2Fcomm%2Freports.jsp&pager. offset=100&board_no=3, 2015년 7월 30일 접속.

송명규, 『후투티를 기다리며』, 따님, 2010.

쉬묵, 피터, 「괴팅엔의 지속가능성 과학 접근 방법: 바이오에너지 마을 및 지역 지정」, 『2011 경기 그린캠퍼스 국제포럼』 발표논문(mimeo), 2011.

스타인그래버, 샌드라, 이지윤 역, 『먹고 마시고 숨쉬는 것들의 반란』 아카 이브, 2012.

심경욱 외, 「국가 안보 차원에서 본 기후변화와 한국의 대응」, 『국방정책전 문연구시리즈』, 한국국방연구원, 2012.

싱거, 프레드, 데니스 에이버리, 김민정 역, 『지구온난화에 속지 마라』, 동아 시아, 2009.

퐁스, 아르민 엮음, 김희봉 외 역, 『당신은 어떤 세계에 살고 있는가?』, 한울, 2003.

에너지 경제연구원, 『2013년 에너지 통계연보』, 2014.

에너지 경제연구원, 『2012년 에너지 통계연보』, 2013.

오덤, 유진, 이도원 외 역, 『생태학 - 환경의 위기와 우리의 미래』, 사이언스 북스, 1993.

오재호, 「지구온난화와 기후변화 시나리오」, 『기후변화 교과서』, 2011, 493~520쪽.

온실가스종합정보센터(GIR), 「2013 국가 온실가스 인벤토리보고서」, 2014.

월드워치연구소 엮음, 박준식 외 역, 『지속가능한 개발에서 지속가능한 번 영으로: 2012 지구환경보고서』, 환경재단 도요새, 2012.

윌슨, E. O., 전방욱 역, 『생명의 미래』, 사이언스북스, 2005.

유가영, 「기후변화 취약성 평가 및 적응」, 『물리학과 첨단기술』, 2009,
  32~36쪽.

윤순진, 「기후변화 파급효과와 윤리」, 『기후변화와 윤리 – 기후변화가 왜
  윤리적 문제인가? 발표문』, 2009.

이정택, 「기후변화와 농업생태계」, 『기후변화 교과서』, 환경재단 도요새,
  2011, 317~358쪽.

이준서 · 류권홍, 『영국과 호주의 에너지 빈곤층 지원 법제에 관한 연구』, 한
  국법제연구원, 2013.

장재연, "아열대 쓰쓰가무시병 서울 습격", 〈중앙일보〉, 2011년 8월 12일.

전다래, "온실가스 줄이려면 고소득 가구 상위 5%의 배출량
  에 주목해야", 2013년 4월 23일, http://climateaction.re.kr/index.
  php?mid=news01&document_srl=34366.

정규식, 「한양대학교 에리카 캠퍼스 그린 캠퍼스 구축 사례 발표」, 『2011
  경기 그린 캠퍼스 국제포럼』, 발표논문(mimeo), 2011.

정회성 · 정회석, 『기후변화의 이해』, (사)환경과 문명, 2013.

조명래, 「양극화를 넘어 생태적 탈근대화로」, 『환경과 생명』 봄호, 2006.

주기재 · 정광석, 「기후변화와 담수생태계」, 『기후변화교과서』, 환경재단 도
  요새, 2011, 185~204.

쬬그라프(Djohglaf), A., 「유전자원 접근과 공정한 이익 공유에 대한 나고야
  의정서」, 〈생물다양성 10년 선포 기념 국제 심포지엄〉 발표논문(mimeo),
  2011, 43~58쪽.

채여라, 「우리나라 기후변화의 경제학적 분석」, 〈제3차 기후변화적응 국제
  심포지엄〉 발표논문(mimeo), 2011, 70~83쪽.

＿＿＿, 「기후변화에 따른 통합적 국가리스크 관리 방안」, 『기후변화 따른
  국가위기의 인식과 대응』. 기후변화행동연구소 창립5주년 심포지엄 발제
  문, 2014.

최재천 · 최용상 엮음,『기후변화 교과서』, 환경재단 도요새, 2011.

추장민 외,「저소득계층의 기후변화 적응역량 강화를 위한 정책 방안 연구 I」, 한국환경정책 · 평가연구원, 2010, 2010-19.

_____,「저소득계층의 기후변화 적응역량 강화를 위한 정책방안 연구 II」, 한국환경정책 · 평가연구원, 2011.

카슨, 레이첼 김은령 역,『침묵의 봄』, 에코리브르, 2011.

프리드먼, 토마스, 최정임 역,『코드 그린』, 21세기북스, 2008.

포항공대, 〈bric news〉, 글로벌동향브리핑, 2010년 02월 11일자.

플래너리, 팀, 이충호 역,『지구온난화 이야기』, 지식의 풍경, 2006.

푸른경기21실천협의회 외,『저탄소 그린 캠퍼스 가이드 북』, 2009.

한국환경철학회 · 한국환경사회학회,「환경철학과 환경운동」, 가을공동학술대회, 2006.

한화진 외,「기후변화 영향평가 및 적응시스템 구축 I」, 한국환경정책 · 평가연구원, 2005.

_____,「기후변화 영향평가 및 적응시스템 구축 II」, 한국환경정책 · 평가연구원, 2006.

_____,「기후변화 영향평가 및 적응시스템 구축 III」, 한국환경정책 · 평가연구원, 2007.

헬드, 데이비드 외, 조효제 역,『전 지구적 전환』, 창작과 비평사, 2002.

〈경향신문〉 2007년 12월 13일, 2011년 8월 22일.

〈나눔뉴스〉 2011년 12월 7일.

〈뉴데일리경제〉 2014년 6월 1일.

〈동아일보〉 2003년 9월 4일, 2013년 10월 1일.

〈매일경제〉 2012년 3월 16일, 2012년 3월 26일, 2012년 7월 3일, 2012년 9월 15일, 2012년 3월 26일, 2013년 1월 31일, 2014년 6월 10일, 2015년 7

　월 1일.

〈문화방송 TV〉 2011년 8월 22일 재방송 참조.

〈산림청〉 2012년 12월 12일자 보도자료.

〈서울씨티〉 2012년 6월 1일.

〈아시아경제〉 2011년 2월 8일.

〈연합뉴스〉 2011년 10월 31일, 2013년 5월 1일, 2014년 9월 9일.

〈에스비에스(SBS TV)〉 2010년 12월 24일 〈한반도 추위〉.

〈조선일보〉 2009년 1년 28일, 2009년 1월 6일 국제면, 2009년 4월 23일 B9
　　면, 2009년 12월 5일, 10년 5월 10일, 2010년 5월 29일 A18면, 2010년 7
　　월 30일, 2011년 1월 28일, 2011년 2월 18일, 2011년 8월 12일, 2012년 2
　　월 23일, 2012년 2월 24일, 2012년 4월 2일, 2012년 4월 12일, 2012년 4
　　월 20일, 2012년 5월 16일,2012년 6월 20일, 2012년 7월 21일, 2012년, 9
　　월 13일, 2012년, 12월 10일, 2013년 1월 21일, 2014년 5월 14일, 2015년
　　5월 26일, 2015년 6월 12일.

〈중앙일보〉 2009년 7월 16일, 2014년 7월 8일.

〈한겨레〉 "전 지구적 환경과제, 사막화/이돈구", 2011년 7월 4일.

〈한국방송 KBS1 TV〉 2013년 10월 15일.

〈한국경제〉 2015년 5월 27일.

〈환경일보〉 2010년 4월 21일.

〈환경부 보도자료〉 2014년 5월 26일.

〈JTBC 뉴스〉 2015년 5월 31일.

외국어 문헌

UNFCC Cancun Agreements, http://cancun.unfccc.int/

Carbon Dioxide Information Analysis Center, http://cdiac.ornl.gov/

http://ec.europa.eu/clima/policies/adaptation/index_en.htm

http://esa.un.org/unep

Maoxiandao, "Nrega Mahatma Gandhi National Rural Employment Gurantee
  Act",http://maoxiandao.asia/nrega/nrega-mahatma-gandhi-national-
  rural-employment-gurantee-act.html

Shrink That Footprint, http://shrinkthatfootprint.com

http://www.stiglitz-sen-fitoussi.fr/documents/rapport_anglais.pdf

BUNDESMINISTERIUM FÜR ERNÄHRUNG UND
  LANDWIRTSCHAFT www.bmelv.de

University of Copenhagen Research Program on Climate Change, Agriculture
  and Food Security, www.ccafs.cgiar.org.

Chicago Wildness, www.chicagowildness.org

Earth Charter International, www.earthcharter.org

NOAA Earth System Research Laboratory, www.esrl.noaa.gov

Green City Freiburg, www.freiburg.de

Global Green Growth Institute, www.gggi.org

Intergovenmental Panel on Climate Change, www.ipcc.ch

International Union for Conservation of Nature, www.iucn.org

Kobenhavns Kommune, www.kk.dk/climate

Medecins Sans Frontieres, www.msf.org

Natura 2000 Networking Programme, www.natura.org

Sustainable Development Commission, www.sd-commission.org.uk

State of the Ocean, www.stateoftheocean.org

Stockholm Resilience Centre, www.stockholmresilience.org

www.unfccc.int/kyoto_protocol

Waves Partnership, www.wavespartnership.org

We Forum, www.weforum.org

World Bank, www.worldbank.org

WWF, www.worldwildlife.org/partnership/coca-cola

Adams, W. M, "The Future of Sustainability: Re-thinking Environment and Development in the Twenty-first Century", Report of the IUCN Renowned Thinkers Meeting, 29-31 January 2006.

Adams, W. M., S. J. Jeanrenaud, "Transition to Sustainability: Towards a Humane and Diverse World", IUCN, Gland, Switzerland, 2008.

Agarwal, B., *Gender Inequality, Cooperation and Environmental Sustainability*, Santa Fe Institute, 2002.

Altvater, E., *Das Ende des Kapitalismus, wie wir ihn kennen*, Münster: Verlag Westfaelisches Dampfboot, 2007.

_____, *Der Preis des Wohlstandes*, Muenster: Verlag Westfaelisches Dampfboot, 1992.

American Geographical Society Library, University of Wisconsin-Milwaukee Libraries, by Meader, Mary, 1916~2008, http://en.wikipedia.org/wiki/Mount_Kilimanjaro, 2015년 1월 6일 접속.

Asahi Glass Foundation, "Summary of the 17th Questionnaire on Environmental Problems and the Survival of Humankind", 2008. http://www.af-info.or.jp/, (2015년 1월 6일)

Badman, T, B. Bomhard, A. Fincke, J. Langley, P. Rosabal and D. Sheppard,

World Heritage in Danger, Gland, Switzerland: IUCN, 2009.

Baker, Susan, *Sustainable Development*, London: Routledge, 2005.

Beck, U, *Weltrisikogesellschaft*, Suhrkamp, 2007.

Benton-Short, L. and J. Rennie-Short, *Cities and Nature*, London, UK: Routledge, 2007.

Bigg, Tom, "Development Governance and the Green Economy: A Matter of Life and Death?", *Beyond Rio+20: Governance for a Green Economy*, Najam, A, et al (ed.), Boston: Boston University Press, 2011.

Birdsall, Nancy and Michael Clemens, *Promise to Performance: How Rich Countries Can Help Poor Countries Help Themselves*, Center for Global Development. ed., Washington, D.C.: Center for Global Development, 2003.

Bojo, J., K. Green, S. Kishore, S., Pilapitiva and R.C. Reddy, "Environment in Poverty Reduction Strategies and Poverty Reduction Support Credits", World Bank Environment Department Paper No. 102, 2004.

Bosselmann, K., R. Engel and P. Taylor, *Governance for Sustainability: Issues, Challenges, Successes*, Gland, Switzerland: IUCN, 2008.

Brown, L, *Outgrowing the Earth: The Food Security Challenge in an Age of Falling Water Tables and Rising Temperatures*, New York: W.W. Norton, 2004.

WCED, *Our Common Future*, Oxford: Oxford University Press, 1987.

Businessweek, "Emerging Gabon", Special Advertising section, December 12. 2011.

Carbon Dioxide Information Center(CDIAC), US. Department of Energy, "Annual Gobal Fossil-Fuel Carbon Emissions - Graphics", http://cdiac. ornl.gov/trends/emis/glo_2010.html, 2015년 1월 5일 접속.

Carpenter, S.R., P. Pingali, E. Bennett and M. Zurek (eds.), *Ecosystems and Human Well-being:Scenarios*, Washington DC: Island Press, 2005.

CBD, UNEP/CBD/AHTEG/BD-CC-2/2/5, 2008.

Center for International Earth Science Information Network (CIESIN), Population, Landscape, and Climate Estimates (PLACE), 2003.

Clay, J., *World Agriculture and the Environment: A Commodity-By-Commodity Guide to Impacts and Practices*, Island Press, Washington DC, USA, 2004.

Collier, P., *The Bottom Billion*, Oxford: Oxford University Press, 2007.

_____, *Breaking the Conflict Trap: Civil war and development policy*, London: Oxford University Press, 2003.

Costanza, R., Ralph d'Arge, Rudolf de Groot, Stephen Farber, Monica Grasso, Bruce Hannon, Karin Limburg, Shahid Naeem, Robert V. O'Neill, Jose Paruelo, Robert G. Raskin, Paul Sutton & Marjan van den Belt, "The value of the world's ecosystem services and natural capital", Nature 387, 1997, 253~260.

Crutzen, P. J., Stoermer, E. F., "The Anthropocene". IGBP Newsletter 41, 2000, 17~18.

Dalal-Clayton, B., Bass, S., *The Challenges of environmental mainstreaming: Experiences of integrating environment into the institutions and decisions*, London: IIED, 2009.

Darwall, W. et al., *Freshwater biodiversity? a hidden resource under threat*, Gland, Switzerland: IUCN, 2008.

Davies, J. B., et al., "The World Distribution of Household Wealth, Discussion Paper No. 2008/03", Helsinki: UNU-WIDER (World Institute for Development Economics Research), 2008.

Department of Energy and Climate Change, UK, "Memorandum to the

Energy and Climate Change Committee Post-legislative Scrutiny of the Climate Change Act 2008", www.gov.uk/government/publications, (2015년 1월 6일)

Deutsche Welle, "Energiewende ist kein Kinderspiel.", http://www.dw.com/de/energiewende-ist-kein-kinderspiel/a-16665946, (2014년 1월 6일)

Dryzek, J, *The Politics of the Earth: Environmental Disocourses*, Oxford University Press, 1997.

_____, *Deliberative Democracy and Beyond*, Oxford: Oxford University Press, 2000.

Fitzpatrick, Tony(Ed.), *Understanding the environmental and social policy*, Bristol: Policy Press, 2011.

European Commission, "European Commission's 2030 framework for climate and energy: A key step in EU "domestic preparations"", http://www.thepmr.org/system/files/documents/EC_2030%20external%20message.pdf, (2015년 7월 13일 검색).

Food and Agriculture Organization of the United Nations(FAO), *The State of Food Insecurity in the World 2008*, Rome, Italy: FAO, 2008.

_____, *Review of Evidence on Drylands Pastoral Systems and Climate Change*. Implications and Opportunities for Mitigation and Adaptation. Rome, Italy: FAO, 2009.

Gabonnews, "Desirey Minkoh's Green Gabon", http://en.gabonews.com/entertainment/items/desirey-minkohs-green-gabon.html, 2015년 1월 7일 접속.

Global Energy Assessment, *Global Energy Assessment: Toward a Sustainable Future*, Cambridge: Cambridge University Press, 2012.

Gillis, Justin, "Study Finds More of Earth Is Hotter and Says Global Warming

Is at Work", The New York Times, 2012. 8. 6.

Indrarto, Giorgio Budi et al., *The context of REDD+ in Indonesia*, Bogor: Center for International Forestry Research, 2012.

Global Climate Facts, "Mount Kilimanjaro's snow cap disappearing – Alarmists disagree over Global Warming's involvement", http://globalclimatefacts.wordpress.com/2009/11/16/mount-kilimanjaro%E2%80%99s-snow-cap-disappearing-%E2%80%93-alarmists-disagree-over-global-warming%E2%80%99s-involvement, 2015년 1월 6일 접속.

Global Water Partnership(GWP), "Toolbox-Integrated Water Resources Management", http://www.gwp.org/ToolBox/, 2014년 1월 7일 접속.

Globerman, Steven, Daniel Shapiro,"Global Foreign Direct Investment Flows: The Role of Governance Infrastructure." World Development 2002, 30(11): 1899~1919.

Goodin, Robert, *Green Political Theory*, Cambridge: Cambridge University Press, 1992.

Grossman, Gene M. and Alan B. Krueger, "Economic Growth and the Environment.", Quarterly Journal of Economics, 1995, 110(2): 353~377.

Halle, Mark, "Accountability in the Green Economy", Beyond Rio+20: Governance for a Green Economy, Najam, A, et all (ed.), Boston University, 2011.

Hatfield-Dobbs, S, "All in the timing". Nature, 2013, 493(3): 35~36.

Herren, Hans, "Action plan for changing course in agriculture", Agriculture at a Crossroads, IIASTD, Washington DC: Island Press, 2011.

IEA, "Technology Roadmap", Solar Photovoltaic Energy, 2014, http://www.iea.org/publications/freepublications/publication/TechnologyRoa

dmapSolarPhotovoltaicEnergy_2014edition.pdf, 2015년 4월 24일 접속.

IEA/OECD, *World Energy Outlook 2006*, Paris, France: IEA, 2006.

_____, *World Energy Outlook 2010*, Paris, France: IEA, 2010.

_____, *World Energy Outlook 2011*, Paris, France: IEA, 2011.

_____, *World Energy Outlook 2012*, Paris, France: IEA, 2012.

_____, *Key World Energy Statistics*, Paris, France: IEA, 2013.

India Environment Portal, "Environmental Benefits and Vulnerability Reduction through Mahatma Gandhi National Rural Employment Guarantee Scheme", http://www.indiaenvironmentportal.org.in/content/374864/environmental-benefits-and-vulnerability-reduction-through-mahatma-gandhi-national-rural-employment-guarantee-scheme, (2015년 3월 1일)

International Institute for Sustainable Development(IISD), et al, *Compendium of Sustainable Development Indicators*, Winnipeg: IISD, 2004.

Intergovernmental Panel on Climate Change(IPCC), *Climate Change 2001: The Scientific Basis*. Contribution of Working Group I, Cambridge: Cambridge University Press, 2001.

_____, *Climate Change 2001: Impacts, Adaptation, and Vulnerability*, Cambridge: Cambridge University Press, 2001b.

_____, *Climate Change 2007: The Physical Science Basis*, Cambridge, New York: Cambridge University Press, 2007.

_____, *Climate Change 2007: Impacts, Adaptation and Vulnerability*, Cambridge: Cambridge University Press, 2007.

_____, *Climate Change 2007: The Scientific Basis*. Group I Contribution to the Fourth Assessment Report. Cambridge, New York: Cambridge University Press, 2007a.

_____, *Working Group II Contribution to the Fourth Assessment Report*, Cambridge, New York: Cambridge University Press, 2007b.

_____, *Climate Change 2007: Mitigation of Climate Change*: Working Group III Contribution to the Fourth Assessment Report, Cambridge, New York: Cambridge University Press, 2007c.

_____, *Climate Change 2007: Synthesis Report. Contribution of Working Groups I, II and III to the Fourth Assessment Report of the Intergovernmental Panel on Climate Change*, Geneva, Switzerland: IPCC, Geneva, Switzerland, 2007d.

_____, *Climate Change 2013: The Physical Science Basis*, Cambridge, New York: Cambpridge University Press, 2013.

_____, *Climate Change 2014: Synthesis Report. Contribution of Working Groups I, II and III to the Fifth Assessment Report of the Intergovernmental Panel on Climate Change*, Geneva, Switzerland, 2014.

IUCN, *WCC Resolution 3.012*, 2004, https://portals.iucn.org/library/sites/library/files/documents/WCC-3rd-004.pdf, 2015년 3월 1일 접속.

_____, *WCC Resolution 4.037*, 2008, https://portals.iucn.org/library/sites/library/files/documents/WCC-4th-005.pdf, 2015년 3월 1일 접속.

_____, "The Draft IUCN Programme 2013-2016. Nature+", https://cmsdata.iucn.org/downloads/draft_iucn_programme_2013_2016.pdf, 2015년 3월 1일 접속.

_____, "Nature+: Towards a New Era of Conservation, Sustainability and Nature-based Solutions", 15 September 2012, http://iucnworldconservationcongress.org/news___press/?11090/Towards-a-New-Era-of-Conservation-Sustainability-and-Nature-based-Solutions, 2015년 1월 6일 접속.

Jackson, C, "Women and environment in development", World Development 21, 1993, 1947~1963.

Jackson, Tim, *Wohlstand ohne Wachstum*, Muenchen: Oekom,2011.

Letter of Intent between the Government of the Kingdom of Norway and the Government of the Republic of Indonesia on "Cooperation on reducing greenhouse gas emissions from deforestation and forest degradation", http://www.norway.or.id/PageFiles/404362/Letter_of_Intent_Norway_ Indonesia_26_May_2010.pdf, 2013년 12월 1일 접속.

Levy, Marc A. and Patrick P. Meier, "Early Warning and Assessment of Environment, Conflict, and Cooperation", Understanding Environment, Conflict, and Cooperation, UNEP and Woodrow Wilson Center, 2004, 38~47.

Marris, E. 2009. "Putting a price on Nature", Nature, 2009, 462, 270~271.

McKibben, B, *Deep Economy: The Wealth of Communities and the Durable Future*, New York: Henry Holt and Company, 2007.

McNeely, J.A., S.A. Mainka, *Conservation for a New Era*, Gland, Switzerland: IUCN, 2009.

Millennium Ecosystem Assessment(MA), *Ecosystems and Human Well-Being: Desertification synthesis*, Washington DC: World Resources Institute, 2005a.

_____, *Ecosystems and Human Well-Being: Current State and Trends*, Washington, DC: Island Press, 2005b.

_____, *Ecosystems and Human Well-being: Biodiversity Synthesis*, Washington, DC: World Resources nstitute, 2005c. http://www.millenniumassessment. org/documents/document.354.aspx.pdf, 2015년 7월 6일 접속.

Meinshausen, M., Meinshausen, N., Hare, W., Raper, S. C. B., Frieler, K.,

Knutti, R., Frame, D. J. und Allen, M. R, "Greenhouse-gas emission targets for limiting global warming to 2 °C.", Nature, 2009, 458, 1158~1161.

Ministry of Rural Development, Government of India, "National Rural Employment Guarantee Act 2005", http://nrega.nic.in/netnrega/home. aspx, (2015년 3월 1일)

Müchener Rükversicherungs-Gesellschaft, "Geo Risks Research", NatCatSERVICE, 2011. http://www.munichre.com/site/corporate/get/ documents/mr/assetpool.shared/Documents/0_Corporate%20Website/6_ Media%20Relations/Press%20Releases/2012/2012_01_04_munich_re_ natural-catastrophes-2011_en.pdf, 2012년 5월 1일 접속.

Mulder, H. A. J., W. Biesiot, *Transition to a Sustainable society: A Backcasting Approach to Modelling Energy and Ecology*, Massachusetts: Edward Elgar Publishing, 1998.

Najam, A, et al. (ed.), *Beyond Rio+20: Governance for a Green Economy*, Boston University, 2011.

Neij, L., Andersen, P. D., Durstewitz, M., Helby, P., Hoppe-Kilpper, M. und Morthorst, P. E. , *Experience Curves: A Tool for Energy Policy Assessment. Final Report of the EXTOOL Project*, Lund: Department of Technology and Society, Environmental and Energy Systems Studies Sweden, 2003.

NOAA-ESRL(National Oceanic & Atmospheric Administration - Earth System Research Laboratory), 2014, http://www.esrl.noaa.gov/gmd/webdata/ccgg/ trends/CO$_2$_data_mlo.pdf 2015년 1월 5일 접속.

OECD, *Natural Resources and Pro-Poor Growth: the Economics and Politics*, Paris, France: OECD, 2008.

Official Portal of the Gabonese Republic, "Green Gabon", http://www. en.legabon.org/emerging-gabon/green-gabon, 2015년 1월 7일 접속.

_____, "President Ali Bongo Ondimba speaks in Durban to present the key steps of an ambitious national climate plan", http://www.en.legabon.org/news/814/president-ali-bongo-ondimba-speaks-durban-present-key-steps-ambitious-national-climate-plan, 2015년 1월 7일 접속.

_____, "Untamed nature of the 13 national parks", http://www.en.legabon.org/discover-gabon/know/discover-national-parks, 2015년 1월 7일 접속.

Open Working Group, "Sustainable Development Goals A/68/970", https://sustainabledevelopment.un.org/content/documents/1579SDGs%20Proposal.pdf, 2015년 1월 19일 접속.

Parris, Thomas M. and Robert W. Kates, "Characterizing and Measuring Sustainable Development." Annual Review Environmental Resources, 2003, 28(13): 1-28.

PBL Netherlands Environmental Assessment Agency, *Trends in global CO₂ emissions: 2013 report*, The Hague: PBL Publishers, 2013.

_____, *Long-term trend in global CO₂ emissions. 2011 report*, The Hague: PBL Publishers, 2011.

Pearce, D. W., E. Barbier, A. Markandya, *Sustainable Development: Economics and Environment in the Third World*, London, UK: Edward Elgar Publishing, 1990.

Pollin. R., et al., *Green Recovery - A Program to Create Good Jobs and Start Building a Low-Carbon Economy*, Department of Economics and Political Economy Research Institute & Center for American Progress, 2008.

Porter, Michael E. and Claas van der Linde (1995). "Green and Competitive: Ending the Stalemate." Harvard Business Review. (September-October 1995): 120~134.

Poverty-Environment Partnership(PEP), *Building an Inclusive Green*

Economy for All, Opportunities and Challenges for Overcoming Poverty and Inequality, Washiongton DC, World Resources Institute, 2012.

Prescott-Allen, Robert, The Wellbeing of Nations, A Country-by-Country Index of Quality of Life and the Environment. Washington, D.C.: IDRC/Island Press, 2001.

Randers, Jorgen, 2052: Der neue Bericht an den Club of Rome, Muenchen: Oekom, 2013.

Rockstroem, J., Steffen, W., Noone, K., Paersson, A., Chapin III, F. S., Lambin, E. F., Lenton, T. M., Scheffer, M., Folke, C., Schellnhuber, H. J., Nykvist, B., de Wit, C., A., Hughes, T., van der Leeuw, S., Rodhe, H., Sorlin, S., Snyder, P. K., Costanza, R., Svedin, U., Falkenmark, M., Karlberg, L., Corell, R. W., Fabry, V. J., Hansen, J., Walker, B., Liverman, D., Richardson, K., Crutzen, P. und Foley, J. A., "A safe operating space for humanity", Nature, 2009, 461, 472~475.

Sayer, J.A., S. Maginnis, Forest in landscapes: Ecosystem approaches to sustainability, London, U.K.: Earthscan, 2005.

Schmuck, P.. et al., Wege zum Bioenergiedorf, Leitfaden fuer eine eigenstaendige Waerme- und Stromversorgung auf Basis von Biomasse im laendlichen Raum, FNR, 2008.

Sharp, Leith, "Green Campuses: The Road from Little Victories to Systemic Transformation", International Journal of Sustainability in Higher Education, 2002, 128~145.

Sinohydro, "Gabon, Grand Poubara Hydropower Station",http://eng. sinohydro.com/index.php?m=content&c=index&a=show&catid=42& id=131, 2015년 1월 7일 접속.

Solarserver, "Solar-Fabrik-Zentrale in Freiburg (SolarWorld AG)", http://

www.solarserver.de/solarmagazin/newsa2007m10.html, 2015년 1월 7일 접속.

Lerner, Jaime, "A song of the city", www.ted.com, 2014년 5월 1일 접속.

Speth, J. G, *The Bridge at the Edge of the World: Capitalism, the Environment, and Crossing from Crisis to Sustainability*, New Haven: Yale University Press, 2008.

Steiner, A., "Statement by Achim Steiner at the IPCC Working Group II Approval Session", http://www.unep.org/newscentre/Default.aspx?DocumentID=2765&ArticleID=10774&l=en 2014년 3월 31일, 2015년 1월 5일 접속.

Stern, Nicholas, *The Economics of Climate Change: The Stern Review*, Cambridge: Cambridge University Press, 2006.

Stiglitz, J. E., Sen, A., Fitoussi, J.-P., *Survey of Existing Approaches to Measuring Socio-Economic Progress*, London: Commission on the Measurement of Economic Performance and Social Progress, 2009a.

_____, *Report by the Commission on the Measurement of Economic Performance and Social Progress*, London: Commission on the Measurement of Economic Performance and Social Progress, 2009b.

Stoddart, Hannah, ed., *A Pocket Guide to Sustainable Development Governance*, Stakeholder forum commonwealth Secretariat, UNCSD, 2011. http://www.uncsd2012.org/content/documents/A%20Pocket%20Guide%20to%20Sustainable%20Development%20Governance.pdf, 2015년 1월 23일 접속.

Sukhdev, P, *The Economics of Ecosystems & Biodiversity: An Interim Report*, Brussel: European Communities, 2008.

Sutton, Paul C, "An Empirical Environmental Sustainability Index Derived

Solely from Nighttime Satellite Imagery and Ecosystem Service Valuation",
Population and Environment, 2003, 24(4): 293~311.

Sutton, P. W., *The Environment: A Sociological Introduction*, Cambridge:
Cambridge University Press, 2007.

The Economics of Ecosystems and Biodiversity(TEEB), *Mainstreaming
the Economics of Nature: A Synthesis of the approach, conclusion and
recommendations of TEEB*, UNEP, 2010.

Terry, A., Ullrich, K., Riecken U, *The green belt of Europe: from vision to
reality*, Geneva: IUCN, 2006.

The Commission on Sustainable Agriculture and climate change, "Achieving
food security in the face of climate change", 2012, www.ccafs.cgiar.org,
2014년 10월 1일 접속.

Mathiesen, K., "10 reasons to be hopeful that we will overcome climate
change", The Guardian, 2014. 7. 30.

The Korea Herald, 2012. 4. 26.

The New York Times, 2012. 8. 6.; 2013. 3. 28.; 2013. 8. 19.

Tietenberg, T, *Environmental and Natural Resource Economics*, Reading, MA:
Prentice Hall, 2012.

Todaro, M. P. *Economic Development*, Massachusetts:Addison-Wesley
Reading, 1997.

Toepfer, K., "The Solar Price Revolution", 2015,
http://www.project-syndicate.org/commentary/solar-power-economic-
growth-by-klaus-topfer-2015-04, 2015년 4월 24일 접속.

OECD, *The Well-being of Nations*, 2001, http://www.oecd.org/site/
worldforum/33703702.pdf, 2014년 12월 25일 접속.

UN, General Assembly Resolution 55/2, A/RES/55/2, 2000.

_____, United Nations Report of the World Summit on Sustainable Development, Johannesburg, South Africa, 2002, http://www.un.org/jsummit/html/documents/summit_docs/131302_wssd_report_reissued.pdf, 2015년 1월 15일 접속.

UNCBD, Strategic Plan for Biodiversity 2011-2020, 2010, http://www.cbd.int/decision/cop/?id=12268, 2015년 1월 5일 접속.

UNCED, "Agenda 21", http://sustainabledevelopment.un.org/content/documents/Agenda21.pdf, 2015년 1월 12일 접속.

UNCHE, "Declaration of the United Nations Conference on the Human Environment", 1972, http://www.unep.org/Documents.Multilingual/default.asp?DocumentID=97&ArticleID=1503&l=en, 2015년 1월 13일 접속.

UNCSD, "The History of Sustainable Development in the United Nations", 2012, http://www.uncsd2012.org/history.html, 2015년 1월 12일 접속.

UNCSD, "The Future We Want", 2012, http://www.uncsd2012.org/content/documents/727The%20Future%20We%20Want%2019%20June%201230pm.pdf, 2015년 1월 14일 접속.

UNCTAD, The Economic Development in Africa 2012, http://unctad.org/en/PublicationsLibrary/aldcafrica2012_embargo_en.pdf, 2014년 12월 25일 접속.

UNDP, Adaptation Policy Frameworks for Climate Change: Developing Strategies, Policies, and Measures, Cambridge University Press, 2005.

UN DESA, Promoting Development, Saving the Planet. World Economic and Social Survey 2009. E/2009/50/Rev.1ST/ESA/319, New York: UN DESA, 2009a.

_____, World Population Prospects: The 2008 Revision, New York: UN DESA,

2009b.

_____, *World Urbanization Prospects: The 2009 Revision*. File 17a: Urban Population (Thousands), Number ofCities and Percentage of Urban Population by Size Class ofUrban Settlement, Major Area, Region and Country, 1950－2025. POP/DB/WUP/Rev.2009/2/F17a. New York: UN DESA, 2010.

UNEP, *Eco-Towns in Japan*, http://www.unep.or.jp/ietc/Publications/spc/ Eco_Towns_in_Japan.pdf, 2013년 5월 1일 접속.

_____, *Green Jobs: Towards sustainable Work in a Low-Carbon world*, Washington DC: Worldwatch Institute, 2008.

_____, *Global Green New Deal: Policy Brief*, http://www.unep.org/pdf/A_ Global_Green_New_Deal_Policy_Brief.pdf, 2014년 11월 1일 접속.

_____, "Organic Agriculture in Uganda", 2009. http://www.unep.org/ greeneconomy/SuccessStories/OrganicagricultureinUganda/tabid/29866/ 2014년 12월 25일 접속.

_____, *Towards a Green Economy: Pathways to Sustainable Development and Poverty Eradication*, http://www.unep.org/greeneconomy/Portals/88/ documents/ger/GER_synthesis_en.pdf, 2014년 11월 1일 접속.

UNFCCC, *Copenhagen Accord. Decision 2/CP.15.*, Bonn: UNFCCC Sekretariat, 2009.

_____, *The Cancun Agreements: Outcome of the work of the Ad hoc Working Group on Long-term Cooperative Action under the Convention. Decision 1/ CP.16.*, Bonn: UNFCCC Sekretariat, 2010.

UNFCCC/CP/2014/L.14, "Further advancing the Durban Platform Draft decision -/CP.XX", 13 December 2014 참조.

United Nations Division for Sustainable Development, *Indicators of*

Sustainable Development Framework and Methodologies, New York: United Nations Division for Sustainable Development, 1996.

_____, *Indicators of Sustainable Development: Guidelines and Methodologies*, New York: United Nations Division for Sustainable Development, 2001.

UN-HABITAT, *Going Green: A Handbook of sustainable Housing Practices*, Nairobi: UN-HABITAT, 2012.

UN Secretary-General, "The road to dignity by 2030: ending poverty, transforming all lives and protecting the planet", A/69/700, 2014,http://www.un.org/ga/search/view_doc.asp?symbol=A/69/700&Lang=E, 2015년 1월 19일 접속.

UN Water, "Coping with water scarcity", http://www.unwater.org/downloads/waterscarcity.pdf, 2014년 11월 1일 접속.

Victor, David, *Collapse of the Kyoto Protocol and the Struggle to Slow Golbal Warming*, Princeton: Princeton University Press, 2001.

Vie, J.-C. (ed), *Wildlife in a Changing World - an analysis of the 2008 IUCN Red List of threatened species*, Gland, Switzerland: IUCN, 2009.

Wapner, Paul, "Transitioning to a Green Economy: Citizens and Civil Society", *Beyond Rio+20: Governance for a Green Economy*, Najam, A, et al. (ed.), Boston: Boston University, 2011.

Waves Partnership, "About us: the story so far", http://www.wavespartnership.org/en/partners, 2015년 1월 5일 접속.

WBGU, *Welt im Wandel. Gesellschaftsvertrag fuer eine Grosse Transformation*, http://www.wbgu.de/fileadmin/templates/dateien/veroeffentlichungen/hauptgutachten/jg2011/wbgu_jg2011.pdf, 2013년 8월 1일 접속.

WCED, "Report of the World Commission on Environment and Development: Our Common Future", 1987, http://www.un-documents.

net/our-common-future.pdf, 2015년 1월 12일 접속.

Wikipedia.org, "Fraunhofer Institute for Solar Energy Systems ISE", http:// en.wikipedia.org/wiki/Fraunhofer_Institute_for_Solar_Energy_Systems_ ISE, 2015년 1월 7일 접속.

Wilkinson, C., *Status of the Coral Reefs of the World 2008*, Townsville, Australia: Global Coral Reef Monitoring Network and Reef and Rainforest Research Center, 2008.

Wilson, E. O., *The Future of Life*, New York: Knopf Doubleday Publishing Group, 2003.

World Bank, *World Development Report 1992: Development and the Environment*, Oxford: Oxford University Press, 1992.

_____, *ECO₂ Cities : Ecological Cities as Economic Cities*, 2010.

_____, "Natural Capital Accounting", http://www.worldbank.org/en/topic/ environment/brief/environmental-economics-natural-capital-accounting, 2015년 1월 5일 접속.

World Commission on Environment and Development, *Our Common Future*, Oxford: Oxford University Press. 1987.

World Economic Forum, *2005 Environmental Sustainability Index*. New Haven, Conn.: Yale Center for Environmental Law & Policy, 2006.

World Resources Institute, "World Resources Report 2000-2001", Washington DC: World Resources Institute, 2001.

찾아보기

기후변화와 신사회계약
지속가능한 발전을 향하여

초판 1쇄 발행 2015년 8월 20일
　　3쇄 발행 2016년 6월 20일

지은이 김옥현
펴낸이 강수걸
편집장 권경옥
편집 문호영 양아름 정선재
디자인 권문경 박지민
펴낸곳 산지니
등록 2005년 2월 7일 제14-49호
주소 부산광역시 연제구 법원남로15번길 26 위너스빌딩 203호
전화 051-504-7070 | 팩스 051-507-7543
홈페이지 www.sanzinibook.com
전자우편 sanzini@sanzinibook.com
블로그 http://sanzinibook.tistory.com

ISBN 978-89-6545-314-7 03330